성경으로 보는
사도 요한의 전기

성경으로 보는
사도 요한의 전기

초판 1쇄 인쇄 _ 2020년 3월 20일
초판 1쇄 발행 _ 2020년 3월 30일

지은이 _ 김종수

펴낸곳 _ 바이북스
펴낸이 _ 윤옥초
편집팀 _ 김태윤
디자인팀 _ 이정은, 이민영

ISBN _ 979-11-5877-157-7 03230

등록 _ 2005. 7. 12 | 제 313-2005-000148호

서울시 영등포구 선유로49길 23 아이에스비즈타워2차 1005호
편집 02)333-0812 | 마케팅 02)333-9918 | 팩스 02)333-9960
이메일 postmaster@bybooks.co.kr
홈페이지 www.bybooks.co.kr

책값은 뒤표지에 있습니다.

책으로 아름다운 세상을 만듭니다. ― 바이북스

* 바이북스 플러스는 기독교 신앙의 본질을 담아내려는 글을 선별하여 출판하는 브랜드입니다.

성경으로 보는
사도 요한의 전기

김종수 지음

ByBooks

 가출은 살던 곳을 버리고 다른 곳으로 떠나는 것이다. 무작정 떠나는 것은 실패할 수도 있고 또 불행한 일생을 사는 시작이 되기도 한다. 그러나 사람이 그가 살던 곳을 떠나 보지 않고는 시대를 움직이는 변화나 의미 있는 새로운 인생을 볼 수 없다는 것이다. 2천 년 전 팔레스타인 지방의 한 어촌에서 태어난 소년이 앞이 보이지 않는 암흑 같은 세상에서 무엇을 하고 살아야 하는지 까닭을 찾아 방황했다. 고민 끝에 그는 당대의 기인 세례 요한(John, the Baptist)이 있는 요단 강가를 찾아갔다. 소년은 그곳에서 예수라는 사람을 만나 드디어 자신의 사명을 깨닫고 어디서든 온통 위험과 핍박 그리고 고통이 점철하던 시대를 싸우며 살기 시작했다.

 그는 죽을 고비를 여러 번 넘기고 백 세라는 장수 인생을 살면서 어둠을 밝히는 빛으로 냉랭한 시대를 따뜻하게 감싸는 사랑의 전도자로 살았다. 그는 어느 것과도 바꿀 수 없는 행복한 인간 조건을 세상에 기쁜 소식으로 전했다. 그가 훗날 예수의 제자가 되어 그의 사도로 팔레스타인과 터키 대륙 등 세계를 누비며 살았던 바리새인 세베대의 아들 요한이었다.

요한은 드디어 예수 그리스도의 12사도 가운데 한 사람으로 다른 사도들이 다 순교하고 난 후 마지막까지 살아 남아 기독교의 기초 신학을 완성했고 그 위에 보편적인 기독교 사상을 설파했던 사도가 되었다. 그가 남긴 성경은 우리가 사는 세상의 어려운 과제들을 누구보다 긍정적으로 다룬 가장 단순하고 명료한 책이다.

　　지금 세계가 여러 문제들 가지고 고민하고 있다. 온갖 갈등이 지구촌을 강타하고 있다. 우리가 살고 있는 사회가 계층 간의 복잡한 충돌로 신음하고 있다. 요한 사도는 이들 문제를 해결하는 가장 유효한 방법을 오늘도 그의 명쾌한 성경을 통해서 제시하고 있다. 그는 예수 그리스도의 가르침을 복잡한 이론을 넘어서 오늘도 정감 있게 전하고 있다. 이것이 이 책이 밝히려고 한 위대한 사도의 일생 얘기이다.

요한 사도가 기록한 성경을 연구해서 발표한 책은 많이 있다. 그러나 정작 요한 사도의 출생을 비롯해서 죽음까지의 일생을 기록한 역사적 자료나 책은 아주 소수에 불과하고 내용 역시 단편적인 것뿐이다. 서기 1세기에 살았던 다른 사도들과 같이 요한 사도에 관한 기록은 성경 이외에는 남아 있는 것이 거의 없다. 우리가 요한이라는 사람을 이해하는 길은 성경 특히 그가 기록했던 성경들을 읽으면서 그의 인생을 조감하고 특징적인 인격과 시각을 확인하는 길이 최선의 방법이다. 저자도 이런 입장에서 예수 그리스도가 특별하게 사랑했던 제자의 모습을 살펴보려고 했다.

요한 사도가 기록했던 성경으로 서기 75년에서 85년 사이에 〈요한복음〉을, 그리고 85년에서 95년 사이에 〈서신서〉를, 마지막으로 97~98년 사이에 〈계시록〉을 기록했다고 대부분의 학자들은 추정하고 있다. 또 그가 기록한 성경들은 〈계시록〉을 빼고는 모두 그의 나이가 70살이 넘어서 터키 서해안 도시인 에베소 지역에서 기록했다고 한다. 특히 〈계시록〉은 놀랍게도 90살이 넘어서 유배지인 터키 서해안 '밧모(Patmos)' 섬에서 기록했던 성경이다. 사도 요한의 인생을 살펴 보려면 자연스럽게 그가 기록한 세 종류의 성경을 차례대로 읽어보

면서 그 배경 그리고 그가 가졌던 생각이나 철학 그리고 그가 받았던 하나님
의 계시를 찾아보는 것이 지름길이다.

Chapter 2
〈요한복음〉소개

Chapter 3
에피소드 중심으로 본 〈요한복음〉

Chapter 4

예루살렘 초대교회 시대

Chapter 5

〈요한 서신서〉 소개

Chapter 6

〈요한계시록〉의 소개

Chapter 7

〈요한계시록〉의 구조와 개요

Chapter 1

사도
요한의
일생

John the Apostle

그의 시대와 인생

고독한 소년

요한은 유대 나라의 한쪽 변방인 갈릴리 호수 부근 어촌인 벳세다에서 세베대라는 한 바리새인 가정에서 태어났다. 눈이 깊고 맑은 소년은 주위 환경의 변화에 예민했다. 또래의 아이들보다 말수가 적었으나 섬세한 감성으로 일찍부터 주변에 대해 관심이 많았다. 그는 전형적인 유대 바리새인의 가정에서 태어나 자라면서 어른들의 대화나 삶 속에서 유대 민족을 감싸고 있는 고민과 절망을 느꼈고, 어느 때고 그것을 벗어날 길과 생명의 빛을 찾았다. 그는 어릴 때부터 유대 선지자들과 기인들의 얘기에 매혹되곤 했다. 또 어른들의 대화에 호기심이 많았으나 묵묵히 홀로 생각하고 진실을 찾는 소년으로 자랐다. 그가 70세가 넘은 나이에 한 시대를 바꾼 선각자로 그리고 하나님 나라를 그림처럼 소개한 선지자로 그리스 문화의 중심지에서 우뚝 부활했다. 먼저 소년 요한이 태어나 살았던 유대 예루살렘성과 사람들의 모습을 찾아보았다.

시대상

요한이라는 갈릴리 소년이 살았던 유대 나라는 오랜 타국의 압제 아래서 탈출구가 전혀 보이지 않는 답답한 세상이었다. 유대인들이 금과옥조로 믿고 따랐던 하나님의 계명과 약속은 이미 효력이 상실된 듯, 유대 나라는 수백 년이 넘는 긴 세월 북방 강대국에 의해 유린 당한 끝에 당시에는 주변 세계를 모두 제패한 로마 제국의 속령으로 추락해서 스스로의 힘으로는 그 굴레에서 벗어날 희망이 전혀 없던 암담한 시대였다. 사람들은 구원의 길이 막힌 세상 어느 곳에서도 희망을 보지 못했다. 동족들은 눈에 보이는 재물에만 관심을 보였고 지도자들이 서로 주장이 다르다고 갈라진 계파들은 눈만 뜨면 서로 싸우고 다투었다.

예루살렘성은 유대인의 오랜 신앙 중심지였고 정치와 경제의 중심지였다. 성전을 관리하는 사두개파와 민간에서 성경을 연구하고 가르치는 바리새파가 이스라엘 민족을 이끄는 두 종파였다. 그들은 사사건건 대립했고 유대 나라는 이미 큰 파국을 향해 달리고 있었다. 이런 가운데 예외도 있었다. 아무리 어려운 때라도 세상의 때가 묻지 않은 젊은 세대는 자라고 있었다. 그들은 어디에 불빛이 없는지 방황하며 길을 찾았다.

가출

성년식을 갓 마친 한 젊은 소년이 어느 날 요단강 동쪽 베다니에서 물로 세례를 주던 털북숭이 기인을 찾아 갔다. 젊은이는 바로 세베대의 아들이라고 부르던 소년 요한이었고 그가 찾아갔던 기인은 사가랴의 아들 요한, 흔히 세례 요한(John, the Baptist)이라고 불렀던 당대 유명한 선지자였다. 두 눈이 크고 광채가 날 뿐 얼굴이나 차림새가 괴상한 기인의 등장은 갈릴리 지역과 예루살렘성까지 소문이 나서 많은 사람들이 그의 말을 듣기 위해 떼를 지어 찾아갔다. 세례 요한은 멀리서 소문을 듣고 그를 찾아 온 사람들에게 "너희는 회개하라! 하나님 나라가 가까이 임했느니라"라고 외쳤고, 죄를 자복하는 사람들에게 그는 물로 회개의 세례를 주었다.

많은 사람들이 그에게 무엇을 해야 하는지 교훈을 청했다. "옷 두 벌 있는 자는 옷 없는 자에게 나눠 줄 것이요 먹을 것이 있는 자도 그렇게 할 것이니라" 그는 '나눔'의 삶을 짧은 말로 가르쳤다. 로마 정부를 대신해서 세금을 징수하던 세리와 군인들까지 와서 어지러운 세상을 어떻게 살아야 할지 물었다. 세리에게는 "거둘 것 이외에는 더 거두지 말라"고, "강탈하지 말고 거짓으로 고발하지 말고 받는 급료를 족한 줄 알라"고 세력을 부리던 군인들에게 투박하게 경고했다. 세월이 몇천 년이 지나도 지구촌 어디서나 변치 않는 명쾌한 하나님의 대답이었다.

여러 지방에서 온 젊은이들이 거처할 집도 먹을 양식도 없던 그의 주변에 모여 말씀을 들으며 함께 살며 제자가 되었다. 방황하던 소년 요한도 감동을 받고 그의 제자가 되어 어릴 적 친구로 같은 동네에 살던 안드레와 함께 그곳에 기거하며 지냈다.

세베대의 아들 요한은 넉넉했던 아버지 세베대의 덕분으로 전통적인 유대 바리새인 교육을 받고 아버지의 생업을 이어서 갈릴리 호수에서 형 야고보와 함께 어부 노릇을 했다. 그러나 어느 곳에도 마음을 붙이지 못하고 속에 쌓인 울분과 절망감으로 탈출구를 찾던 그가 요단 강가에서 물 세례를 주던 세례 요한의 소식을 듣고 그의 제자가 되었던 것이다.

운명의 만남

그가 무리와 함께 지내던 어느 날 또 다른 이인을 만났다. 이번에는 갈릴리 나사렛이라는 시골에서 세례를 받기 위해 요한을 찾아 온 나사렛 예수라는 사람이었다. 그는 예수에게 물 세례를 베푼 세례 요한의 심상찮은 증언을 듣고 바로 안드레와 함께 예수를 따라가 그가 기거하던 곳을 보고 그와 하룻밤을 보냈다. 누구보다 예리한 요한의 눈은 세례 요한을 넘어서는 어떤 신령한 모습을 예수 안에서 보았다.

요한은 어느 누구에게서도 찾지 못했던 신비한 모습을 예수에게서 찾았던 것이다. 그가 세상의 기인으로 보고 듣고 감동을 받았던 첫 선생이던 세례 요한에게서 보지 못했던 거룩한 능력을 조용한 빛과 같은 예수라는 사람에게서 보았다. 그가 어지러운 세상에 투명한 빛을 밝혀서 어둠을 쫓고 진리를 선포할 것이라는 믿음이 요한의 마음에 자리 잡기 시작했다. 요한은 한없이 평화로운 그의 눈에서 어둠을 물리치고 세상을 죄악에서 구원하려는 '하나님의 모습'을 확인했던 것이다.

예수 그리스도와의 만남

요한은 유복한 집안에서 태어나서 유대인 특히 바리새인 가정의 전통에 따라 아버지에게서 바리새인 교육을 받았다. 유대인들은 성년이 되는 14세까지 가정에서 철저한 교육을 받고 신앙 훈련을 받는다. 그리고 가업을 꼭 신앙 교육과 함께 배워야 한다. 요한도 이런 유대 관습을 좇아 율법과 어부 교육을 받으며 소년기를 지냈다.

그가 주변 환경을 이해하기 시작하면서 청소년기의 많은 정신적 고민과 방황을 했다. 당시 유대 나라는 강력한 로마 제국의 통치 아래에서 독립에 대한 희망을 잃고 있었다. 불안한 시대가 그렇듯, 하나님의 선지자라고 주장하는 사람들이 있었지만 모두 거짓으로 드러났다(당시 유명한 율법 선생 가말리엘의 증언). 예루살렘성에는 성전 관리와 유대 나라의 자치를 맡은 사두개파 사람들이 권력을 전횡했고 대부분의 바리새파 사람들은 성경 연구와 교육 그리고 실천에 몰두하며 살았다. 그 일부는 속세를 떠나 성경에 집착하며 은둔했는데 사람들은 그들을 에세네스파라고 불렀다. 요한의 첫 스승인 세례 요한은 에세네스파의 원조였다. 또 다른 소수의 이스라엘 사람들은 무력으로 이스라엘의 독립을 쟁취하려는 극단적인 무리로 변해서 숨어서 기회를 보고 있었다. 요한도 어릴 때부터 이런 시대 상황을 알고 외부 소식에 민감하게 반응하면서 이곳저곳을 방황했다. 그가 예수를 만나기 전에 당시 선지자로 널리 알려졌던 세례 요한의 제자가 되었던 것이 이를 말해주고 있다.

소년 요한은 다른 제자들과 함께 세례 요한의 물 세례를 받기 위해서 요단 강가에 나타난 나사렛 예수를 처음 만났다. 세례 요한은 예수를 "세상 죄를 지고 가는 어린양"이라고 증거했다. 요한과 다른 제자가 곧 예수를 따라가 그가 머물던 곳을 보고 하루를 함께 지냈다. 그들은 드디어 예수가 유대 민족을 구원하러 온 하나님의 사람이고 메시아라고 믿게 되었다. 소년 요한의 전 인생 그리고 운명을 바꾸었던 결정적 만남이었다. 이 만남은 마치 누에 살이 화사한 비단으로 탈바꿈하듯 한 소년의 변화를 넘어 온 인류의 역사를 바꾸게 했던 큰 사건으로 아름답게 진화했다.

그의 생애

출생에서

　요한은 갈릴리 호수의 북쪽에 있던 한 어촌인 벳세다(Bethsaida)에서 유복한 어부 집안에서 태어났다. 세베대(Zebedee)라고 부르던 바리새인 아버지와 살로메(Salome) 혹은 요안나(Joanna)라고 부르던 어머니의 둘째 아들로 태어났다. 가족으로 그에게는 형인 야고보(James)가 있었고 초기에는 늘 "세베대의 두 아들"로 성경에 기록되었다. 세베대의 가족들은 벳세다에서 새롭게 부흥하던 신도시인 가버나움(Capernaum)으로 옮겨 갈릴리 호수에서 물고기를 잡는 어부로, 그리고 잡은 생선을 인근 도시는 물론 멀리 예루살렘 성에까지 판매하는 사업을 경영하며 살았다.

　그의 아버지 세베대는 어부였지만 유복한 바리새인이었고 주변 어부들이 존경했던 사람으로 그의 수하에 여러 어부들이 일을 했다. 그는 예루살렘 성전의 대제사장 집안과도 왕래가 있을 정도로 갈릴리 지역의 유력한 바리새인 지도자로 알려진 인물이었다. 어머니 살로메는 두 아들을 키우며 집안을 이끌었던 당찬 여인으로 후에는 예수 그리스도의 사역에 적극적으로 참여했고 뒤에서 기도와 물질로 예수 일행을 도운 여인으로 성경은 전하고 있다.

변신의 시작, 예수 그리스도의 제자

그는 예수를 사랑하며 그에게 순종하는 온순한 제자가 되었다. 요한은
예수 안에서 새 사람이 되어 그가 떠난 후에도 그가 남긴 말씀과 교훈을 지
키며 사도로 한 시대를 격파하며 일어섰다. 그는 사도 베드로를 도와서 거
짓과 위선이 팽배하던 예루살렘성에 예수 그리스도를 믿는 초대교회를 세
웠다. 핍박으로 성도들과 제자들이 예루살렘성을 떠날 때 요한 역시 예루
살렘에서 모습을 감추었다. 그가 교회의 전면에 다시 나타난 때는 그로부
터 거의 반세기가 지난 후 소아시아의 에베소 시였다.

선각자의 삶, 제자와 사도

우리는 요한 사도가 기록한 〈요한복음〉을 읽으면서 그의 원숙한 인격과
아름다운 글에 놀람을 멈추지 못한다. 요한은 예수의 말씀과 삶을 다 기록
하려면 하늘과 땅이 부족할 것이라고 전제하고 그의 말씀과 행사를 선택해
서 성경에 기록했다는 뜻을 〈복음서〉 말미에 스스로 고백했다. 요한은 그
가 듣고 마음 판에 기록했던 예수의 말씀과 그가 함께했던 예수 그리스도
의 일생을 적어도 30년 이상을 속으로 묵상하고 반추한 끝에 세상에 꼭 전
할 것을 추려서 〈복음서〉에 기록했던 것이다. 〈요한복음〉은 믿지 않는 사
람들도 쉽게 읽을 수 있는 성경이다. 성경을 모르는 사람들이 처음 읽는 성
경책으로 불편하지 않은 책이다. 기록된 내용은 누구에게나 친밀하고 아름
다운 얘기들이다. 고난을 겪는 사람들이나 화평을 누리는 사람들이나 읽

으면 큰 위안과 소망을 느끼게 한다. 그만큼 요한은 인생의 선각자로 그리고 사랑하는 주의 말씀을 완전하게 삶 속에 스스로 실천하며 인생을 살았다는 증거였다.

참다운 모방은 대상을 존경하고 따라하는 행위를 말한다. 진실한 모방은 전통과 문화 발전을 이끄는 사회적 학습이다. 오늘 우리가 겪는 사회적 문제점은 우리가 즐겁게 모방할 사람을 찾지 못하고 있는 데 크게 기인하고 있다. 이런 점에서 사도 요한은 인생의 선각자로 영원한 우리의 모방 대상이고 스승임에 틀림이 없다.

예수의 제자와 초대교회 사도

요한은 예수 그리스도가 불렀던 12명의 사도들 가운데 나이가 가장 어렸다. 베드로가 동생 안드레와 함께 예수의 부름을 받을 당시 요한도 형인 야고보와 함께 예수의 부름을 받고 제자가 되었다. 신약성경 가운데 〈4복음서〉는 예수가 직접 뽑아서 사도로 부른 12명의 제자들을 가르치며 갈릴리 지역과 예루살렘성을 중심으로 복음을 전파했던 3년여의 기간을 자세히 소개하고 있다. 또 예수의 승천 이후 사도들의 활동을 기록했던 〈사도행전〉이라는 성경은 바울 사도의 제자로 그의 사역 기간 중에 늘 그를 수행하며 도왔던 누가라는 그리스 사람 의사가 기록했던 초대교회의 역사책이다. 사도 베드로를 선두로 예루살렘성에서 시작했던 초대교회 시대를 자세히 전하는 역사적인 기록으로 유일한 책이다. 〈사도행전〉에 등장했던 요한은 역시 초대교회의 시작부터 베드로와 함께 중추적 역할을 감당했지만 베드로의 그늘에 숨겨져 그의 이름만 베드로의 활약상과 함께 성경에 나타났다.

선지자의 삶, 〈요한계시록〉의 저자

〈요한계시록〉은 신약 성경의 마지막 책으로 그의 나이가 90세가 훌쩍 넘은 때 기록한 책이다. 요한은 에베소 시에서 로마 시로 끌려가 로마 황제의 재판을 받고 밧모 섬에 유배당해 살던 어느 날 꿈속에서 예수의 부름을 받고 천국에서 이 세상 마지막 날이 오기 전에 있을 여러 사건을 계시로 보고 들었다. 〈요한계시록〉은 이런 이유로 요한의 만년을 시간과 장소 그리고 그의 삶을 정확하게 진술한 성경이라고 볼 수 있다.

그의 마지막 만년의 삶은 이전과는 다른 모습을 보여주었다. 그는 하나님의 부르심을 받아 하늘나라 높이 올라갔다. 그는 그곳에서 꿈에도 그리던 예수 그리스도의 영화로운 모습을 보았고 그분의 말씀을 직접 들었다. 우리 모두를 사랑하는 예수 그리스도의 특별한 관심은 그때나 지금이나 교회이고 교회를 이끄는 지도자들이다. 요한은 그곳에서 온 땅에 널리 퍼진 그리스도의 몸인 교회에 대한 하나님의 평가와 두려운 책망을 듣고 나서 세상에 전하고 경고했다. 그는 다시 하나님의 천사에 이끌려 보좌가 있는 높은 하늘나라에서 이 세상 마지막 날에 있을 심판과 놀라운 변화의 모습을 보고 책에 기록했다. 이것이 오늘날 모든 성경의 종결편이라는 〈요한계시록〉이다. 요한은 이 땅에 보낸 하나님의 마지막 선지자로 그리고 가장 위대한 '말씀의 대언자'로 하나님의 말씀을 듣고 전했던 것이다. 만년의 그는 백 세가 가까운 가냘픈 노인이었지만 그의 영혼은 광대한 하늘을 나르는 독수리처럼 예수 그리스도의 복음과 그가 이끌 '새로운 세상'에 대한 아름다운 얘기를 후세에 남겼다.

역사의 주역

예수 그리스도가 이 땅에 오고 나서 전개된 서기 1세기는 역사상 누구도 부인할 수 없는 격동의 시기였고 유대 민족에게는 나라가 멸망당하는 처참한 시기였다. 천 년을 견디어 온 거룩한 도성, 예루살렘성이 철저하게 망해서 잿더미가 되었고 살아남은 유대인들은 포로로 로마 제국의 수도로 끌려갔다. 온 세상을 지배하던 로마 제국도 끝도 없는 황제들의 싸움과 네로 황제를 비롯해서 혼미한 황제들의 폭정으로 수많은 민족들이 고통을 당하던 긴 전쟁과 폭정의 시대였다.

예수 그리스도는 이런 위험한 시대에 이 땅을 찾아왔던 것이다. 그리고 새로운 시대를 선포했다. 역사는 예수 그리스도가 선포했던 새로운 시대의 원년을 그가 유다 베들레헴 마구간에서 태어났던 해로 정했다. 우리가 지금까지 사용하고 있는 서력 기원(서기)은 예수 그리스도의 탄생을 기준으로 이전은 기원전(B.C.) 이후는 서기(A.D.)로 크게 인류 역사를 양분하고 있다.

그는 로마 제국이 추구했던 전쟁과 승리 대신 화평과 사랑이라는 새로운 시대를 분명하게 지향했던 것이다. 요한은 예수 그리스도가 가장 사랑했던 제자였다. 예수 그리스가 어디를 가든 그는 동행했고 함께 먹고 잠을 잤다. 요한 사도는 이런 의미에서 새로운 시대를 예수 그리스도와 함께 열었던 역사의 주역 가운데 하나였다.

성경 속의 요한

요한 사도의 일생은 오직 〈4복음서〉와 〈사도행전〉이 기록했던 여러 사건에서 예수 그리스도의 제자들 가운데 하나로, 특히 초대교회를 이끌었던 사도 베드로와 함께 그의 동역자로 짧게 언급된 것이 전부이다. 기독교 초기에 관한 역사적 기록으로 현재 우리에게 남아 있는 신빙성이 있고 확실한 것은 오직 성경뿐이다. 요한 사도의 생애도 성경에 나타난 사실이 거의 모든 것이고 간혹 2, 3세기 초대 교부들이 성경을 해석하며 남긴 짧은 글들과 오랜 유적지 발굴에서 얻은 단편적인 자료가 옆에 있을 뿐이다. 다른 어떤 기록도 그의 생애를 더 자세하게 밝혀줄 자료로 남아 있는 것이 없는 형편에서 그의 일생을 알기 위해서는 무엇보다 성경 속에 나타난 그의 행적을 찾아보는 것이 정확한 지름길이다.

서기 1세기의 주요 사건

- 서력 원년, 예수 그리스도의 탄생(학자들은 그리스도의 탄생연도에 계산착오가 있었고 실제로는 기원전 6/5년에 출생했다고 주장)
- 서기 26/27년, 세례 요한과 예수 만남
- 28/29년, 세례 요한의 순교
- 30년, 예수의 십자가 죽음
- 35년, 스데반 집사의 순교
- 44년, 요한의 형 사도 야고보의 순교
- 43/44년, 베드로의 투옥과 탈출 사건
- 49/50년, 1차 예루살렘 총회
- 64년, 로마 시의 대 화재
- 64~67년 베드로와 바울 사도의 순교
- 68년, 네로 황제 자살
- 70년, 예루살렘성의 파괴와 유대 나라의 멸망

- 75~85년, 〈요한복음〉 기록
- 81년, 도미티안 황제의 즉위
- 85~90년, 〈서신서〉 기록
- 95년, 도미티안 황제의 재판과 밧모섬 귀양
- 96년 9월, 도미티안 황제 피살
- 96~98년, 네르바(Nerva) 황제
- 97년, 밧모섬에서 석방과 에베소 귀환
- 97/98년, 〈요한계시록〉의 기록

요한이 살았던
세상 여러 곳

　요한은 1세기 초에 출생해서 죽기까지 한 세기를 온 세상을 두루 다니며 살았다. 나이로 보면 거의 백 세라는 긴 인생을 갈릴리 호수 주변 벳세다라는 마을에서 태어나 온 세상을 떠돌며 살았다. 그가 나서 자랐던 갈릴리 호수 지역은 로마의 통치 아래에서 헤롯 왕의 후손인 헤롯 안티바(Herod Antivas)가 지역 분봉왕으로 다스리고 있었고, 예수의 제자로 살았던 예루살렘성은 유대 민족의 자치기관인 산헤드린 공회가 로마 총독부의 감독을 받으며 행정과 치안 일부를 맡고 있었다. 예루살렘성을 떠났던 요한이 자신의 성경을 기록하고 다시 교회 전면에 나섰던 곳은 터키 서부 해안에 있던 에베소 시였다. 에베소 시는 로마의 터키 그리스 지역의 수도로 그리스인 자치기관과 로마 군부가 다스리고 있던 세상이었다. 그는 갈릴리 호수 지역에서 시작해서 유다 지역의 예루살렘성 그리고 시리아와 그리스 지역 등에 있던 로마 제국의 대도시들을 살았고, 만년에는 급기야 죄인으로 체포되어 세계의 수도였던 로마 시까지 가야 했다.

전형적인 세계인

중년과 노년은 말할 것도 없이 요한은 세계의 중요 도시들을 자의든 타의든 찾아가 살았던 전형적인 세계인이었다. 요한은 다감한 어촌의 소년에서 세계의 큰 도시들을 살며 점진적으로 시각을 확대했고 사도들은 물론 다른 예수의 제자들보다 훨씬 완벽한 세계인의 인격을 갖추게 되었던 것이다. 그의 뼈대는 발 끝에서 머리꼭지까지 예수 그리스도의 제자였다. 그의 삶은 시작부터 끝까지 예수가 그에게 맡겼던 일을 완수하는 한 가지의 사명이 전부였다. 그러나 그의 인생은 여러 곳을 옮겨 살며 시대적 그리고 지역적 특성에 따른 문화적 영향을 받으며 종국에는 원만한 세계인으로 자신만의 독특한 철학과 사상도 갖게 되었던 것을 부인할 수 없다.

그가 노년에 기록했던 성경인 〈요한복음〉과 〈서신서〉라는 성경은 깊은 신앙을 바탕으로 앞으로 있을 세계의 모든 교회에 필요했던 보편적인 기독교 교리와 철학을 무리 없이 완결했던 성경이다. 그가 이미 세계인으로 보편적인 사상과 철학을 가지고 있었다는 좋은 증거였다. 그가 소유했던 넉넉한 세계인의 관점이 시대와 민족을 초월해서 미래의 모든 사람들의 마음에 따뜻한 복음의 길을 열었던 것이다.

여러 이질 문화 속에서

요한이 살았던 시대와 지역을 살펴보는 것은 그를 이해하고 그가 경험했던 이질 문화가 그의 독특한 신앙과 인격 형성에 어떤 영향을 주었는지를 찾는 시작이다.

◎ 서기 20~30년대, 청소년기

갈릴리(Galilee) 호수의 신도시 가버나움(Capernaum)

가버나움은 갈릴리 호수 북쪽 해안에 있던 신흥 도시로 폐쇄적인 유다 지역과는 다르게 로마 군인들과 그리스인들이 새롭게 이주해서 각종 공산 품을 들여오고 판매함으로 유대인 위주의 어업에서 종합적인 신도시로 발 전하던 곳이었다. 자연히 호수 주변에서 나는 해산물도 이들 새로운 이주 민들을 상대로 판로가 넓어졌고 다른 어촌과는 달리 풍성한 도시였고 유대 나라에서 흔치 않은 개방적이던 도시였다. 이곳에는 많은 유대인들이 성경 을 읽고 예배를 드리던 유대인 회당이 있었다. 예수도 이런 가버나움의 활 력을 인정하여 갈릴리 사역의 중심지를 이곳에 두었고 가버나움에 있던 베 드로의 집은 예수가 갈릴리 지역에 오면 늘 들려서 환자를 고치고 말씀을 전하던 장소(교회)가 되었다. 요한의 형제들과 베드로의 형제가 다 이곳 어 촌에서 예수의 부름을 받고 물고기를 낚는 어부에서 사람을 낚는 어부로 헌신하는 배경이 되었다.

◎ 서기 30~40년대, 청년기

예루살렘성, 유대 정통 문화

로마는 유대 민족에게 예루살렘 성전이 있는 유대 지역을 관리하도록 일 정한 자치권을 주고 있었다. 유대 민족은 예루살렘 성전을 독점 관리하는 사두개파와 민간에서 성경을 연구하고 가르치던 바리새파 사람들과 각 지 역을 대표하는 장로들로 구성한 산헤드린이라는 유대인 공회를 통해서 민족적 관심사를 토의하고 결정했다. 요한은 예수가 예루살렘성에서 행했던 모든 가르침과 행사를 보고 들었다. 예수 그리스도가 승천한 이후에는 다른 제자들과 함께 베드로와 그는 예루살렘성에 초대교회를 세우고 복음을 전했다. 예수를 비롯해서 제자들은 예루살렘성에서 큰 성공을 거두기도 했지만, 사두개파와 바리새파들의 끊임 없는 공격으로 순교를 당했고 심한 핍박을 받았다. 제자들은 핍박을 피해 예루살렘성을 떠나 모두 다른 지역으로 흩어졌다. 이후 성공과 핍박은 예수의 제자들이 겪는 일상이 되어버렸다. 젊은 요한이 절감했던 유대교의 세상은 진실이 없고 사랑이 없는 잔혹한 모습이었다. 그들은 어디를 가든 예수 그리스도를 믿는 동족을 로마의 관헌이나 지역 세력을 동원해서 핍박하고 살해했다.

◎ 서기 40~75년대, 장·노년기
시리아와 터키 여러 지역 그리고 에베소 정착, 아랍과 그리스 문화

기독교에 대한 유대 지도자들의 핍박이 스데반 집사의 순교 사건(35년)을 계기로 계속되었고 또 이에 합세했던 분봉왕 헤롯 아그립바가 12사도들 가운데 한 사람인 야고보 사도를 칼로 참수해서 죽였다(42년). 그는 요한의 친형이었다. 이때부터 예루살렘성은 온통 공포에 빠졌다. 초대교회 성도들과 교회 지도자들이 살인적인 핍박을 피해서 예루살렘성을 떠나 각지로 흩어졌다. 많은 사람들이 성을 벗어나 북상하기 시작했고 시리아 안디옥과 다마스커스 등 큰 도시로 이주했다. 다른 사람들은 시리아 지역을 지나서 터키 소아시아 쪽과 북방 페르시아 쪽 여러 지방으로 이동했다. 그 가운데 터키 대륙을 관통해서 서진을 계속했던 사람들은 터키 그리스 지방의 큰 도시인 에베소 시로 진출했다. 당시 이들 시리아 지역(아라비아)과 터키

아시아 지역에는 많은 그리스도 교회가 자리를 잡고 있었다.

예루살렘성을 탈출했던 일부는 배를 이용해서 그리스 반도나, 이집트, 그리고 로마의 수도까지 진출했다. 이들 유대 디아스포라(Diaspora)는 피난민 신세였지만 유대 지역을 벗어나서 새로운 이질 문화 속에 자신들의 정체성을 정리하는 긴 과정을 너나없이 겪었다.

요한 일행도 피난 행렬에 합세해서 여러 곳을 옮겼으나, 특히 유대인의 눈을 피하기 위해서 철저한 보안 속에 안전한 장소를 찾아 전전했다. 일행은 자신들의 정체를 지역 교회에조차 알리지 않고 다만 사도 베드로와 일정한 거리를 유지하며 같은 경로를 거쳐서 움직였다. 요한과 베드로는 예수의 제자로 함께 살았고 어부 시절부터 초대교회, 그리고 박해로 전전하며 끝까지 형제 이상의 신뢰를 지속했던 사람들이다. 이런 이유로 요한 사도를 포함해서 일행의 행적이 바울 사도가 1차 예루살렘 공회(49/50년)에서 요한 사도를 만났다는 짧은 기록 이외에는 어떤 성경에서도 밝혀진 것이 없다.

◎ 서기 75∼95 이후, 노년기

교회 전면에 복귀, 성경 기록, 에베소 시, 그리스 문화의 중심지

요한 일행은 그들 보다 먼저 이곳에 왔던 베드로의 소식을 듣고 에베소 지역에 도착했다. 그러나 베드로 사도는 곧 에베소 시를 떠나 그의 최종 목적지인 로마로 떠났다. 로마에는 이미 그리스도의 교회가 있었다. 수많은 사람들이 노예나 평민이나 인종과 사회적 지위를 떠나서 한마음으로 뜨겁게 모이는 교회였다. 예수 그리스도를 대신해서 대제국에 말씀을 선포할 지도자가 꼭 필요했던 시기였다. 베드로는 가슴에 치솟는 뜨거운 사명감으로 더 기다릴 수가 없었다. 그는 서기 60년 전후에는 이미 로마에 도착해서 순교할 때(서기 64~65년)까지 물불을 가리지 않고 그곳 교회를 지도했다. 베드로 사도와 요한 두 사람의 끈질긴 우정은 한 사람 베드로의 급작스런 순교로 곧 끝이 났다. 베드로는 그가 순교할 때까지 세상에서 숨어 살던 요한과 일정한 거리와 시차를 두고 그들보다 앞서 방향을 잡고 움직여갔다. 베드로는 당시 기독교의 중심지 역할을 하던 에베소 시를 급히 떠나 그리스도의 신앙으로 불타던 로마의 수도까지 한 걸음에 뛰어 갔던 것이다.

한편 에베소 시에 남아 있던 요한 역시 친형보다 더 깊은 정을 나누던 지도자 베드로를 따라 로마로 갈 마음이 간절했다. 그러나 누구도 갈라놓을 수 없었던 두 사람의 공동 운명은 에베소 시까지였다. 베드로 사도의 죽음이 두 사람의 사이를 갈라 놓고 말았다. 요한은 베드로 사도가 순교하고 나서도 거의 40년 가까운 시간을 에베소 지역에서 계속 살았다. 그 가운데 10여 년은 정체를 숨기고 살았고 그리고 후반 30년은 마지막 남은 사도로 다시 교회 전면에 불사조처럼 나섰다. 그는 이렇게 예수 그리스도가 주었던 한 가지 특별 사명을 이곳에서 완수했고 다시 사도 본분으로 돌아가 초대 교회를 아름답게 마무리했다.

성모 마리아와 요한 일행은 철저한 비밀 속에 에베소 시에 도착해서도 10여 년을 더 숨어서 살았다. 요한은 그녀가 세상을 떠난 후부터 드디어 오랜 은둔에서 풀려났다. 그는 더 이상 자신의 신분을 감출 이유가 없었다. 그는 즉시 교회를 개척해서 말씀을 전하며 에베소 지역에 넓게 퍼져 있는 지역 교회들을 마지막 남은 사도로 돌보면서 예수 그리스도의 사도로 전력을 다했다. 에베소 지역은 요한 일행이 도착하기 전에 이미 바울 사도와 그 제자들에 의해서 교회가 개척되었고, 70년 예루살렘 멸망 후에는 기독교의 제2의 신앙 중심지로 등장했었다. 요한은 이 기간 마지막 사도로 이곳에 남아서 진실과 사랑으로 가득 찬 성경 〈요한복음〉과 〈서신서〉를 기록했다.

특기할 사항은 당시 요한은 '사도'와 '장로'라는 직분을 함께 사용했다. 〈서신서〉 가운데 〈요한2서〉는 저자를 '장로'라고 소개했다. 〈베드로전서〉에서 사도 베드로도 자신을 '장로'라고 신분을 밝혔다. 그러나 이곳에서 사용한 '장로'라는 말은 우리가 현재 쓰고 있는 '장로'라는 직분과는 다른 의미를 가졌었다. 당시 '장로(Elder)'라는 직분은 교회를 말씀으로 인도하는 사람 혹은 지역 안에 있는 여러 교회를 감독하는 직분을 의미했다.

◎ 서기 95~97년의 만년

로마 압송과 재판, 밧모섬 수감

폭군 네로 황제가 죽고 나서(68년) 여러 황제가 로마 제국에 등장했다. 기독교는 네로 황제의 유례 없는 탄압과 잔해에서 잠시 벗어난 듯했으나 다시 11번째 황제로 등극했던 도미티안 황제의 극단적인 반기독교 정책으로 로마는 물론 에베소 시에까지 핍박이 몰려왔다. 기독교 전면에 서 있던 요한 사도도 돌풍을 피하지 못하고 체포되어 95년경 로마로 압송되었다. 그는 도미티안 황제 앞에서 재판을 받고 곧 무인도였던 지중해의 고도인 밧모섬에 수감당했다(96년경). 요한은 이 기간 성령의 인도로 그가 꿈에도 그리던 예수 그리스도를 천국에서 만났다. 요한은 그의 명령으로 그가 보았던 천국의 모습과 지구라는 이 세상의 종말이 올 때 하늘과 땅에서 일어날 무서운 사건을 하나님의 명령으로 기록했다.

◎ 97년 이후 만년

석방과 에베소 시 귀환

서기 97년경, 요한은 밧모섬에서 극적으로 방면되어 다시 에베소 시로 돌아왔다. 그를 무인도에 보내서 그곳에서 죽이려고 했던 도미티안 황제가 반대파에 의해서 살해당하는 정변이 로마에서 일어났던 것이다. 새롭게 황제가 되었던 사람이 도미티안 황제의 불법적 권력 행사로 희생되었던 사람들을 모두 사면하고 복권했던 결과였다.

요한은 그가 오래 인도하던 교회로 다시 돌아왔다. 외로운 밧모섬에서 고역을 치렀지만 그는 영적으로 더 이상 깨끗할 수 없도록 마음과 생각이 맑았다. 만년의 요한 사도는 노익장을 과시하며 교회 앞에서 한없는 예수 그리스도의 사랑을 전하며 일백 세를 넘기는 장수의 삶을 살았다고 전해진다.

늦게 사도로 다시 등장해서 장수했던 그의 일생은 그보다 1천5백 년 전에 늦은 나이(80살)에 하나님의 부름을 받고 이스라엘 민족을 이끌었던 모세의 노년과 장수와 닮았다. 요한은 하나님의 아들 예수 그리스도를 만나 그의 복음을 세계에 전파하고 그의 지고한 신성을 그와 함께 살았던 자신의 경험으로 증명했고 기독교적 이성으로 이를 설명했다. 그는 또한 자신보다 훨씬 앞서 살았던 수많은 이스라엘 민족의 선지자들이 이미 예언했던 이 땅에 있을 많은 나라와 민족의 장래를 하늘나라에서 직접 영상으로 보았고 그것을 정확하게 기록으로 전했다. 이런 의미에서 〈요한계시록〉은 지금까지 있었던 모든 예언을 종합하고 정리한 책이다.

요한의 일생, 제자와 사도의 길

요한의 일생을 요약하면 그는 예수 그리스도를 만나고 나서 인생이 변했다. 그는 방황과 항거의 소년에서 벗어나 어리고 청순한 제자로 예수를 따랐다. 예수는 베드로와 그의 형인 야고보 그리고 요한을 좌우 측근에 두고 어디를 가든지 그들을 대동했고 함께 자고 먹고 하면서 가르쳤다. 세 제자 가운데 어리고 총명했던 요한이 막내로서 예수의 사랑을 받았다. 요한은 3년을 예수와 함께 지내며 인간이 완전히 새롭게 변했다. 그의 인격적 변화는 그가 본 예수 그리스도에 대한 인식의 진화에 맞추어 이후 홀쩍 홀쩍 자랐던 것이다.

요한의 (추정) 연대기

(역사적 사건과 학자들의 추정 그리고 한두 해의 계산 오차를 감안한 연대기)

- 서기 5/6년, 출생
- 26/27년, 예수 그리스도를 만남, 20세 (전후)
- 30년, 십자가 사건, 23/24세
- 40년 전후, 예루살렘 탈출, 33/34세
- 50년 전후, 시리아 안디옥 이동, 43/44세
- 60년 전후, 그리스 에베소 지역 이동, 55세
- 70~75년, 성모 마리아 죽음, 65~70세
- 75~85년, 〈요한복음〉 기록, 70/80 세
- 85~95년, 〈서신서〉 기록, 80/90세
- 97/98년, 〈요한계시록〉 기록, 92/93세

요단강

　요한이 갈릴리 지역 벽촌인 나사렛에서 온 예수를 처음으로 만난 곳은 세례 요한이 물로 세례를 주던 요단 강가였다. 요단강은 북쪽 레바논에 있는 높은 헬몬산(Mt. Helmon)에 쌓인 만년설이 녹아 내리는 물이 골짜기를 만나고 골짜기 물들이 모여서 강물이 되어 팔레스타인 광야를 남북으로 길게 가로질러 흐르는 강이다. 요한이 자란 갈릴리 호수는 요단강 물이 흘러 내려가는 중간 기착지였다. 요단강은 다시 갈릴리 남쪽 출구를 통해서 빠져 나가 긴 남행을 계속해서 사해(Dead Sea)라는 바다로 빠진다. 봄철 우기가 되면 강물이 불어 양쪽 언덕에 출렁이며 넘치기도 한다. 사해는 해저보다 낮아서 물이 갇히는 바람에 소금기가 많은 짠물인 까닭에 아무 생물도 그곳에는 살지 못하는 죽은 바다이다. 그래서 사해라고 부른다. 사람들이 들어가 누우면 둥둥 뜨는 짠물 바다이다.

Chapter 2

〈요한복음〉
소개

복음서 가운데 하나

〈요한복음〉 혹은 '4번째 복음서'라고 부르는 성경은 예수 그리스도가 사랑했던 제자 세베대의 아들 요한이 긴 잠적 끝에 다시 사도로 부활해서 에베소 지역에서 기록했던 성경이다. 나사렛 예수가 그리스도로 이 땅에 살았던 3년여 기간에 일어났던 사건과 복음 전파의 내용을 처음부터 그가 승천할 때까지 기록으로 담은 성경이다.

예루살렘성에서 시작했던 초대교회는 유대인들에 의한 박해 속에 여러 나라로 흩어진 제자들을 통해서 계속 전파되었다. 유대인들뿐만 아니라 그리스 로마 사람들과 같은 여러 나라 사람과 민족들에 의해서 세계 어디든가는 곳마다 부흥했다. 새로운 박해가 일어나 또 제자들을 살해하고 교회를 심하게 압박했다. 로마 제국의 황제들이 교회를 탄압하기 시작했던 것이다. 그러나 교회는 핍박 속에 더 자라고 강하게 결속했다. 그리스도가 떠난 후 반세기가 지나면서 모든 사도들이 순교로 이 땅에서 사라졌다. 오직 요한 사도가 마지막 살아 남은 예수 그리스도의 사도로 터키 서부 도시인 에베소 시에서 살아 있었다. 그가 홀로 일어서서 1세기가 끝날 때까지 핍박과 혼돈의 거친 세월과 싸우며 교회의 중심에 섰다. 그가 예수 그리스도의 말씀과 삶을 세계인의 관점에서 새롭게 조명하며 그 의미와 진실을 기록으로 밝혔던 책이 바로 〈요한복음〉이다.

〈4복음서〉와 예수 그리스도의 공생애

예수 그리스도의 생애를 기록한 성경을 〈복음서〉라고 부른다. 〈복음서〉라는 말은 영어인 'Gospels'이란 말을 한자로 직역한 말로 그 뜻은 '복된 소식을 전하는 책'이라는 말이다. 예수의 출생은 인류가 기다리던 아름다운 소식이 되었고 그가 이 땅에서 행하고 살았던 삶은 바로 우리가 찾던 진리였고 생명의 길이었다. 그가 이 땅에서 살았던 30여 년의 짧은 인생은 모든 인류에게 육신의 삶을 넘어 잠자던 영혼을 깨우는 외침이었고 인간 본연의 모습을 회복하는 밝은 빛이었다. 그가 떠난 후 남은 제자들이 그들이 직접 보고 들었던 그의 말씀과 삶의 모습을 전한 책이 바로 성경이고 기독교는 이들을 성경 가운데 〈복음서〉라고 구분했다.

〈복음서〉에는 마태, 마가 누가, 요한 등 네 권의 책이 있다. 신약 성경은 모두 27권이고 그 가운데 4권의 성경을 〈복음서〉라고 부르면서 다른 성경과 구별하는 다른 이유는 기록한 자들이 예수의 복음전파 기간을 처음부터 함께 살며 지켜본 마태, 요한 사도와 같은 증인들이거나 혹은 사도 베드로 등 당시 예수 그리스도를 좇아 말씀을 듣고 현장에 있었던 제자들에게서 직접 들었던 마가 요한(〈마가복음〉의 저자)이나 누가(〈누가복음〉의 저자)였다는 이유이다.

예수 그리스도의 '공생애'라는 말은 그가 평범한 인간에서 성령의 충만을 받고 그의 본모습인 '하나님의 아들'로서 일어나 복음을 갈릴리 지방과 온 유대 지방에 전파한 기간을 말한다. '공생애'는 그가 세례 요한에게서 물 세례를 받은 날로부터 부활해서 승천할 때까지 3년여의 기간을 구체적으로 말한다.

공관복음과 〈요한복음〉

우리는 〈4복음서〉 가운데 마태, 마가 그리고 누가복음을 공관복음(Synoptic Gospels)이라고 부르는데, 〈요한복음〉은 이들 가운데 넣지 않고 네 번째 복음서라고 구별해서 부른다. 공관복음이라는 말은 '같은 시각으로 본다'는 영어 단어인 'Synoptic'이라는 단어를 한자인 '공관'으로 번역한 것이다. 공관복음은 말 그대로 이들 성경이 진술하는 예수 얘기가 줄거리와 내용이 거의 일치하고 모든 사건을 보는 세 저자의 시각이 크게 다르지 않은 특징을 설명하는 이름이다. 그러나 사건을 설명하는 시간적 순서나 표현에서 조금씩 서로 차이가 있는 것은 사실이다. 네 번째 복음서로 〈4복음서〉라고도 불리는 요한복음은 이들 공관복음과는 여러 면에서 다른 성경이다. 예수의 얘기를 다루었다는 큰 전제는 같지만 얘기의 내용이나 예수를 보는 각도나 깊이가 앞에 설명한 공관복음과는 달라서 복음서 가운데 유독 특별한 대접을 받고 있는 성경이다.

〈요한복음〉의 기록연대

　많은 학자들은 요한복음이 서기 75~85년 사이에 그가 노년에 살았던 에베소 지역에서 쓰였다는 후기 기록을 주장한다(50년대 조기 기록설을 주장하는 학자들도 있다). 〈요한복음〉이 서기 75년 이후에 기록되었다는 점은 또한 〈요한복음〉이 다른 성경 보다 훨씬 뒤에 기록되었다는 말이기도 하다. 그가 이미 통용되던 다른 성경을 읽고 나서 그들과는 다른 어떤 목적을 가지고 성경을 기록했다고 볼 수 있다는 뜻이다. 혹시 다른 성경을 모두 읽지 못했다고 해도 당시까지 진행된 복음의 전파와 관련해서 자신의 견해를 밝힐 필요가 있었기 때문에 예수의 마지막 증인으로 그가 〈요한복음〉을 기록했다고 보는 것은 바른 이해라고 볼 수 있다. 학자들은 예수의 활동 기간이나 시대를 〈요한복음〉에 나타난 사건을 기준으로 산출했다. 또 예수의 공생애 기간에 일어났던 사건들은 다른 복음서들보다 〈요한복음〉이 더 정확한 순서로 기록했다고 평하고 있다.

초대교회와 대표적 제자들

　교회는 예수 그리스도를 믿고 예수의 복음을 땅끝까지 전하는 사명을 받은 사람들의 신앙 집단이다. 12사도의 주도로 예수 그리스도의 제자들이 그가 떠난 후 예루살렘성에 예수 그리스도의 복음을 전파해서 수많은 사람들이 회개하고 구원을 얻었다. 이들이 예루살렘성에서 시작한 교회를 후에 초대교회라고 불렀다. 초대교회는 곧 유대교 지도자들의 박해를 받고 여러 이방 나라로 흩어졌고 그곳에서 또 교회를 세우고 복음을 전하는 영속적인 재생 운동을 벌였다. 초대교회의 첫 중심지는 예루살렘 성이었고, 그리고 70년 예루살렘이 패망한 후에는 터키 그리스지역의 수도이던 에베소 시에서, 2세기가 되어서는 로마 제국의 수도였던 로마 시에 뿌리를 내리고 세계 각처로 뻗어나가 예수 그리스도의 교회를 세웠다.

초대교회를 이끈 많은 예수 그리스도의 제자들 가운데 사도 베드로와 요한 그리고 바울 사도는 모든 제자들을 대표했던 사람들이었다. 그들은 가는 곳마다 복음을 전파했고 그리스도의 교회를 세웠다. 그들은 또 예수 그리스도가 중심인 기독교의 골격과 예수 그리스도의 몸인 교회의 초석들로 살았다. 기독교의 신약 성경 27권 가운데 이들 세 제자가 기록했던 성경이 24권으로 압도적이고 내용 면에서도 기독교의 핵심 교리와 신학을 설명하는 주요 성경들이다.

〈요한복음〉의 저자에 관한 논쟁

〈요한복음〉은 저자가 누구인지를 밝힌 구절이 없다. 단지 두 곳의 말씀에서 "예수가 사랑했던 제자"가 성경을 기록했다고 전했다. 예수는 12제자들뿐만 아니라 모든 제자들 그리고 그를 구세주로 믿는 모든 사람을 사랑했다. 그가 어떤 사도의 이름을 특별히 지적해서 사랑했다는 기록은 성경 어디에도 없다. 성경 속에 나타난 인물 가운데 예수가 "사랑했던" 사람이라고 이름을 기록한 제자는 병들어 죽었다가 후에 예수가 무덤에서 살려냈던 나사로였다. 나사로는 베다니에 살던 마르다와 마리아의 오빠로 자매와 함께 예수가 사랑했던 사람들로 기록되었다. 일부 사람들은 이런 까닭으로 나사로를 〈요한복음〉의 저자로 추정하기도 했다. 그러나 요한복음이 함축한 기록 목적과 예수 그리스도에 관한 깊은 성찰을 고려한다면 당연히 사도 요한의 작품이라는 것을 부인할 수 없다. 또한 요한 사도가 살았던 시기에 그의 제자였던 폴리갑이나 이그나티우스 등 다른 1세대 교부들에 의해서 요한이 〈4복음서〉를 기록했다는 주장을 전하면서 요한 사도가 복음서의 기록자로 확정되었다.

〈요한복음〉의 배경

〈요한복음〉은 다른 복음서가 예수 그리스도가 전했던 말씀과 당시의 여러 사건의 수평적인 설명을 기록했던 것과는 다르게 예수 그리스도의 삶과 그가 전했던 말씀의 '영적 의미와 진실'을 규명하려고 썼던 복음서이다. 다른 복음서의 저자들이 예수의 생애와 말씀을 사건을 따라가며 현장에 있던 증인으로 듣고 보았던 것을 충실하게 전했던 것과는 다르게 요한은 예수가 살았던 짧은 삶을 처음부터 끝까지 순서대로 찾아서 겉과 속 모습을 충실하게 기록했다. 그는 긴 시간을 말씀과 사건 안에 감추어진 진실을 찾아서 깊게 반추하고 영적 의미를 찾았다. 요한이 복음서를 기록할 때는 그의 나이가 이미 70세 이후였고, 시기적으로는 서기 75년 이후였다. 또 기록 장소가 당시 후기 그리스 문화의 중심지였던 에베소 시라는 점은 다른 복음서와는 다른 기록 배경을 분명하게 보여준다.

요한은 예루살렘성에서 일어난 박해로 30년 가까운 세월을 자신의 신분을 감추고 여러 곳을 전전하며 살았다. 그가 지났던 여러 도시에는 이방 신들과 우상 숭배가 가득했고 특히 그리스 지역에는 풍요의 여신인 아데미 여신과 함께 오래전부터 마케도니아 지역에 있는 올림퍼스산에 살고 있다는 한 떼의 신들이 사람들의 모든 생활 영역에 섞여 살며 세상을 지배하고 있었다. 그곳에는 유대 문화와는 다른 그리스 문화가 로마 제국의 지원을 받아 상류 사회를 압도하고 있었다. 먹는 것, 보는 것, 남녀가 잠자는 것, 그리고 생각하는 것이 전혀 달랐다. 유대인들과 같이 고향을 떠난 이민자들은 당연히 문화적 갈등과 내면적 혼란을 겪었다.

요한은 감수성이 강했고 이런 이질적인 문화를 자신 안에서 조용히 정리하며 자신뿐만 아니라 일행의 신앙을 지키는 싸움을 계속해야 했다. 그는 어딜 가든 예수 그리스도의 삶과 말씀을 묵상하며 세상과의 싸움에서 자신을 지키고 일행의 안전을 지키며 살려고 했다. 유대 민족의 자랑거리였던 예루살렘 성전을 떠나 이방 나라들을 방황하던 젊은 요한이 노인이 될 때까지 긴 세월 계속한 그의 묵상과 반추의 아름다운 결과가 바로 〈요한복음〉이었다. 〈요한복음〉이 세상에 나오게 되었던 배경을 사도 요한의 특수한 삶에서 찾을 수 있으나 다른 이유와 특징도 여럿이 있는 것이 사실이다. 그가 복음서를 기록해야 했던 중요한 시대적 배경을 세 가지 측면에서 살펴본다.

시대적 요구

유대인의 정신적 지주였던 예루살렘 성전이 예수 그리스도가 생전에 예언했던 대로 70년 로마 군대의 공격으로 완전히 부서져 돌무더기로 변했다. 유대 나라는 예루살렘성의 멸망과 함께 역사의 무대에서 완전히 살아졌다. 성에서 간신히 살아남은 자들은 포로가 되었다. 그들은 전쟁 법에 따라서 쇠줄로 묶여서 로마로 끌려갔고 다른 사람들은 모두 살 길을 찾아 세계 각국으로 흩어졌다. 사람들이 살지 않았던 예루살렘성은 오직 들짐승들이 사는 황폐한 곳으로 전락했다. 하나님의 선민으로 자부심이 강했던 유대 민족이 상상도 못했던 일이 역사에 벌어졌던 것이다. 이미 많은 유대인들이 당시 지도부의 혼란과 위협으로 다른 시리아 지역이나 터키 대륙으로 떠난 후였다.

한편 온 세계는 무적 로마 제국의 통치 아래로 떨어져 여러 나라와 민족이 순종이 아니면 멸망으로 그 종말을 고해야 하던 시대였다. 로마 제국은 이미 충분한 영토와 전리품을 확보했고 먼 나라인 페르시아와 중국 그리고 인도 대륙에는 큰 흥미가 없었다. 다른 세계는 아직 그 존재조차 알려지지 않았던 때였다. 당시 그리스 로마 문화는 최고 수준으로 인류 역사에 두 번 다시 찾아 볼 수 없는 과학과 지적 능력을 자랑했다. 정치 제도가 법치를 기본으로 최고였고 사람들이 생각하는 철학이나 문화가 절정을 이룬 시기였다.

이들 로마 지도층은 영적 세계나 유일신의 존재에 흥미가 없었다. 이미 세상에 존재하는 것으로 그들의 이성과 감정을 만족시키기에 충분한 듯 보였다. 표면적으로는 한없이 평탄한 듯한 이런 세상에 갑자기 소리 없는 한 사건이 유대 베들레헴성에서 터졌다. 예수 그리스도라는 구세주가 탄생했던 것이다. 출렁이는 대양에 작은 물방울 하나와 같이 시작했던 이 사건은 한 세기를 지나기도 전에 제국의 수도 로마 시는 물론 터키 대륙과 북방 아르메니아 지방 그리고 북아프리카 이집트의 경이로운 도시 알렉산드리아를 비롯해서 모든 땅에 큰 파도가 되어 나라와 민족들을 덮치고 있었다.

세계는 새로운 시대를 맞고 있었다. 아무도 큰 소리로 이런 변화를 외치지 않았다. 혼란을 피해 여러 도시를 전전하던 한 사람, 예수를 삶으로 알고 사랑했던 제자가 나서서 새 시대를 선포할 때가 되었던 것이다. 유대 시대의 종말과 새로운 예수 그리스도의 시대를 로마 제국이라는 세계 속에서 소개해야 할 때였다. 우선 유대인과 그리스도인들이 하나님의 말씀으로 믿고 매일 읽던 성경을 새 시점에 맞추어 정리해야 했다. 구약은 이스라엘 민족의 시작을 조상들의 얘기와 함께 전했던 하나님의 말씀이었다. 이스라엘 나라와 민족이 망해서 각지로 흩어진 후 세계는 로마라는 강대국이 지배하고 있었다. 구약 성경의 메시지를 곧 세계의 모든 민족에게로 초점 이동이 필요했다. 인류 역사는 로마 제국이 망하고 그 뒤에 일어날 무수한 나라와 민족, 그리고 그때까지 복음을 전하지 못했던 많은 나라와 민족을 품고 있었다. 그들에게 성경을 가지고 유대 민족을 넘어서 보편적 얘기로 하나님의 말씀이 통하는 길을 열어야 했다.

요한은 사도 바울과 그의 제자 누가와 함께 이런 새로운 길을 열었던 사람이다. 예수 그리스도는 그 적임자로 요한이라는 사랑하는 제자를 먼저 선택했던 것이다. 요한 사도가 〈요한복음〉을 시작하는 1장 1절에서 "태초에 말씀이 계시니라. 이 말씀이 하나님과 함께 계셨으니 이 말씀은 곧 하나님이시라"라는 구절은 구약 성경의 첫 성경인 〈창세기〉 1장 1절 "태초에 하나님이 천지를 창조하시니라" 라는 구절을 형식과 의미에서 정확하게 모방했다고 볼 수 있다. 예수 그리스도는 요한을 오랫동안 세계 여러 나라에 보내 살게 하며 명실공히 세계인으로 자라게 하고 그 위에 여러 이질 문화를 이해시키고 그들에게 '복음'을 진실하게 전하도록 사용했던 것이다.

마지막 사도의 임무

초대교회는 베드로를 비롯해서 요한 등 다른 제자들이 성령의 역사로 예루살렘성에 세웠던 교회였다. 초대교회가 예루살렘성에 세워진 후 다른 여러 지역으로 복음이 전파되면서 시리아와 터키와 유럽 대륙에 큰 교회들이 개척되었다. 그 가운데 시리아 다메색(현 다마스커스)시, 시리아 안디옥 시, 그리스 에베소 시, 이집트의 알렉산드리아 시 그리고 로마 시 등 이들 5대 도시는 당대 세계를 대표하는 큰 도시들이었다. 그리스도의 교회가 그곳에서 크게 부흥하고 있었다.

그러나 세상의 끈질긴 핍박도 시간이 지나며 강도가 강해졌다. 첫 교회가 세워졌던 예루살렘성에서는 유대 지도부의 종교 탄압이었다. 그러나 다른 지역은 현지 정치 지도자와 토착 우상 숭배자들이 흩어진 유대인과 합작으로 교회를 이중 삼중으로 핍박하던 때였다. 드디어 큰 핍박이 로마 시에서 먼저 일어났다. 64년 발생해서 로마 시를 거의 반 이상 태웠던 큰 화재 사건을 계기로 네로 황제는 기독교를 말살하려는 생각으로 성도와 지도자들을 잡아 갖은 잔인한 방법을 다 써서 살해했다. 여파는 컸다. 기독 세계를 이끌던 두 걸출한 지도자가 다른 성도들과 함께 순교했다. 베드로 사도와 시리아와 터키 그리고 로마 황궁 근처에까지 교회를 개척하고 그 골격을 세웠던 사도 바울이었다.

로마 시에서 피비린내가 가시기도 전에 중근동의 중심이던 예루살렘성이 멸망당하며 그곳에 있던 초대교회마저 사라지는 큰 사건이 벌어졌다. 요한이 사도로 교회 전면에 나섰던 에베소 시에도 그 지방에 널리 유행하던 풍요의 여신인 아데미 신전이 역사상 유례가 없는 큰 규모로 신전을 건축했고 그들이 기독교인을 핍박하던 때였다. 교회는 이런 외부의 핍박 못지 않게 안에서도 문제가 생기기 시작했다. 1세대 지도자들이 다 죽고 다음 2, 3세대 지도자들이 교회를 지도하면서 이단 사상과 우상 숭배가 틈을 비집고 나타났다. 여러 문제가 그곳에서 생겼다. 교회 안에서 일부 세속화가 눈에 띄게 진행되었다. 요한 사도의 예민한 감각은 곧 문제를 파악하고 현재의 교회뿐만 아니라 장차 올 모든 교회가 바른 신앙에 서도록 말씀을 해석하고 예수 그리스도의 온전한 정체를 알리는 일에 몰두할 수밖에는 없었다. 그가 성령의 인도를 구하면서 타고난 감성과 지성을 다해서 새로운 성경을 기록했다. 〈요한복음〉은 이런 그의 고통 속에 탄생했던 것이다.

초대교회의 정리, 인물에서 성경, 성령 중심으로

초기 기독교의 역사책으로 누구나 인정하는 〈사도행전〉은 예루살렘성에서 시작했던 초대교회에서 시리아의 안디옥 교회 그리고 에베소 교회와 바울이 황제의 재판을 받기 위해서 로마로 압송되어 기다리던 2년 동안 개척했던 로마 황궁 교회 등에 대한 기록을 자세히 소개하고 있다. 로마에서는 바울이 가기 전에도 이미 그리스도의 교회가 따로 모였었다. 초대교회를 1세기 이전 교회로 의미를 압축하면, 초대교회는 예수가 직접 불렀던 사도들이 시리아, 그리스, 로마 지역에 개척했던 많은 교회와 예루살렘 초대교회가 뽑은 7명의 집사 가운데 하나인 빌립(Philip) 집사가 개척했던 사마리아와 가이샤라 교회 등을 말한다고 볼 수 있다. 그리고 이들 초대교회 개척자들의 뒤를 이어서 그들에게 말씀을 배웠던 제자들이 여러 지역에 세웠

던 이름조차 알려지지 않은 많은 교회를 빼 놓 수 없다. 〈요한복음〉이 나타
날 때는 이들 초대교회의 세대교체가 이미 이루어졌던 때였다.

분명한 것은 요한 사도가 그의 복음서를 쓸 때는 이미 사도들은 물론 그
들이 가르쳤던 제자들이 대부분 세상을 떠났고 그들의 2, 3세대 제자들이
교회를 맡아서 이끌었다. 사도에게 직접 말씀을 들었던 손에 꼽을 만큼 적
은 제자들이 생존해서 각 지역 주교를 맡아서 많은 지역 교회를 인도했다.
기독교는 그들을 초대 교부(Fathers)라고 부르고 있다. 사도들은 물론 그들
에게 배운 제자들마저 하나둘 세상을 떠나고 세대 교체가 이루어졌던 초대
교회는 서서히 옛 개척자들의 모습을 잊어가고 있었다. 대신 교회는 그들
이 남긴 그리스도의 복음인 성경 연구와 해석에 중점을 둘 수밖에는 없었
다. 그리고 예수 그리스도가 보낸 성령의 큰 역사를 계속 구하며 진리의 길
로 매진할 수밖에 없었다.

결국 마지막 살아 남은 사도가 된 요한은 이와 같은 초대교회의 변화를
보고 신약 성경을 크게 정리할 필요성을 느꼈다. 그는 자신의 일이 신약 성
경을 예수 그리스도에게 초점을 맞추고 성령의 역사를 강조하며 대국적으
로 정리해서 후세에 남기는 일이라 생각했다. 당시 많은 성경들이 교회에
서 교회로 유통되어 목회자들이 참조하고 설교의 주제로 사용했다. 이들
성경은 주로 복음서와 사도 바울이 기록했던 여러 서신서들이었다.

변화는 교회 자체도 컸다. 교회는 예루살렘 초대교회와 같이 여러 가지
요인으로 사라지고 또 지역을 옮겨 새 교회가 나타났다. 가장 큰 요인은 로
마 제국의 정치적 변화와 계속적인 탄압이었다. 그리고 중근동 지역에서
자주 발생했던 지진이나 기근 등 기후변화로 주민들이 떠났던 것이다. 시
리아와 터키 지역에서 부흥했던 초대교회는 2, 3세기가 되기 전에 모두 지

상에서 사라졌다. 현재 시리아와 터키 여러 지역 남아 있는 초대교회의 유적지는 1세기 때의 초대교회와는 다른 후대에 지었던 교회의 유적이다. 이들 유적지 교회는 4세기 로마 황제가 기독교를 공식적으로 국교로 인정하고 난 후에 새로 지었던 교회들이 시간이 지나며 폐허로 변해서 남긴 돌무더기이다.

신약 성경은 모두 27권의 책으로 되어 있다. 예수 그리스도가 갈릴리 지역에서 제자로 직접 불렀던 12사도와 그 후 예수가 따로 불렀던 사도 바울, 그들의 직계 제자였던 마가 요한(Mark John)과 누가(Luke)가 저자로 기록했던 27권의 성경을 〈신약 성경〉이라고 통틀어 부른다.*(27권 가운데 〈야고보서〉와 〈유다서〉라는 성경은 예수의 세속 형제인 야고보(James)와 유다(Jude)가 기록)

요한 사도가 기록한 〈요한복음〉은 이미 설명했던 것 같이 복음서의 결정판이다. 그리고 예수 그리스도의 신성과 인성을 선명하게 부각했던 가장 인간적인 기록이다. 이미 사도 바울의 여러 성경들이 교회에서 읽혔다. 사도 바울은 유대 종교의 율법주의와 형식주의를 가장 신랄하게 지적하고 문제점으로 제시했던 예수의 제자였다. 바울은 자신이 그런 환경에서 교육을 받고 자랐던 사람이었기 때문이다. 그는 무려 13권의 성경을 기록했다. 이들 성경은 무의식 중에 그의 성격이 강하게 나타났고 교회와 성도의 삶에 진실을 강권했다. 요한 사도 역시 그 성경들을 알고 있었다. 요한은 사랑의 사도답게 자신이 보고 알았던 예수 그리스도의 사랑과 은혜를 조명하며 성경이 드러내는 완벽한 진실을 자신의 성경을 통해서 알리려고 했다.

요한의 시각과 이해

　　모든 성경은 성령의 감동으로 기록된 하나님의 말씀이다. 누구나 성령의 도움이나 감동을 받지 않고는 성경을 바로 이해할 수 없다. 그러나 성경의 저자는 하나님이지만 기록자는 인간이었고 그들이 썼던 책이다. 요한도 기록자로 예수 그리스도의 말씀을 인용하고 그가 살았던 여러 사건의 현장을 소개하고 시작과 본론을 거쳐서 마지막 결론에 도달하는 일반적인 과정을 통해서 예수 그리스도에 관한 복음서를 완성했다. 이런 큰 전제 아래에서 요한 사도가 어떻게 복음서를 기록했는지 살펴보려고 한다. 요한 사도는 필생의 역작으로 그의 복음서를 통해 그가 함께 살고 먹고 그리고 가르침을 받았던 예수 그리스도를 세상에 소개했다. 그가 예수 그리스도를 어느 시각에서 보았고, 그리고 어디에 중점을 두었고, 어떤 방식으로 설명했는지 분명하게 그도 자신의 눈과 판단을 가지고 있었다. 특히 많은 세월 동안 그를 연단했던 이질 문화를 겪었다.

　　요한은 또 "예수 그리스도가 3년을 넘게 함께 살며 제자들에게 전했던 말씀을 모두 기록하면 이 땅이 부족할 정도"라고 〈요한복음〉 말미에 고백했다. 그렇다면 그는 어떤 기준으로 많은 말씀 가운데 성경 말씀을 선택했고 그의 삶에서 어느 사건을 선택해서 복음서를 완성하고 선후 순서를 배

열했는지 찾아 보는 것은 바로 요한 사도의 신관뿐만 아니라 그의 인생 철학과 신앙의 깊이를 시각적으로 알아보는 지름길이라고 말할 수 있다.

다중 문화를 통해서 본 예수 그리스도

요한은 몇십 년이라는 긴 세월을 전전하며 그가 알지 못했던 다른 문화들을 경험하며 살았다. 그는 가는 지역마다 사람들이 믿는 여러 신들과 이상한 종교 행사들을 보았다. 그의 종착역이 되었던 에베소 지역에는 그리스의 신들과 몇백 년을 이어온 그리스 철학 사상과 이성적 논리가 시대를 대표하는 사조였다. 그는 이들에게 그가 믿는 예수 그리스도를 유대의 전통 신앙을 넘어 이성적으로 설명해야 했다. 이전에는 유대 종교는 물론 예수를 믿는 많은 사람들이 신앙은 이성에 바탕을 둔 것이 아니라고 가르쳤다. 요한은 예수 그리스도가 이 땅을 떠난 뒤에 보낼 다른 보편적인 성령을 집중적으로 설명하면서 성령의 보편적 이성을 제시했던 사실을 기억했다. 그리고 요한은 자신이 오랫동안 그리스 지역에 살면서 그리스 철학이 추구했던 보편적 이성을 직접 체험했었다.

요한은 이런 면에서 초기 예루살렘 교회를 중심으로 부흥했던 사도들의 증인 시대를 지나서 당시 그리스 문화가 지배하던 터키 소아시아 지역에서 기독교의 기본 사상을 강조했던 예수의 제자였고 12제자들 가운데 가장 신학자(Theologian)에 가까운 사람이었다. 물론 그보다 앞서 그리스 문화의 중심지인 이곳에서 교회를 개척하고 기독교의 교리를 적출하고 논증했던 사도 바울이 있었고 그의 후계자였던 디모데와 누가가 있었다. 그 후

상당한 시간이 지나서 이곳에 정착한 요한은 바울의 뒤를 이어 기독교의
신학과 교리를 자신의 독특한 철학과 논리로 정리해서 명실공히 '세계화'
에 기여했다.

〈요한복음〉의 사상과 주제

예수 그리스도의 신성

　요한은 그의 복음서 서두에 예수 그리스도를 설명도 없는 짧은 세 구절의 문장으로 그가 하나님이고 태초에 그가 하나님과 함께 만물을 지은 창조주임을 선포함으로 당시 기독교인은 물론 유대인들 그리고 그리스 사람들을 놀라게 했다. 그는 이 선언의 의미를 설명하기 위해서 예수 그리스도의 삶과 말씀을 처음부터 끝까지 복음서에 기록했다. 또 그는 사실을 증명하기 위해서 당시 누구나 잘 알고 있던 세례 요한의 말과 증언을 1장과 3장, 5장에 거듭 기록했다. 세례 요한은 요단 강가에 세례를 받으러 나온 예수 그리스도를 만나기 전에 소년 요한이 따랐던 선생이었다는 특별한 인연도 가진 사람이었다.

그의 온전한 인성

요한은 복음서의 시작을 주인공인 예수 그리스도의 신성을 선포하는 1

장을 필두로 시작했다. 그러나 요한은 다시 예수 그리스도의 다른 모습을 대조적으로 뽑아서 기록했다. 놀랍게도 예수 그리스도가 보여 주었던 순수한 인간의 모습이었다. 복음서 2장은 그가 가나라는 갈릴리 지방에 있던 한 시골 마을에 있었던 결혼식 잔치에 초청을 받고 그의 제자들과 함께 갔던 사건을 기록하고 있다. 결혼식은 예나 지금이나 사람들이 즐겁게 축하하고 맛있는 음식을 나누며 흥겹게 지내는 대표적인 서민들의 잔치 자리였다. 예수가 바로 공생애를 시작하며 처음으로 제자들과 함께 갔던 곳이 이런 평범한 동네 결혼 잔치 자리였다. 예수는 잔치 자리에 초청을 받은 친지 가운데 한 사람이었다.

이어서 예수는 유대인의 큰 명절인 유월절을 맞아 흩어진 다른 유대인들이 오랜 종교적 전통을 따라 하는 것과 같이 제자들을 이끌고 성전이 있던 예루살렘성을 찾아갔다. 예수는 보통 사람들이 사는 것과 똑같이 살았다. 복음서는 여러 곳에서 갈릴리 지역 나사렛이라는 시골 마을에 살던 예수의 인간적인 모습을 숨김 없이 나타내고 있다.

하나님 나라와 성령

요한은 복음서의 시작부터 당시 유대인들의 사고에서 이미 사라졌던 '성령의 역사'와 그들이 오래전에 잊어버렸던 세상이 아닌 '하나님 나라'의 존재를 3장부터 여러 사건에서 강조하며 선포했다. 예수 그리스도의 삶은 그 자체가 성령의 인도였고 결코 화려하지는 않았지만 이 땅에 세운 진실한 '하나님 나라'였다. 예수 그리스도는 때가 되었을 때 그가 이 땅에 온 목적인 세상 죄를 지고 십자가에서 죽었다. 그리고 죽은 지 3일 만에 부활했다. 그는 자신을 애처롭게 쳐다보던 제자들에게 그가 다시 이 땅에 올 것을 약속하며 승천했던 것이다. 이 십자가의 대속 사건을 앞뒤로 예수 그리스도는 귀중한 교회의 모습과 생명을 제자들에게 전했던 것이다. 요한은 진실한 기록자가 되어 이 모든 사건과 의미를 그의 복음서에서 설파했다.

그리스도와 세상의 본질

요한은 예수 그리스도가 세상에서 당했던 모든 고난을 옆에서 보았던 증인이었다. 그는 유대인 지도층의 끈질긴 적대감과 로마 지도층의 무능과 세상 사람들의 집단적 폭력 행사를 보았다. 평범한 사람들이었다면 그래도 무식해서 그렇게 행동했다고 말할 수 있었지만, 유대인들은 나면서부터 모태 신앙에 철저한 율법 교육을 받은 사람들이었다. 율법은 이스라엘의 걸출한 지도자였던 모세가 여호와 하나님에게서 받았던 계명과 말씀이었다.

요한은 예수 그리스도를 빛으로, 진리로 그리고 생명으로 그 내면을 묘사하며 세상 세력의 본질을 어둠으로, 거짓의 수괴인 사탄의 추종자로 그리고 사망으로 부각시켰다. 요한은 예수가 완전한 인성을 가지고 이 땅에 살았지만 세상에 속해서 살지는 않았다고 말하고 그는 하나님의 공의를 밝히는 대속 제물로 십자가에서 죽었다고 설명했다.

예수가 받았던 핍박과 모욕은 역사에 유례가 없는 인간 세상의 악행이었다. 요한은 예수 그리스도의 고난의 의미를 반세기 동안을 반추하고 묵상하며 자신의 바뀐 인생을 참고 극복하며 살았었다. 그가 늘 하던 대로 단정하게 무릎을 꿇고 복음서를 기록했던 이유였고 잔잔한 언어로 폭풍 같았던 예수의 삶을 아름답게 기록해서 후세에 남겼던 것이다.

특별 명령, 사도 베드로와 요한

예수 그리스도는 그가 떠나고 예루살렘성에서 시작해서 여러 나라로 전파될 초대교회의 지도자를 선택해서 지명하는 작은 행사를 승천하기 바로 전에 갈릴리 호숫가에서 가졌다. 요한은 다른 복음서가 전하지 않았던 이 사건을 그의 복음서의 마지막 장인 21장에 기록했다. 학자들의 의견이 다르지만 확실한 것은 요한 사도가 이 사건을 후에 의도적으로 기록했던 것은 사실이다. 교회는 조직이 건강하고 그 근간이 될 초석이 필요했다. 요한은 마지막 사도로 이 두 가지 일을 복음서에 확실하게 기록했던 것이다. 조직은 사도 베드로에게 맡겼고 사도들이 떠난 후 교회의 초석은 '성경'이었고 그 중요한 기록을 요한에게 맡겼다. 요한이 기록했던 복음서는 바로 이런 교회의 초석이 되었다. 예수 그리스도가 두 사도에게 각각 맡겼던 사명이었다.

Chapter 3

에피소드 중심으로 본 〈요한복음〉

복음서의 시작

　태초에 세상은 사람들이 즐겁게 사는 곳으로 그리고 유쾌한 삶을 서로 나누며 살도록 만들어졌다. 대지에는 따스한 햇살이 넘치고 파란 하늘 아래 초원이 끝도 없이 펼쳐진 곳. 푸른 초원에는 색색의 꽃들이 피었고 우거진 수풀이 자라고 있는 땅. 그곳에는 사시사철 먹을 수 있는 각종 실과 나무가 자라고 코끼리와 곰이, 사슴과 토끼가 넉넉하게 함께 풀을 뜯고 사는 낙원이었다. 첫 남자와 여자가 낙원에서 평화롭게 살다가 어느 날 죄의 유혹에 빠지고 말았다. 인간의 마음속에 죄의 속성이 움트면서 아름다운 세상은 변해서 살벌해지고 시기와 살인, 그리고 전쟁과 살육이 일어났다. 사람들이 이런 세상을 배회하고 산 지는 수만 년도 더 되는 오랜 시간이었다.

　구약성경은 처음 세상이 어떻게 시작했는지를 알리며 하나님의 말씀을 기록했다. 예수 그리스도는 첫 성경인 〈창세기〉가 세상에 나온 후 일천오백여 년이 지나서 하나님의 아들로 이 땅을 찾아왔다. 그는 인간의 죄악을 근본적으로 해결하고 새로운 세상을 열기 위해서 왔던 것이다. 그가 사랑했던 제자 요한은 자신의 스승이었고 자신이 함께 살았던 '인간의 몸을 입고 온 하나님'을 발견했고 전심을 다해 세상에 소개했다. 그는 예수 그리스도가 세상을 떠난 후 거의 반세기가 지난 때 〈요한복음〉이라는 성경을 기록했다. 요한은 그가 듣고 보았던 예수 그리스도의 말씀과 삶을 반세기 동안 묵상하고 되씹고 하며 걸러낸 끝에 세상에 소개했고 자신의 철학과 사상을 자연스럽게 그곳에 투시했다.

복음서 1장은 그의 신앙고백이었고 초대교회가 후세에 선포한 중요한 선언이었다. 그런 까닭에 단순한 듯한 말씀 속에는 여러 깊은 의미가 함축되어 있다. 우리는 복음서에 나타난 이야기(에피소드)들을 소개하기에 앞서, 복음서의 안내자와 같은 1장의 표현 속에 감추어진 의미와 뉘앙스를 충분히 알아둘 필요를 느낀다.

〈요한복음〉의 주제와
사도의 신앙 고백

태초에 말씀이 계시니라 (1:1)

요한은 스승인 예수 그리스도를 세상에 소개하는 〈요한복음〉라는 복음서의 서두에 주인공에 대한 소개를 다음과 같은 간결한 문장으로 대변했다. 그는 아무 수식어가 없는 주인공을 3인칭으로 표현해서 객관적 형식을 취했다. 그러나 이 글은 곧 복음서의 기록자인 요한 자신이 선포했던 신앙 고백이었고, 초대교회가 후세에 전하기 원했던 기독교의 대헌장이 되었다.

태초에 말씀이 계시니라.

이 말씀이 하나님과 함께 계셨으니 이 말씀은 곧 하나님이시니라.

그가 태초에 하나님과 함께 계셨고, 만물이 그로 말미암아 지은 바 되었으니 지은 것이 하나도 그가 없이는 된 것이 없느니라.

(요1:1~3)

창세기의 모방, 새로운 해석

복음서의 1장 1절 "태초에 말씀이 계시니라"는 성경의 첫 책인 〈창세기〉 1장 1절 "태초에 하나님이 천지를 창조하시니라"라는 말씀과 대칭을 이루는 문장이다. 짧은 문장 안에서 주어가 '하나님'에서 '말씀'으로 바뀐 것이다. 그러나 이어진 2절 말씀에서 '말씀'은 곧 '하나님'이라고 설명을 붙여서 혹 있을 수 있는 오해를 피했다. 그는 창세기 1장 1절 말씀을 바꿀 의도가 없다는 뜻을 2절에서 분명히 했으며, 3절은 그가 소개한 '말씀'은 만물을 지은 창조주라고 의미를 추가했다.

구약 〈창세기〉의 첫 문장에 있는 주어를 '말씀'으로 바꾼 요한의 해석은 곧 새로운 소식이었다. 그리고 큰 소식이었다. 뿐만 아니라 세상을 온통 바꾸는 소식이었다. 여러 의미가 있지만, 〈창세기〉는 우선 유대인의 조상과 역사를 전하기 위해서 기록했던 성경이다. 첫 성경의 머리말 '태초'라는 말은 유대인의 조상들이 살았던 시대를 기준으로 그 이전에 존재했던 막연한 세월과 공간을 표현하는 말이다. 오늘날의 시공 개념으로는 측량할 수 없는 창조의 시간과 순서를 비유적으로 기록했던 표현이다. 요한의 새로운 해석은 〈창세기〉라는 첫 성경의 의미를 문자적으로 또는 특정 민족을 전제로 한 해석이 내포한 여러 역사적 과학적 모순을 제거하고, 이 땅의 모든 민족과 나라들에게 성경의 온전한 세계화라는 문을 열어주었다.

요한의 선언

〈요한복음〉, 특히 서두를 장식하는 1장 말씀은 그가 이해했던 창세기 역사의 요약이고 그의 철학이었다. 무한대의 시간, 그 시작 무렵 '말씀'이라는 하나님이 만물을 지었다는 것이다. 요한이 '하나님'의 자리에 기록했던 '

말씀'이라는 존재는 '하나님'이고 '창조주'라는 점에서 창세기의 원문이 크게 변했다고 볼 수는 없어도 성경을 읽는 누구에게나 '말씀'의 존재나 용어(Terms)의 뜻을, 그리고 성경에 기록된 '말씀'의 위치를 여러 번 생각하게 만들었다. 우리가 보려고 하는 〈요한복음〉의 기본 바탕의 색조를 알리는 키워드가 되었다.

유대인이나 그리스인이나 모두 글을 읽고 경악했다. 그것은 새로운 세상의 도래 혹은 새로운 진리의 존재를 알리는 첫 시간이었기 때문이다. 요한은 이 진리를 증명하기 위해서 증인들을 세웠고 이어지는 예수 그리스도가 살았던 삶의 여러 에피소드를 통해서 설명하고 확인했다.

말씀(Logos)

요한은 태초에 있었던 하나님을 말씀(Logos)으로 대치했다. 말씀이 태초부터 하나님과 함께 계셨으며 이 말씀이 하나님이라고 선포하고, 이 말씀이 온 우주를 지었다고 '우주 창조' 역사를 설명했다. '말씀'을 소개하면서 요한은 하나님은 한 분이지만 그 속에 '말씀'이라는 존재가 있고 뒤에 소개할 '성령'과 함께 그 셋이 같은 하나님이라고 설명했던 것이다. 그는 또 '말씀'은 하나님과 함께 있으면서 천지 만물과 그 안에 있는 모든 것을 창조하는 '하나님의 최고 이성'이라고 그리스 원문에 나타난 '로고스'라는 단어를 원용해서 속뜻을 나타냈다. 요한은 '말씀'이 바로 인간의 육신을 입고 온 예수 그리스도이며 하나님의 독생자임을 그 뒤에 선포했다.

말씀과 그리스 문화

말(언어)을 그리스 말로 로고스(Logos)라고 한다. 요한이 지적한 '말씀(Logos)'의 정확한 의미를 정의하기 위해서 지금까지 많은 설명과 논란이 있었다. 영어로는 'Word'라고 번역한 'Logos'라는 그리스 말은 사람들이 사용하는 언어나 글을 의미하는 단어였다. 그러나 그리스 말 'Logos'는 당시 그리스 철학이 추구하던 우주의 생성과 인간 세계를 지배하는 '최고의 이성(Reason, Rationality)'이라는 뜻도 가진 말이었다. 요한은 그리스 문명이 유행하던 터키 서부 해안 도시였던 '에베소' 지역에 오래 살았고 교회를 인도했다. 〈요한복음〉도 그곳에서 기록했다는 점을 고려하면 그가 사용했던 '말씀'은 하나님의 무한한 '이성'을 대변하는 단어로도 볼 수 있다.

요한이 '말씀'이라는 그리스 말을 사용했던 사실은 기독교가 그리스 문화를 어느 면에서는 수용했다는 의미였다. 이후 기독교는 인류가 발전시킨 문화나 유익한 새로운 사상이나 철학이 나타날 때는 그것을 수용하고 하나님의 생각이나 마음을 그곳에서 찾아냈다. 기독교는 처음에는 유대인의 세계에서, 그리고 점차 서진을 계속해서 그리스, 로마라는 큰 세상을 인정했고 그 지평을 넓혔다. 오늘날 기독교는 서양과 동양 그리고 6대주 5대양을 넘었다. 기독교가 인간의 과학적 능력으로 확대되는 생활 공간이나 인공 지능의 발전으로 이룰 미래 문명을 영적으로 흡수하는 일은 오늘날의 기독교가 미래 세상에서 있을 혼란이나 불신을 피하기 위해서 계속해야 하는 작업이다.

말씀이 육신이 되어 우리 가운데 거하시다 (14절)

인자, 사람이 된 말씀

요한은 '말씀'에 대한 설명을 4절에서 시작하여 18절까지 계속했다. 그는 '말씀'은 사람의 육신을 입고 우리가 사는 이 세상을 찾아왔던 하나님의 아들이라고 말했다. 요한은 사람의 육신을 입은 하나님의 독생자가 우리가 사는 세상 가운데 온전한 인간으로 살았다고 자신의 경험을 회고하며 사실을 밝혔다. 그는 또 세상을 밝히는 빛으로 그리고 우리 가운데 생명으로 왔지만 세상과 자기 백성은 그를 이해하지도 영접하지도 아니했다고 예수의 고난을 증거했다. 그러나 요한은 세상이 알지 못했고 자기 백성이 영접하지 않은 예수 그리스도를 영접하는 자, 곧 그 이름을 믿는 자들에게는 인종이나 신분을 가리지 않고 누구나 하나님의 자녀가 되는 권세를 주었다고 예수 그리스도의 엄청난 은혜와 진리를 설명했다. '은혜'라는 말은 기독교의 특별 용어로 값없이 받는 선물이란 뜻이다.

> 율법은 모세로 말미암아 주어진 것이요
> 은혜와 진리는 예수 그리스도로 말미암아 온 것이라,
> 본래 하나님을 본 사람이 없으되 아버지 품속에 있는
> 독생하신 하나님이 나타내셨느니라.
>
> (17, 18절)

율법과 은혜

율법은 하나님이 유대 민족이 하나님이 택하신 민족, 하나님의 백성으

로 이 땅에서 지키고 살아야 할 하나님의 말씀과 법도를 말한다. 하나님이 유대 민족에게 강요하신 모든 제도와 규정이었다. 그러나 요한은 예수 그리스도는 육신을 입고 이 땅에 오신 하나님이고 특별한 하나님의 선물을 값 없이 주는 은혜와 '진리'가 충만하신 존재라고 소개했다. 예수로 인해서 변한 새로운 시대의 특징을 설명했던 말씀이었다. '진리'는 당시 그리스 철학과 세상 사람들이 추구했던 목표이고, 오늘 우리의 시대에도 세상 사람들이 끊임없이 찾지만 예수를 떠나서 결코 세상에서는 찾을 수 없는 관념이다.

사람의 모습을 한 하나님

하나님이 그를 배반한 세상을 찾아왔다. 그는 죄악으로 죽을 수밖에 없는 인류를 죄악에서 구원하려고 찾아왔지만 세상은 영접도 환영도 하지 않았다. 오히려 세상은 창조주 하나님을 죽이고 스스로 왕이 되려고 했다. 그들의 마음속에는 하나님 나라나 창조주에 대한 생각은 없었고 오직 자신들의 세상 일로 가득 찼었다.

요한은 복음서의 중심 주제였던 '독생자 예수 그리스도'를 많은 설명 없이 직선적으로 '하나님' 그리고 '창조주'로 세상에 선포했다. 그는 예수의 수많은 기적이나 이적들 그리고 구약 성경에 나타났던 예수에 관한 예언들과 하늘과 땅에서 나타났던 이상들을 설명하기 전에 서론으로 그가 처음 예수를 만나고 나서 오랜 시간이 지나서 확신했던 예수의 신성을 결론으로 이곳에서 전했던 것이다.

세례 요한의 증언과 예수의 대답

세례 요한은 딱 하나의 인생 목적을 가지고 세상에 태어났다. 그의 전 인생은 예수 그리스도라는 구세주의 출현과 그를 세상에 소개하는 한 가지 사명을 가지고 태어났던 사람이다. 그는 요단 강가로 그를 찾아온 나사렛 예수에게 물 세례를 베풀었다. 세례 요한은 그때 성령이 비둘기같이 예수의 머리 위에 내려 머무는 것을 보고 예수가 바로 성령으로 세례를 베풀 하나님의 아들이라고 인정했고 바로 세상에 공표했던 사람이다. 그는 예수보다 6개월 먼저 세상에 태어났다. 그러나 세례 요한은 그의 뒤에 올 예수는 그보다 먼저 계셨고 자신은 예수의 신발끈조차 감히 매지도 못할 가장 존귀한 분이라고 높여서 말했다.

성령의 등장

성령은 하나님이 인간 세상에 보낸 두 분신 가운데 하나로 하나님의 영이며, 사람들에게 하나님과 성경을 가르치고 설명하는 하나님의 지혜이다. 예수 그리스도는 하나님이 이 땅에 보낸 그의 말씀이고 첫 분신이었다. 그가 고난을 받고 부활 승천한 후 그를 대신해서 인간 세상에 보낸 제2의 하나님이 성령이다. 성령은 예수 그리스도 이전에도 특별한 경우에 세상에 나타났었다. 세례 요한은 하나님이 보낸 선지자였다. 그는 요단강에서 물로 세례를 베풀라는 하나님의 음성을 들었다. 그 때 요한은 그의 뒤에 '성령'으로 세례를 베풀 하나님의 독생자가 오리라는 하나님의 음성도 들었던 것이다. 요한은 그의 스승인 세례 요한의 증언을 믿었고 이를 확인하는 예수 그리스도의 설명과 약속을 14장, 16장에 기록했다.

세상 죄를 지고 가는 속죄양

세례 요한은 차림부터 괴상한 사람이었다. 그러나 그는 물 세례를 받기 위해 그를 찾아온 예수를 군중들 틈에서 알아보고 두 제자에게 하나님이 정한 그의 사명을 한 문장으로 그림같이 정확하게 알려주었다.

> – 보라, 세상 죄를 지고 가는 하나님의 어린양이로다. (29절)

요한과 다른 제자가 당시 세례 요한의 증언이 무엇을 가리키는지 정확하게 이해했는지는 알려지지 않았으나 그들은 예수가 하나님이 보낸 그의 독생자이고, 하나님께 바치는 속죄양이라는 세례 요한의 증언을 듣고 그에 대한 뜨거운 관심을 갖게 되었다(어린양은 유대인이 죄를 대속하기 위해 제단에 바치던 양을 의미했다). 결국 두 제자는 선생의 허락을 받고 예수를 따라 나섰다. 예수가 한참 만에 그를 따르는 두 제자를 보고 물었다.

> – 무엇을 구하느냐?
> – 랍비(선생님)여, 어디 계시오니까?
> – 와서, 보라!

와서 보라

예수가 세례 요한의 두 제자가 그가 머무는 곳을 물었을 때 그들에게 대답했던 말이다. 나사렛 예수는 그의 공생애를 시작하기 전에는 나사렛이라는 갈릴리 지방의 한 벽촌에서 가난한 시골 마을의 목수로 여러 형제 자매들과 홀로된 어머니의 생계를 꾸려가던 30세 노총각이었다. 그의 아버지 요셉은 벌써 죽은 지 오래였다. 지금까지 아무런 공식 기록이나 언급이 전무한 까닭으로 예수가 예루살렘성을 찾아 왔을 때 머물던 장소가 어디인지 정확히 알 수는 없다. 단지 요단강이 가까운 베다니 부근이었을 것이다. 예수의 가난한 형편으로 성내 어느 여인숙에 머물 형편은 아니었다. 그는 명절을 맞아 예루살렘성을 방문하는 가난한 순례객들이 밤이 되면 흔히 찾아가 잠을 자던 감람산(Olive Mountain) 어느 곳에서 머물며 잠도 잤을 것이다. 감람산은 올리브 나무들이 무성하고 조용한 숲이 여러 곳에 있던 예루살렘성에서 가까운 작은 동산이다. 예수는 이후에도 제자들과 함께 예루살렘성에 오면 이곳 감람산에서 함께 잠을 잤다.

다른 긍정적인 사실은 예수를 뒤따라갔던 벳세다의 두 청년들의 성격이다. 두 청년은 집도 없고 먹을 식량도 없이 광야에서 기거하며 자연 식품인 메뚜기와 벌꿀을 먹고 살았던 세례 요한을 스승으로 따랐던 제자였다. 그들이 따라가 보았던 예수의 거처는 아무것도 없는 감람산 중턱에 있던 한 작은 숲이었다. 예수는 세례 요한의 청빈한 삶을 넘어, 세상 것이라고는 집도, 이름도 그리고 따르는 사람도 없는, 아무것도 가진 것이 없는 사람이었다. 두 제자는 바로 그곳에서 아무 가림이 없는 예수의 내면과 영성을 쉽게 느꼈고 볼 수 있었다. 오늘날도 달라진 것이 없는 영적 지도자의 참모습이었다.

믿음의 고백

소년 요한은 유별나고 이상한 사람이 아니었다. 유대 종교의 광신자도,

세상을 뒤엎으려는 급진파도, 시대를 외면한 경건 도피주의자도 아니었다. 그는 절망적인 상황에서 고민하며 방황하던 젊은이들 가운데 한 사람이었고, 예리한 영성(영적 능력)으로 하나님의 계시를 찾던 현실주의자였고 잠자지 않고 깨어서 움직이던 행동주의자였다. 그가 예수 그리스도를 만나서 첫 눈에 알았고 그리고 이후 그와 함께 사는 동안 깨닫고 확신했던 예수의 신성을 여기까지 단숨에 세상에 전한 것이다. 이후 그는 그가 경험했던 예수 그리스도의 일생을 그가 승천할 때까지 일어났던 수많은 사건들을 비롯해서 구약 성경의 예언을 가지고 예수가 선포했던 사실과 그의 여러 다른 모습을 증명하며 설명했다.

우리가 메시아를 만났다(41절)

예수를 따라가 그가 머무는 곳을 보고 하루를 함께 지냈던 두 제자 가운데 한 사람인 안드레가 확신을 가지고 그의 형인 요한의 아들 시몬을 찾아가 고했던 고백이었다. 시몬 베드로와 요한의 형인 야고보는 생업의 현장을 떠나지 않고 바닷가에서 고기잡이를 계속하고 있었다. 요한도 비슷한 고백을 그의 형에게 했을 것이라는 사실을 기록자인 요한의 '침묵'이 무언중에 나타내고 있다.

첫 사도 베드로

안드레는 한 발 더 나가 형을 예수께로 데리고 갔다. 안드레와 형인 시몬의 적극적인 모습을 보고 예수는 처음으로 시몬에게 새로운 이름을 주어 제자를 삼았다. 당시 선생이 제자에게 별명을 지어주는 관습이 있었다. 예수가 그를 찾아온 시몬을 알아 보고 그에게 반석이라는 새로운 이름을 주고 첫 사도로 삼았던 역사적 사건이었다.

네가 요한의 아들 시몬이니 장차 게바라 하리라(42절)

게바라는 히브리 단어는 그리스 말로 반석이라는 뜻을 나타내는 단어로 우리가 성경에서 늘 읽는 '베드로'라는 말이었다. 예수는 그가 교회의 반석이 될 것을 예언했던 말이다.

다른 제자들을 부르다

예수는 그의 공생애를 시작하면서 첫 작업으로 제자들을 뽑아서 사도로 불렀다. 이후 기독교의 전통은 어디를 가든 복음을 선포하고 무엇보다 먼저 제자를 뽑아 양육하는 것이었다. 예수 그리스도가 세운 전통이었다. 한편 예수가 불렀던 제자들은 모두 갈릴리 지역 어촌에서 어부로 그리고 세무 관리로 일하던 평범한 사람들이었다. 세리는 오히려 당시 일반 사람들이 경멸하던 직업이었다.

예수가 요한의 물 세례를 받고 갈릴리로 내려가서 했던 첫 일은 벳세다 출신 어부들인 베드로와 안드레 형제, 요한과 야고보 형제 그리고 빌립과 나다나엘을 어촌인 가버나움에서 제자로 불렀던 일이다.

나다나엘의 고백

- 당신은 이스라엘의 임금이로소이다.(49절)

예수는 갈릴리에 돌아와서 곧 세례 요한의 두 제자를 포함해서 다른 청년들을 제자로 불렀다. 그들도 요한과 같이 시대와 나라를 걱정하는 마음이 있었지만, 그것을 숨기고 묵묵히 율법을 따르며 생업에 종사하던 그들의 형과 다른 벳세다 출신 젊은이들이었다.

예수가 가버나움에서 나다나엘이라는 청년이 자기에게 오는 것을 보고 그를 제자로 불렀다. 그는 친구 빌립이 그를 찾아 와서 "모세가 율법에 기록하였고 여러 선지자가 기록한 그이를 우리가 만났으니 요셉의 아들 나사렛 예수니라"라는 말을 듣고 "나사렛에서 무슨 선한 것이 날 수 있느냐"고 퉁명스럽게 대답했던 청년이었다. 예수가 나다나엘을 보고 그의 인품을 칭찬했다.

- 보라 이는 참으로 이스라엘 사람이라, 그 속에 간사한 것이 없도다.

나다나엘과 예수의 문답이 곧 이어졌다.

- 어떻게 나를 아시나이까?
- 빌립이 너를 부르기 전에 네가 무화과 나무 아래에 있을 때 보았노라.
- 랍비여, 당신은 하나님의 아들이시요, 당신은 이스라엘의 임금이로소이다.(49절)

이스라엘의 임금

나다나엘은 예수의 대답을 듣고 순식간에 그가 하나님이 보낸 사람, 하나님의 아들이라는 것을 성령의 역사로 깨달았다. 그는 예수를 다시 '이스라엘의 임금'이라는 유대인들이 오래 기다려온 '메시아'라고 고백했다. 이스라엘 민족은 성경과 선지자들이 예언했던 이스라엘의 임금이 오기를 기다렸다. 그가 오면 민족이 속박에서 풀어짐은 물론 유대 민족이 임금과 함께 세상을 다스릴 것이라고 믿었다. '이스라엘의 임금'이라는 말은 유대 전통으로 '그리스도, 기름 부은 자, 메시아'와 동의어로 쓰였던 말이다.

나사렛에서

유대 사람들은 지방색이 강했던 사람들이다. 예루살렘에 살던 사람들은 북방 갈릴리 호수에서 어부로 살던 사람들을 한 수 아래로 보았고, 두 지역 사이에 낀 사마리아 지방은 이방 사람들을 받아들이고 섞여 살았다는 이유로 당시 천한 동물이던 동네 개로 취급했다. 비슷 이유로 가버나움처럼 갈릴리 지방 신도시에 살던 사람들은 나사렛이라는 갈릴리 지방 벽촌에 살던 사람들을 대수롭게 여기지 않았다. 빌립이 친구 나다나엘에게 예수를 나사렛 사람 요셉의 아들로 소개했을 때 나다나엘이 편협한 지역 감정을 버리지 못하고 단숨에 거부했던 이유였다.

예수는 나사렛이 아닌 유다 베들레헴이라는 마을에서 태어나 당시 로마의 분봉왕 헤롯 대왕의 살인 흉계를 알고 부모와 함께 이집트로 피신했다가 헤롯이 죽고 나서 갈릴리 지방 나사렛으로 옮겨 살았다. 나사렛에 머물렀던 이유는 헤롯 대왕이 죽고 그의 포악한 아들이 대신 유다의 분봉왕이 되었다는 소식을 도중에 듣고 유대 땅에 돌아가는 것을 포기한 채 나사렛으로 옮겨가 살게 되었기 때문이다.

예수의 인간적 모습

요한은 1장에서 예수 그리스도의 신성을 여러 호칭으로 설명했다. 그는 또 예수의 완전한 인성도 서슴없이 표현했다. 첫째는 "육신이 되어 우리 가운데 거하시매"라는 표현으로 예수가 우리와 똑같은 육신을 가지고 우리가 사는 세상에 살았다고 말했다. 또 예수를 그의 친구인 나다나엘에게 소개하던 빌립은 "율법에 기록하였고 선지자가 기록한 그이를 만났으니, 요셉의 아들 나사렛 예수니라"라는 설명으로 예수가 요셉이라는 아버지 밑에 태어나 살았다는 사실을 분명하게 밝혔다. 요한은 이런 예수의 양면성을 '말씀'이라는 중립적 단어를 원용해서 그가 두 모습을 가진 하나님이고 사람이라고 설명했다. 요한의 주장은 후에 4세기에 가서 '삼위일체 하나님'이라는 기독교의 교리와 함께 정식으로 인정을 받았다.

예수 그리스도의 비유적 모습
예수 그리스도, 참빛

밝은 빛과 캄캄한 암흑만큼 뚜렷한 비곳거리는 없다. 태양의 강한 빛은 차가운 지구를 물리적으로 덥히고 밝게 만든다. 해가 지고 밤이 되면 지구는 차갑고 캄캄한 세상으로 변한다. 캄캄한 세상이 오래 지속되면 지구에는 어떤 생명체도 살 수가 없다. 사람도 동물도 오랜 암흑의 땅에서는 생존이 불가능하다. 지구의 오랜 역사는 이런 암흑기와 빙하 시대를 지나며 생물들이 멸종되었던 흔적을 곳곳에 남기고 있다. 그렇기 때문에 요한은 이 빛은 사람들의 생명이라고 설명했다. 그 반대로 어둠은 빛의 정반대편에 있는 불안한 존재로 오래전부터 사람들은 이런 어둠을 죽음과 사탄에 비유했다.

예수 그리스도, 영원한 생명

인간의 생명은 짧다. 구약 성경은 사람들이 이 땅에서 살았던 기간을 매우 중요하게 생각하고 그들의 수명을 일일이 성경에 기록했다. 그들은 모두 유대 민족의 지도자들이었다. 기록으로 지금까지 지구에서 살았던 사람들 가운데 가장 오래 살았던 사람은 '홍수기'를 지나서 950세를 살았던 노아(Noah)였다. 다른 사람들은 대부분 1백세 미만을 살고 죽었다. '태초'라는 아득히 먼 시간에 비하면 작은 점 같은 짧은 인생이다. 신약 시대에 와서는 사람들의 수명에 대한 기록이 전혀 없어서 역사를 공부하는 사람들에게는 불편하다. 그러나 그 이유가 분명했다. 예수 그리스도가 이 땅에 사람의 몸을 입고 와서 살면서 인류에게 이 땅의 삶을 넘어서 다른 영원한 삶을 약속했던 것이다. 그는 삶의 길이뿐만 아니고 질을 근본적으로 바꿀 수 있는 능력을 가진 하나님임을 여러 사건을 통해서 입증했다.

예수는 병든 자를 만나면 모두 말씀으로 고쳤고, 죽은 자를 애통하는 가족들과 함께 울며 말씀으로 죽은 자를 살려냈다. 그는 생명을 주는 생수를 가졌고 그의 살을 '생명의 떡'이라고 말하는 바람에 그를 따르던 모든 사람들이 12제자를 빼고는 다 떠나갔던 기피 인물이 되기도 했다. 요한이 여러 에피소드를 등장시켜 설명했던 예수의 모습이었다.

예수에 대한 여러 호칭

1장에는 예수에 대한 여러 호칭이 집중적으로 기록되었다. 이름은 우리가 사는 세상 어디서나 인격과 자격 그리고 지위를 알려주는 말이라는 점에서 중요한 의미가 있다.

요한이 기록했던 호칭 가운데 첫째가 '말씀'이다. 다음은 '하나님'이다. 그 안에 '생명'이 있었으니 이 생명은 사람들의 '빛'이라고 요한은 예수의 내적 실체를 소개했다. 또 요한은 예수를 "말씀이 육신이 되어 우리 가운데 거하는 분"으로 소개했고, "아버지의 독생자"의 영광과 은혜와 진리가 충만하다고 말했다. 또 예수를 "독생하신 하나님"이라고 표현했다.

세례 요한은 예수를 "세상 죄를 지고 가는 하나님의 어린양" 그리고 "성령으로 세례를 베푸는 분" 즉 "하나님의 아들"이라고 증언했다.

제자들이 처음에는 "랍비, 선생"이라고 불렀다. 제자 안드레는 그와 하루를 함께 지내고 나서 드디어 그를 '메시아'라고 고백했다. 빌립은 "모세가 율법에 기록하였고 여러 선지자들이 기록한 그이" 곧 "요셉의 아들 나사렛 예수"라고 나다나엘에게 소개했다. 나다나엘은 곧 "하나님의 아들"이요 "이스라엘의 임금"이라고 선언했다. 이에 대해서 예수는 자신이 보일 그와 하나님과의 교감을 "하늘이 열리고 하나님의 사자들이 '인자' 위에 오르락 내리락 하는 것을 보리라"라고 예언했다. 그는 자신을 하나님과 대화하는 아들, 그리고 이 땅에서는 사람(인자)으로 사는 자로 표현했다. 역시 사도 요한이 강조하려고 했던 것은 완전한 하나님과 인자의 두 모습이다.

세례 요한과 예수의 삶

갈릴리 호수에서 물고기를 잡던 두 청년이 당시 선풍적인 인기를 끌며 요단강 동편에서 물 세례를 베풀던 요한에게 매료되어 그의 제자가 되었다. 요한은 광야에 홀로 살며 낙타털 옷을 입고 허리에 가죽띠를 띠었고 음식은 메뚜기와 석청(야생 꿀)이었다. 그는 그를 찾아오는 사람들에게 "회개하라 천국이 가까웠느니라"고 '죄가 들끓는 세상, 그들의 권세와 사치'에 반대하는 강력한 메시지를 전해서 예수 그리스도의 오심을 예비했다. 세례 요한은 무엇보다 하나님의 독생자인 예수 그리스도의 길을 준비하고 예비했던 하나님이 보낸 선지자였다. 예수가 살았던 지상의 삶은 청빈과 무욕이라는 면에서 세례 요한의 것에서 크게 다르지 않았다. 세례 요한이 세상에서 물러나 은둔했던 것과 다르게 예수는 세상 속에서 시작했고 세상 한가운데서 회개를 외치다가 십자가 형을 받았던 사람이다.

첫 에피소드

결혼 잔치와 성전

가난한 시골 마을에서 벌어진 결혼 잔치를 찾아가서 흥을 돋우고 함께 즐
거워했으나, 성전을 찾아가서는 그곳을 시장 바닥으로 만든 성전 지도자
들에게 인간적 분노를 쏟았던 하나님 모습

서기 27년, 봄 어느 날

〈요한복음〉 2장은 흥겨운 결혼 잔치 얘기였다. '가나'라는 마을은 갈릴리 서북쪽에 있던 한 마을이었다. 그곳에 결혼식이 있어서 예수의 어머니와 가족들 그리고 예수가 불렀던 제자들이 다 함께 참석했다. 모두가 즐거운 마음으로 결혼을 축하하고 맛있게 잔치 음식도 먹는 날이었다. 세상에 젊은 남녀가 행복하게 결혼하는 날보다 더 즐거운 날은 또 없다. 사람들의 생활이 팍팍하고 거칠 수밖에 없었던 당시 팔레스타인 지역의 암울한 환경을 생각하면 '결혼 잔치'는 신랑 신부는 말할 것도 없이 그곳에 모인 사람들에게 세상에서 가장 큰 기쁨과 즐거움의 축제 자리였다.

지명과 날짜

독자들은 본문을 읽으며 우선 갈릴리 지방에 있는 '가나'라는 곳이 현재 어느 곳인지, 그리고 '사흘째 되던 날'이라고 요한이 날짜를 정확하게 지적한 잔칫날이 언제인지 궁금할 것이다. 그러나 아쉽지만 둘 다 현재까지 잘 모르고 있는 사실이다. 왜냐하면 성경을 기록할 당시 사람들은 정확한 지도나 공통으로 사용하는 달력이 없었기 때문에 주민들이 부르던 이름과 그들이 알던 어느 사건을 기준으로 장소와 날짜를 기록하는 것이 습관이었다. 세월이 흘러서 사람들도 갔고 장소나 이름이 바뀐 경우가 많았다. 그 기원을 찾기 쉽지 않은 일이다. 이런 면에서 2장 성경이 전하는 사건의 시기와 장소는 정확성보다는 요한이 예수와 함께 참석했던 사람으로 잔치의 장소와 날짜를 오랜 시간이 지난 후에도 기억했다는 점을 강조했던 표현이다. 다른 말로는 이 결혼 잔치는 요한이 예수의 제자들 가운데 하나로 직접 참석하고 보았다는 사실의 기록이라는 점이다.

요한은 분명히 갈릴리 서북쪽에 있던 한 마을을 알고 있었고 또 사흘째라는 시간은 예수가 처음으로 갈릴리 어촌에서 6명의 제자를 부른 사건이 있던 날로부터 사흘째 되던 날, 예수가 알던 어느 집에서 결혼식이 있었다고 미루어 생각할 수 있다. 우리가 알고 있는 현재까지의 자료를 바탕으로 그 날을 추적하면 대개 서기 27년 봄 유대인의 유월절 전 어느 날이라고 무리 없이 말할 수 있다.

유월절은 유대 민족이 이집트를 탈출하던 전날 양을 잡아 그 피를 문설주에 발라 불행을 가져오는 무서운 하나님의 사자가 들어오는 대신 넘어가기를 기원했던 것에서 시작했던 명절로 여러 명절 가운데 으뜸이었다. 이스라엘 사람은 본토에 살던 외국에 나가 살던 모두 이 명절에는 예루살렘성을 찾아 성전에서 제사를 드렸다.

물로 포도주를 만든 기적

예수의 첫 기적은 결혼식 잔치 자리에서 물로 포도주를 만든 사건이었다. 당시 일주일씩이나 계속되던 결혼식을 위해서 원근에서 온 하객들을 즐겁게 하기 위해서 제공하던 음료수는 물과 포도주였다. 포도주는 이 중에 중요한 음료수였다. 흥겨운 잔치 자리에 없어서는 안 되는 음식인 포도주가 떨어졌다. 모두가 즐겁고 떠들썩한 잔치가 갑자기 시들해지는 곤란한 사정이 잔칫집에서 생긴 것이다. 예수가 평범한 목수가 아니라는 점을 다른 사람도 아니고 그를 낳은 어머니가 모를 리가 없었다. 그녀가 어려운 처지를 보고 처음으로 예수에게 도움을 강청했다. 예수도 심각성을 모르지 않았다. 그는 '자신의 때'가 이르지 않았지만 기쁘게 나서서 물로 포도주를 만들어 결혼 잔치의 흥을 도와주었다.

결혼이라는 인간 세상의 가장 흥겨운 자리에 모인 하객들을 위해서 예수는 아무도 할 수 없는 기적을 일으켜서 사람들을 기쁘게 했던 것이다. 하나님은 인생이 즐겁게 잔칫날처럼 서로 나누며 살기를 원했고, 그렇기에는 부족한 우리의 삶을 알고 요청(기도)을 받으면 때와 장소를 가리지 않고 돕는다는 사실을 세상에 널리 선포했던 자리였다.

첫 유월절, 성전 방문

가나의 결혼 잔치 얘기를 끝내고 요한은 가나에서 예루살렘성으로 금방 장면을 바꾸었다. 결혼식이 끝나고 시작되었던 유월절 절기를 맞아 예수는 다른 사람들처럼 제자들과 함께 예루살렘성으로 올라갔다. 그곳에는 거룩한 성전이 있었고 예수는 장사꾼들의 소굴이 되었던 성전을 깨끗하게 청소했던 대사건을 일으켰다. 유대인들은 일년에 세 차례씩 큰 명절이 되면 예루살렘성에 올라가 성전에서 짐승을 잡아 제사를 드리며 지냈다. 율법으로 정해진 오랜 관습이었다.

예수는 상인들이 성전 안뜰에서 제사에 쓰일 짐승을 팔고 각국 돈을 환전하는 것을 보고 깜짝 놀랐다. 그는 노끈으로 채찍을 만들어 양이나 소를 다 성전에서 내쫓고 돈 바꾸는 사람들의 돈을 땅에 쏟고 상을 엎었다. 또 비둘기 파는 사람들에게 호통을 쳤다.

- 이것을 여기서 가져가라. 내 아버지의 집으로 장사하는 집을 만들지 말라!

갈릴리 지방의 어느 벽촌에서 온 무명의 사람이 감히 성전의 위엄과 성전을 관리하는 산헤드린 지도층의 권위에 무섭게 도전했던 사건이었다. 깜짝 놀란 유대인들이 그에게 물었다.

- 당신이 이런 일을 행하니 무슨 표적(권위)을 우리에게 보이겠느냐?
- 너희가 이 성전을 헐라, 내가 사흘 동안에 (허문) 성전을 일으키리라.

복음서를 기록하던 요한을 비롯해서 다른 제자들도 당시에는 예수가 대답했던 말의 참 뜻을 몰랐었다. 그들은 예수 그리스도가 죽은 자 가운데서 3일 만에 다시 살아난 후에서야 그가 성전을 자기의 육체로 가리켜 말했던 것을 기억했고 크게 화를 냈던 예수의 모습을 "주의 집을 위하는 열성이 나를 삼키고"라는 시편 69장 9절의 말씀이 이루어졌다고 회고했다.

이때부터 유대인들은 어디서나 예수라는 사람이 누구인지를 서로 물으면서 그가 예루살렘성에서 유월절을 지내며 행한 기적을 듣고 그의 이름을 믿었다. 한편 예루살렘 지도자들과 성경 선생들인 바리새인들은 확실한 진실 앞에서 다른 말을 못하고 침묵하며 오히려 차가운 경악 속에 그를 감시하기 시작했다.

그리스도, 하나님의 독생자, 만물의 주인공

하나님이 세상을 이처럼 사랑하사 독생자를 주셨으니 이는 그를 믿는 자
마다 멸망하지 않고 영생을 얻게 하려 하심이라(3:16)

하나님 나라를 모르는 율법선생

예수가 유월절 기간 예루살렘성에서 제자들과 함께 머물고 있었다. 당시 민간에서 성경을 가르치던 바리새인 선생이었고 유력한 지도자이던 니고데모라는 사람이 밤에 예수를 몰래 찾아왔다. 그는 유대나라를 이끌던 산헤드린 공회의 회원이었고 양심적인 바리새인 지도자였다. 그는 예수가 하나님이 보낸 선지자일 것이라고 확신했고 예수를 만나 그가 전하고자 하는 진실을 더 알아보고 싶었다. 그는 당시 유대 지도층인 성전을 섬기는 산헤드린 지도자들의 부패와 민간에서 성경을 가르치는 선생들인 바리새인들의 겉과 속이 다른 이중 인격을 실감하며 이스라엘 민족이 처한 현재의 어려움을 해결하기 위한 바른 가르침을 예수에게서 받고자 원했다. 산헤드린은 로마 정부가 유대 나라의 자치를 위해서 승인했던 유대인 최고 의결 기관이었다. 모두 71명으로 사두개인, 바리새인 그리고 각 지역을 대표하는 장로들이었고 의장은 그 해의 대제사장이 맡았다.

하나님 나라, 영의 세계 그리고 중생(Born again)

예수는 야간을 틈타 그를 찾아온 니고데모에게 이스라엘 민족의 정치나 사회 구조의 개선이나 개혁을 얘기하는 대신에 동문서답 격인 하나님 나라(Kingdom of Heavens)를 화제로 꺼냈다. 예수는 사람들이 하나님 나라에 들어가기 위해서는 아기가 모태에서 태어나는 것처럼 다시 태어나야 한다(Born again)고 말했다. 니고데모가 예수의 말에 펄쩍 놀라서 자기처럼 나이 먹은 사람이 어떻게 어머니 배 속에 들어갔다가 다시 나올 수 있느냐고 반문했다.

예수는 거듭남은 사람이 '물과 성령'으로 다시 태어나는 것이라고 거듭남의 의미를 말했고 육신의 것은 육신을 낳고 성령은 하나님의 나라를 깨닫게 하고 영적인 것을 보게 한다고 구체적으로 설명했다. 그러나 니고데모는 산헤드린 지도자이며 이스라엘 민족에게 율법을 가르치는 유력한 선생임에도 불구하고 예수의 설명을 이해하지 못했다. 그는 하나님 나라의 존재를 몰랐거나, 혹 알고 있었지만 전혀 유의하지 않고 온통 세상 일에 열중하며 살았던 것이다. 그는 지금까지 생각하지도 고민해보지도 못했던 성령과 하나님의 나라에 대한 예수의 말씀을 이해할 수가 없었다. 지금까지 그의 신앙생활은 율법을 말 그대로 잘 지키는 것을 목표로 살았을 뿐이고 대부분의 시간은 세상적인 일에 몰두하며 살았다는 증거였다.

복음서 기록의 특징

복음서의 기록자인 요한은 예수가 많은 사람들과 나눈 긴 대화를 성경에 다 기록할 수가 없었기 때문에 대개는 결론 부분만을 간추려서 복음서에 기록했다. 또 그는 필요한 경우에는 전후 사정을 고려한 자신의 설명 혹은 결론을 추가하기도 했다. 지금 읽고 있는 3장도 예외는 아니다. 예수는 그를 찾아왔던 니고데모와 긴 대화를 나누었다. 처음에는 구약에 등장했던 '물과 성령'에 대한 말씀(겔 36 : 25~26)을 그에게 설명한 뒤에 그에게 중생을 가르쳤을 것이다. 그러나 니고데모는 그 말씀을 이해하지 못하고 사람이 어머니 배 속에 들어 갔다가 다시 태어날 수 있느냐고 엉뚱한 질문을 했던 것이다. 예수는 다른 예를 들었다. 바리새인들이 늘 가르치는 모세의 얘기를 꺼냈던 것이다.

이집트를 탈출했던 이스라엘 민족이 사막에 나타난 불뱀에 물려 죽게 되었을 때 모세가 만들어 높은 장대에 매단 놋뱀을 보면 치료가 되었던 사건(민 21 : 5~9)을 인용하며, 예수 그리스도가 높은 십자가에 매달려 죽는 사건을 통해서 누구든지 그를 믿는 자는 죽지 않고 영생을 얻는다는 기독교의 근본 원리(요 3:16)를 설명했다.

새로운 교훈

유대 민족은 세상 여러 민족 가운데 하나님이 자신의 백성으로 선택한 유일한 민족이라고 생각했다. 또 그것에 자부심을 가진 사람들이다. 그들은 민족의 배타적 우월성을 지키는 방법으로 모세가 전해주었던 율법과 계명을 열심히 지켰다. 그것이 하나님을 잘 믿는 방법이라고 생각했었다. 그런데 예수 그리스도는 이런 유대 민족의 신앙으로는 하나님 나라를 볼 수도, 갈 수도 없다고 선포했던 것이다. 예수는 그들이 살려면 율법을 논하는 대신에 '물과 성령'으로 거듭나야 한다고 선언했다. 하나님은 영이고 그의 나라는 영적 나라인 까닭에 사람이 영(성령)으로 거듭날 때 신령한 그 나라를 볼 수 있다고 가르쳤다.

예수의 가르침은 유대 지도층으로 천국이나 영생을 인정하지 않던 당시의 사두개인은 물론 천국을 인정하고 영생을 믿었던 바리새인들까지 귀를 의심할 만큼 혁신적인 교훈이었다. 유대인들은 눈에 보이는 육신의 세계가 세상의 전부라고 생각하는 현실주의자였다. 예수는 눈에 보이는 육신 세계보다 더 근원적인 보이지 않는 영적 세계를 보라고 외쳤던 것이다.

예수와 유대 지도층의 관심

당시 이스라엘 민족을 이끌던 성전 제사장이나 율법을 가르치고 실천을 격려하던 바리새인들은 자고 깨면 생각하고 주장하는 것이 현실적인 세상의 일이었다. 로마 제국의 통치가 어떻고 그들이 이끄는 경제 정책이나 사회 정책이 어떻게 변하는가 하는 것이 지도부의 관심사였다. 성전 관리를 맡고 있던 사두개인들은 성전에서 어느 날에는 무슨 제사를 드리고 무슨 종류의 짐승과 소제와 포도주를 얼마만큼 함께 드려야 하는 것을 따지고 매일 시행하는 것을 하나님을 섬기는 전부로 여겼다. 바리새인들은 그들의 장기인 율법 조항과 세부 지침을 따지며 종일 시간을 보내고 있었다. 그들은 정작 성전의 주인인 하나님과 그의 마음을 헤아리고 진실하게 섬기는 것은 잊어버리고 수백 년을 그렇게 살고 있었다. 예수는 성전의 주인인 하나님을 말했고 그 나라를 전했던 것이다. 그는 하나님이 구세주로 이 땅에 보낸 '유일한 독생자'라고 스스로 선언하고, 그가 빛으로 세상에 왔지만, 세상적 욕심에 매이고 죄악과 어둠에 빠져 사는 사람들이 그를 영접하지 않았다고 책망했다. 누구든지 하나님의 독생자를 부인하는 죗값은 사망이고 멸망이라고 선포했다. 예수는 온유한 표정으로 그리고 작은 소리로 말했지만, 사실은 유대 지도자들과 이스라엘 사람들을 엄중하게 꾸짖고 새로운 차원의 영혼 구원을 선포했던 것이다.

영생(Eternal Life)과 현실

영생(Eternal Life)은 죽지 않고 소멸하지 않고 한없이 오래 사는 것을 말한다. 그러나 사람은 영생을 믿기가 어렵다. 우리가 사는 세상의 모든 것은 변하고 시간이 지나면 소멸하는 자연의 법칙을 알고 있기 때문이다. 유대 민족도 모세라는 걸출한 지도자를 따라 이집트를 탈출해서 가나안 땅에 나라를 세우고 무려 1천5백 년을 살았고 그를 통해 하나님이 준 율법과 말씀을 지키며 살았지만 정작 하나님 나라나 영생을 믿지 않았다. 또 관심도 없었다. 모세를 포함해서 유대인들의 관심은 이 땅의 삶이었다. 자식을 많이 낳고 잘 먹고 잘 자고 기뻐하며 감사하며 사는 것이 이 땅의 소원, 전부였다.

유대인들뿐만 아니라 세상에는 수많은 신들과 종교가 있지만 하나같이 모든 만물을 창조한 신이 누구이며 그 나라가 있는지 실존에 대한 확신, 또 사람에게 있는 영혼이나 영생을 구체적으로 설명했던 종교나 지도자는 없었다. 이런 의미에서 예수 그리스도가 유대인 지도자였던 니고데모에게 선언하고 설명했던 '하나님 나라'와 '영생' 그리고 '영으로 거듭남'과 '영혼의 세계'는 모름지기 인류 역사에서 처음 있던 일이었다.

독생자에게 준 권세, 영생과 심판

- 하나님이 보내신 이는 하나님의 말씀을 하나니 이는 하나님이 성령을 한량없이 주심이니라. 아버지께서 아들을 사랑하사 만물을 다 그의 손에 주셨으니, 아들을 믿는 자에게는 영생이 있고 아들에게 순종하지 아니하는 자는 영생을 보지 못하고 도리어 하나님의 진노가 그 위에 머물러 있느니라(3:34~36)

요한 사도가 중요한 말씀으로 기록했던 위 구절에서 '하나님이 보내신 이'는 하나님의 독생자 예수 그리스도를 말하는 단어였다.

유대 광야로 나가다

예수는 예루살렘성에서 말씀을 전하고 그 후에 제자들과 함께 유대 광야에 있는 요단강이 흐르는 한 지역으로 가서 세례를 베풀었다. 그곳에서 멀지 않은 '애논'이라는 지역에서 세례 요한도 강물로 세례를 베풀고 있었다. 요단 강가 두 곳에서 요한의 두 선생인 세례 요한(전)과 예수(현재)의 제자들이 찾아오는 많은 사람들에게 세례를 주었다. 두 장소가 자연스럽게 경쟁이 되었던 사실이 세례 요한에게 알려졌고 그의 반응이 또한 특이해서 후세 남기는 빛나는 증거가 되었다.

세례 요한의 고백

- 그는 흥하여야 하겠고 나는 쇠하여야 하리라(3: 30)

성공적인 복음 선포로 예수를 따르는 무리가 많다는 소식에 세례 요한은 예수 그리스도를 이 땅에 소개하는 것이 자신의 사명임을 겸손히 전했다. 그는 단지 오실 메시아인 예수 그리스도의 길을 평탄하게 하기 위해서 이 땅에 먼저 와서 외치는 '소리'라고 자신을 소개했고 그가 오면 자신은 그에게 세상이라는 무대의 주인공 자리를 양보하고 물러나야 할 존재임을 고백한 것이다. 세례 요한은 그때까지도 구름처럼 몰려오는 수많은 추종자들에게 자신을 낮추고 그의 뒤에 나타난 예수를 소개하고 높였던 소박한 사람이었다. 약대 털 가죽을 입고 거친 광야에 묻혀서 살았던 기인이 온 인류의 소망을 대변하고 구세주로 온 예수를 증거했고 예수가 오자 그를 세상에 나타내고 자신은 스스로 물러나는 겸손한 모습을 전했다. 한때는 그의 제자였던 요한이 오랜 시간이 지난 후에도 마음 속에 생생히 살아 있는 스승의 겸손했던 모습을 기록했다.

아름다운 모범

요한 사도의 한 특징을 나타내는 '겸손'의 속성이 요한의 첫 스승이던 세례 요한에게서 얻은 큰 교훈의 결과였다. 그리고 시대가 어떻게 변하든지 예수 그리스도를 전하는 후세의 제자들이 철두철미 자신의 가슴에 새겨야 할 첫째 교훈이 바로 세례 요한의 고백이었다. 목회 지도자나 신앙 조직을 이끄는 사람들은 언제나 자신은 쇠하고 예수 그리스도가 흥하는 인생을 보여줌으로 기독 신앙을 온전히 후세에 물려주는 큰 작업을 실천하고 마무리하는 사람들로 살아야 한다.

세 번째 에피소드

여자의 일생

남자를 잘못 만나 인생을 망친 불쌍한 여인을 우물 곁에서 만나 샘물 대신
영생하는 생명수를 주고 새 사람으로 거듭나게 했던 사건

수가성의 여인

예루살렘 지도자들이 지금까지 경계심을 품고 주시했던 사람은 세례 요

한이었다. 그들은 사람들이 예수에게 몰려가는 것을 보고 곧 그에 대한 경계심을 높이기 시작했다. 예수는 그들의 따가운 추적과 모함을 피해서 일단 유대 지방을 떠나서 갈릴리 지방으로 돌아가기로 했다. 예루살렘성에서 갈릴리로 가는 길은 두 가지가 있었다. 가까운 길은 직접 사마리아 지역을 통과해서 바로 갈릴리 호수 지방으로 내려가는 길이고, 다른 길은 유대인들이 경멸하고 싫어했던 사마리아 지역을 우회해서 요단 동편 길을 따라 북쪽으로 내려가는 조금은 먼 길이었다. 예수는 사마리아를 경유하는 길을 택해서 제자들과 함께 걸었다.

예수 일행은 한낮이 될 즈음에 사마리아의 수가(Sychar)성이라는 마을에 도착했다. 그곳에는 이스라엘 민족의 조상인 야곱이 팠다는 유명한 우물이 있었다. 먼 거리를 걸었던 예수는 피곤해서 우물 곁에 앉아 쉬었고 제자들은 음식을 사기 위해서 마을로 들어갔다.

한 여자가 마침 사람들이 낮잠을 자는 그 시간에 물동이를 이고 샘물을 길러 우물로 나왔다. 더운 지방의 습관은 낮 12시면 모든 사람이 일을 멈추고 집에서 쉬거나 낮잠을 자는 시간이었다. 여인이 다른 사람들의 눈을 피하듯 무더운 한낮에 물동이를 가지고 우물에 나타났다. 여인은 우물가에 앉아 있던 예수에게는 눈길 한 번 주지 않고 묵묵히 깊은 우물에서 물을 길어 동이에 담았다. 예수가 더위에 목이 말라 먼저 여인에게 물을 좀 달라고 청하면서 두 사람의 대화가 시작했다.

- 보아하니 당신은 이스라엘 나라의 선생(Rabbi)입니다. 어찌하여 (상종하기를 싫어하는) 사마리아 여자인 나에게 물을 달라고 하나이까?
- 네가 물을 달라는 사람이 누구인 줄 알고, 그에게 하나님의 선물을 구했

다면 그가 '생수'를 네게 주었으리라.

- 주여, 물 길을 그릇도 없고 우물은 깊은데 어디서 당신은 그 생수를 얻 겠습니까? 이 우물은 우리 조상 야곱이 우리에게 주었고, 또 여기서 자기와 자기 아들들과 양 떼와 소가 다 마셨는데 당신이 야곱보다 더 큰 사람입니까? 당신이 생수를 길어 내게 주겠다는 말씀인가요?
- 이 물을 마시는 자마다 다시 목마르거니와 내가 주는 물을 마시는 자는 영원히 목마르지 아니하리니 내가 주는 물은, 배 속에서 영생하도록 솟 아나는 샘물이 되리라.
- 주여, 그런 물을 내게 주어 다시 목마르지 않고 또 여기 물 길러 오지도 않게 하옵소서.
- 가서, 네 남편을 불러오라!
- 나는 남편이 없나이다.
- 네가 남편이 없다 하는 말이 옳다. 너에게 남편 다섯이 있었고 지금 있 는 자도 네 남편이 아닌 까닭에 그 말이 참되도다. (잠시 침묵이 흘렀다)
- 주여, 내가 보니 당신은 선지자입니다.
- 그런데 우리 조상들은 사마리아에 있는 이 산에서 예배하였는데 당신 들은 예배할 곳이 예루살렘에 있다고 주장합니다. 누가 맞는다고 생각 하십니까?
- 여자여, 내 말을 믿으라! 이 산에서도 말고 예루살렘에서도 말라, 너희 가 아버지께 직접 예배할 때가 올 것이니라. 너희는 알지 못하는 것을 예배하지만 우리는 아는 것을 예배하느니라. 이는 구원이 유대인에게 서 나오기 때문이니라.
- 아버지께 참되게 예배하는 자들은 영과 진리로 예배할 때가 오나니 곧

이때이니라. 아버지는 자기에게 이렇게 예배하는 자들을 찾느니라. 하

나님은 영이니 예배하는 자가 영과 진리로 예배할지니라.

– 메시아(구세주) 곧 그리스도(기름 부운 자)라 하는 이가 오실 줄을 내가 알

고 있습니다. 그가 오면 모든 것을 우리에게 알려주실 것입니다.

– 너에게 말하는 내가 바로 그이니라.

바로 그때, 여인은 눈과 귀가 밝아졌다. 그의 잠자던 영혼이 깨었고 세상을

다시 보게 되었다. 그녀는 더 이상 과거의 부끄러운 인생을 감추지 않았다. 그

녀는 물동이를 샘 곁에 버려두고 마을로 뛰어 갔다. 그리고 집집마다 사람들

을 불러내어 자신의 기구한 인생을 알고 그 더러운 죄악을 용서하고 영생하

는 생수를 주었던 예수 그리스도를 와서 보라고 외쳤다. 마을 사람들이 놀라

서 샘물로 나왔다. 그들은 구세주로 온 예수 그리스도의 복음을 듣고 구원을

받았다. 예수는 마을 사람들의 초청을 승낙하고 이틀을 더 그들과 함께 지내

며 복음을 가르치며 중요한 기독교의 진리를 설파했다.

성전과 예배의 새로운 해석

예수는 유대인이 싫어하던 사마리아 수가성 우물가에서 유대인들이 살았던 구

약 시대가 끝나고 새롭게 시작하는 신약 시대를 선포했다.

1. 하나님은 영으로 존재하는 창조주이다. 그는 유대 민족의 하나님을 넘어서 온 누리의 민족과 나라를 다스리는 하나님이다. 그를 예배하는 자들은 짐승 제물과 제사 대신 오직 영과 진리로 예배해야 한다.

2. 하나님을 예배하는 성전(교회)은 어떤 민족의 역사적인 배경을 가진 곳(사마리아의 그리심산이나 예루살렘성)에 있는 교회 건물이 아니다. 성전(교회)은 어느 곳이든지 믿는 사람들이 영과 진리로 드리는 예배 가운데 있는 것이다.

3. 영과 진리, '영'은 하나님이 우리 안에 주신 영혼이고 '진리'는 거짓이나 형식이 아닌 진실한 마음을 지적한 말이다. 종교 의식이나 전통은 진정한 예배가 아니다.

예배의 본질을 가르치다

예수와 사마리아 여인과의 대화는 2장에 기록했던 성전 정화 사건에 이어 4장에서 성전과 예배에 관한 중요한 가르침을 더한 것이다. 내용은 성전의 의미와 예배의 원칙이었다. 예수는 '도둑의 소굴'로 변했던 성전의 용도와 목적에 대하여 '만민이 기도하는 집'이라는 영적 의미를 강조했고, 4장에서 한이 깊은 인생길을 허덕이며 살던 사마리아 여인에게 성전은 그것이 있는 역사적 장소나 위치가 중요한 것이 아니라 '믿는 사람들의 모임'이라는 새로운 의미를 가르쳤다. 귀천을 가리지 않고 소유를 묻지 않고 하나님 앞에 모이는 사람들 (회중)이 바로 성전이고 교회라고 가르쳤다. 그리고 예배는 종교 의식이 아니라 '영과 진리'로 하나님께 나아가 그를 높이고 경배하는 것이라고 가르쳤다.

두 사람은 샘물과 생수, 야곱과 하나님의 독생자, 다섯 남편과 살았던 기구한 여인과 이스라엘의 선지자, 예루살렘성의 성전과 사마리아인들이 예배드리는 그리심산(Mt. Gresim) 그리고 이스라엘 민족이 기다려온 '메시아'라는 여러 제목을 놓고 동서가 멀 듯 서로 동문서답 격인 대화를 나누었다. 한두 그루의 야자수 나무가 뜨거운 햇볕을 막아주던 우물가에서 나눈 대화는 결국 '예수가 유대 민족이 기다리던 메시아'라는 사실을 증명하는 대화였다. 예수가 유대인의 선생으로 보였기 때문에 사사건건 대들던 사마리아 여인의 일생은 깊은 절망 속에 빠진 인간의 모습이었다.

여자의 일생

수가성 우물가에 나타났던 사마리아 여인은 남자를 무려 여섯 명이나 만나 살면서 부끄러운 인생을 살았던 여인이다. 남의 이목이 두렵고 괴로워서 아무도 밖에 나오지 않는 뜨거운 한낮에 몰래 우물로 와서 먹을 물을 길러가려던 참이었다. 후회와 회한이 넘쳤던 '여자의 일생'을 여섯 번이나 거듭하던 여자를 하나님의 아들로 이 땅에 온 예수가 만났다. 그녀는 세상의 위로에 이미 지쳐 있던 여자였다. 예수는 하나님 나라의 진리로 세상이 줄 수 없는 참 위로와 구원을 그녀에게 베풀었다. 사람의 운명은 그가 만나는 사람에 의해서 결정된다. 예수 그리스도가 세상에서 친구를, 여자를, 상사를, 선생을, 지도자를 잘못 만나 인생을 망친 사람들에게 진정한 치유와 구원이라는 얘기였다.

예수는 대화 장소나 상대자로 걸맞지 않지만 불쌍한 여인을 위로하며, 영으로 존재하는 하나님과 그에게 드리는 예배자의 자세를 설파했다. 그는

유대인들이 지금까지 성전에서 짐승을 잡아 하나님께 제사를 드렸던 것은 바른 예배가 아니라고 부인했다.

예수의 말씀은 이후 기독교의 변함 없는 예배 원칙이 되었고 '영혼의 소통'이라는 하나님과 인간의 소통 형식을 밝힌 역사적 선언이 되었다. 세상에는 부조리가 넘친다. 세상의 방법이나 위로로는 치유하기 힘든 세상이다. 예수는 그가 십자가에서 흘린 피가 모든 사람들의 죄와 허물을 깨끗하게 용서하고 거룩한 하나님의 아들과 딸로 거듭날 수 있다는 새로운 진리를 선포했던 것이다.

예수는 또 그리스도인의 '참된 영의 양식'과 그들에게 때를 가리지 않고 항상 열려 있는 추수의 때(영혼 구원)를 이곳에서 제자들에게 가르쳤다.

네 번째 에피소드
병 고치고 뺨 맞는 세상

하나님까지 율법으로 심판하는 지독한 유대인의 율법주의

병자를 불쌍히 여기는 예수 그리스도

예수는 병자들을 보고 측은히 여겼고 배고픈 사람들의 고통을 알았으며 또 절망에 빠진 사람들을 만나면 하나님의 한량없는 긍휼을 베풀며 위로했다. 예수가 보인 이적과 기사들이 그가 하나님의 아들임을 증명하는 증거였으나, 자신들의 이해 관계만을 철저히 따지던 이스라엘 지도층에게는 그들의 기억에서 벌써 희미해진 하나님 나라나 그가 보낸 아들은 안중에도 없었다. 자신들을 무시하고 경멸하는 사람은 무조건 적이요 이 땅에서 없애야 할 사람이었다. 예수는 38년이나 오래 고통을 당하던 병자를 온전히 치유했으나 그것 때문에 오히려 핍박과 살해 위협을 받았다. 율법을 문자적으로 해석하고 지키는 것을 하나님이나 그 아들보다 더 중히 여겼던 바리새인의 문제를 세상에 밝혔던 사건이었다. 다음 얘기는 그 첫 시작이었다.

예루살렘성에 있는 성전의 양의 문(gate of sheep) 곁에 있던 베데스다라는 연못 주변에서 38년이나 앉은뱅이로 누워지내면서 구걸로 연명하던 자가 있었다. 예수가 그를 보고 측은히 여겨 병을 고쳐주었다. 예수는 그에게 "일어나 네 자리를 들고 걸어가라"는 말씀으로 병 나은 자에게 자리를 들고 나가 보라고 말했다. 그 사람은 너무 기뻐서 곧 자리를 거두어 들고는 연못 주변에서 걸어 나갔다. 그러나 은혜로운 치유의 현장에 문제가 생겼다. 그 날이 하필이면 안식일이었던 것이다.

유대인들은 안식일이 되면 그들이 지키는 율법에 따라 모든 행동 거지를 자제하며 율법이 정한 안식일 규정을 지키려고 했다. 예수의 행동을 감시하던 유대인들이 안식일에 병을 고쳐준 일과 병이 나은 자가 자신의 자리를 매고 나갔다는 점을 들어서 예수와 병자가 군중 앞에서 안식일 규정을 어겼다고 비난했다. 안식일을 지키지 않는 죄는 율법 만능 세상에서 사실이면 극형까지 당하는 중대한 율법 위반 사건이었다.

예수가 안식일에 병을 고친 것은 아들이 아버지가 하늘 나라에서 늘 하는 일을 보고 아들도 따라서 했던 것이라고 변호했다. 아들은 아무것도 스스로 하지 아니하고 하늘에 계신 아버지가 안식일에도 불쌍한 사람들을 보고 긍휼이 여기시고 고치시는 것을 보았고, 아들이 그대로 따라 했다고 말했던 것이다. 아들인 예수가 38년 된 병자를 긍휼이 여겨 치료했다는 말이었다. 한편 유대 지도자들과 사람들이 이 말씀을 듣고는 수긍과 순복과는 멀리 더욱 격노했다.

예수가 자신을 '하나님의 아들'로 직접 표현함으로, 사실이 아니면, 유대인들에게는 최고의 죄악인 '신성 모독 죄'를 범하는 것이다. 10계명 가운데 4계명인 안식일을 범한 죄에, 신성 모독 죄는 죽음 이외에는 구제할 방법이 없는 유대 나라의 중죄였다.

죽일 죄를 찾은 유대인들

예수도 문제의 심각성을 깨닫고 아무도 할 수 없는 최선의 변론을 했다. 그는 그가 안식일을 범했다고 비난하는 유대인들에게 세 가지 증거를 들어서 그가 하나님의 독생자이고, 그런 까닭으로 그는 안식일에도 병자를 고쳐줄 수 있다고 스스로를 변호했다. 그가 반박했던 첫 증거는 유대인들이 한때 열광했던 세례 요한이 예수는 '하나님이 보낸 사람'이고 '아들'이라고 증거했던 일을 언급했다. 두 번째는 예수가 그때까지 행했던 '병 고치는 이적'들이 그가 '하나님의 독생자'라는 뚜렷한 증거라고 말했다. 하나님이 아니면 어떻게 그런 이적을 행할 수 있느냐고 반문까지 했다. 마지막으로 예수는 유대인들이 밤낮없이 읽고 지키려는 구약성경의 말씀이 예언했던 '메시야'가 자신이라고 선포했다. 예수는 모든 성경은 하나님의 독생자인 예수를 증언하는 역사적 기록이라고 당당하게 선포했다.

예수는 아무도 부정할 수 없는 증거로 자신이 하나님의 독생자임을 주장했지만, 이미 반감과 증오로 굳어진 유대 지도들의 마음만은 바꿀 수 없었다. 두 세력은 결코 타협할 수 없는 평행선을 그리며 이후 역사적인 대결을 마지막까지 끌고 갔다. 하나는 육신적이고 물리적인 세상 권세이고 다른 것은 영원한 생명을 선포했던 예수와 그를 따르는 영으로 거듭난 무리의 대결이었다. 유대 지도자들을 포함해서 세상 권세는 그때부터 예수를 율법을 범한 중죄인으로 단정하고 잡아 죽이려고 결정했다.

예수의 예루살렘 방문의 의미

예수가 두 번째로 예루살렘성에 올라갔다. 유대인들은 1년에 3차례의 절기(유월절, 오순절, 장막절)에 예루살렘성을 방문하고 성전에서 제사를 드리는 것을 오랜 전통으로 지키고 있었다. 〈요한복음〉 5장의 예루살렘성 방문이 어떤 절기였는지는 정확한 기록이 없으나, 〈요한복음〉에는 2장에 이어 예수의 유월절 예루살렘 방문 기록을 6장과 11장에서 세 번 언급하고 있다. 이는 학자들이 예수의 공생애 기간이 3년 정도일 것이라고 추정했던 근거가 되었다. 만일 5장의 방문이 다른 두 번의 명절 가운데 하나가 아니고 2장의 유월절 이후 다음 해의 유월절이라면 예수의 공생애(Jesus's ministry) 기간은 약 3년 반이라는 추정이 가능하다. 현재 대부분의 학자들이 동의하는 기간이다(참조: 2장 12, 5장 1, 6장 4, 11장 55절).

다섯 번째 에피소드

기적의 후유증

떡 다섯 조각과 마른 생선 2마리로 남자 5천 명을 먹인 놀라운 기적,

그러나 모든 제자들과 따르던 사람들이

큰 기적 뒤에 오해와 불신으로 곧 예수를 버리고 떠났다

5병 2어 기적과 후유증

세상에서 창조주 하나님의 뜻을 거역하며 살 수 있는 피조물은 아무것도 없다. 왜냐하면 하나님은 그가 지은 모든 것을 전능하신 능력으로 다스리는 절대적인 존재이기 때문이다. 그러나 이런 하나님의 절대적 섭리를 거역하고 반항하며 사는 유일한 생물이 있다. 그가 바로 하나님의 형상을 입고 태어난 인간들이다. 인간은 끊임없이 하나님을 거역하고 부인하며 살아왔다. 그들은 선과 악을 마음에 함께 품고 산다. 그가 가진 영혼은 영이신 하나님과 서로 통할 수 있는 신령한 부분이다. 육신은 정욕과 욕심으로 언제나 악을 행할 수 있는 인간의 살아 있는 몸이다.

세상에는 또 하나 이상한 존재가 있다. 출처가 분명치 않은 사탄은 진리를 거짓이라고 말하고 거짓을 진실이라고 속여 전하는 영적 존재이다. 인간의 악한 성품과 사탄이 연합하면 그는 못하는 짓이 없는 이상한 마귀로 변하고 만다. 사람의 영혼은 눈에 보이는 육신 안에 숨어 있다. 사람이 숨어 있는 영혼을 깨우지 않고 육신대로 살면 죄를 짓고 끝내 사망에 이르고 만다는 영원한 진리를 전하는 사건이 갈릴리 해변에서 일어났다.

떡 다섯 조각과 물고기 두 마리의 기적

예수와 일행은 어느 날 갈릴리 호수 건너편에 있는 벳세다 마을로 가서 많은 사람들이 모이기 쉬운 근처 산에 올라 자리를 잡았다. 각처에서 소문을 듣고 수많은 사람들이 예수를 보려고 그곳으로 몰려들었다. 특히 유월절 명절을 앞두고 있어서 사람들이 여러 기적을 일으킨 주인공을 만나려고 그에게로 나왔다. 예수는 오는 사람들을 활짝 웃으며 맞이했다. 사람들이 시간이 오래 지나도 떠날 생각을 하지 않고 말씀을 듣고 그와 함께 있는 것으로 신령한 은혜를 받고 있었다. 이미 밥 먹을 시간이 훌쩍 지났다. 예수는 배고픈 사람들을 먹일 방법을 찾았고 제자들에게 물었다.

예수는 그 부근 마을을 잘 알던 빌립(벳세다 출신)에게 어디에서 떡을 사다가 이 사람들을 먹이겠느냐고 물어보았다. 빌립이 난처한 표정을 짓고 대답했다.

- 각 사람에게 조금씩 받게 할지라도 이백 데나리온의 떡이 부족할 것입니다(한 데나리온은 남자의 하루 임금).

빌립은 그 많은 돈을 어디에서 구할 것인지가 더 걱정이었다. 옆에서 두 사람의 대화를 듣던 시몬 베드로의 동생이던 안드레가 마침 무엇을 가져와 예수 앞에 내놓고 대화에 끼어들었다.

- 여기 한 아이가 있어 떡 다섯 조각과 물고기 두 마리를 가지고 있습니다. 그러나 이렇게 많은 사람에게 얼마나 도움이 되겠습니까?

안드레는 예수에게 차라리 사람들을 주변 마을에 내려 보내서 각자 음식을 사먹게 하는 것이 좋겠다는 실용적인 해결책을 은근히 암시했다. 그러나 속수무책인 듯했지만 어떻게 할지를 알고 있던 예수가 단호하게 나섰다.

- 이 사람들로 여기에 무리를 나누어 앉게 하라!

예수는 곧 일어나 어린아이에게서 가져온 보리떡 다섯 조각과 물고기 두 마리를 가지고 하늘을 우러러 감사한 후에 제자들에게 그것을 사람들에게 나누어주라고 명했다. 황당했지만 제자들이 예수의 명령을 좇아서 사람들에게 음식을 나누어주면서 큰 기적이 일어났다. 그곳에는 남자만 5천 명이나 되었고, 여자나 아이들까지 합치면 세 배가 넘는 큰 무리가 모여 있었다.

제자들이 음식을 나누어주고 그릇에 빈 자리가 생길 때 즉시 새 음식이 그릇에 찼다. 제자들이 떡과 물고기를 앉은 사람들에게 주고 나면 다른 떡과 물고기가 계속 생겼고 넓은 산 자락을 가득 채웠던 모든 사람들이 원하는 만큼 다 배부르게 먹었다. 그들이 먹고 남은 떡 조각이 12광주리에 가득 찼다고 전했다.

기적이 부른 부작용

수고도 값도 치르지 않고 배가 부른 군중이 예수를 왕으로 추대하려고 했다. 사람들이 병자를 고치고 먹을 것을 공급했던 예수가 그들의 왕(지도자)이 되면 그들은 예수의 능력으로 배가 부르고 병이 나을 것은 물론 이스라엘 민족이 다시 일어나 세상을 다스릴 것이라고 생각했다. 그들은 황홀한 꿈을 갖고 그를 왕으로 추대하려고 했다. 그러나 세상 왕이 되는 일은 예수가 이 세상에 와서 하려던 일과는 정반대였다. 그는 놀라서 즉시 제자들을 군중에게서 분리시켜 배를 타고 가버나움으로 가게 했고 자신은 홀로 산에 올라 기도했다.

설명 그리고 오해

이미 날이 저물고 바람이 부는 때였다. 제자들이 배를 타고 십여 리쯤 호수 가운데로 나갔을 때 큰 바람이 불며 풍랑이 일기 시작했다. 밤이 깊은 때였다. 그때 한 사람이 바다 위를 걸어 배에 가까이 오는 것을 보고 제자들이 혹시 유령이 아닐까 생각하며 두려움에 빠졌다. 물 위를 걸어 오던 사람은 바로 예수였다. 예수는 곧 자신을 나타내며 제자들을 진정시켰다. 그들은 새벽이 되자 가버나움에 도착했다. 그 사이 예수의 소문을 듣고 배들이 사방에서 가버나움으로 몰려왔고, 많은 사람들이 예수를 환영하며 언제 이곳에 왔느냐고 물었다.

성경은 장소가 어디인지 밝히지 않았지만, 예수는 제자들과 함께 가버나움에 있는 베드로의 집이나 호숫가 해변 혹은 유대인의 회당에서 그가 행했던 놀라운 기적 얘기를 듣고 찾아온 사람들에게 여러 번 말씀을 전했던 것 같다. 말씀의 주제는 보리떡 다섯 조각과 물고기 두 마리를 가지고 5천 명이나 되는 남자를 먹였던 기적 사건을 예로 설명하고, 예수가 진심으로 이 땅의 사람들에게 주려고 하는 '생명의 떡과 포도주'에 대한 설교였다. 예수는 사람들이 역사 이래로 떡과 포도주를 먹고 마셨어도 죽음을 피하지 못했지만 그가 주는 떡과 포도주를 먹고 마시면 누구든지 영생을 얻는다고 역설했던 것이다.

사람들이 예수의 설교를 듣고 처음에는 열광했다. 그러나 예수가 영생하는 '생명의 떡과 포도주'는 그들이 먹는 일상의 떡과 포도주가 아니라 '예수의 몸과 피'라고 설명하자 말씀을 듣던 자들이 이해를 못하고 다 놀란 나머지 떠나기 시작했다. 예수는 모든 사람의 죄를 대신 속죄하기 위해 십자가에 매달려 죽을 '자신의 몸과 피'를 먹고 마시면 죽은 뒤에 부활해서 영생을 얻는다는 새로운 진리를 선포했지만 아무도 말씀을 깨닫는 사람이 없었다.

사람들은 비유를 깨닫지 못하고 오히려 예수가 식인종도 아닌 그들에게 자신의 몸과 피를 먹고 마시기를 가르친다고 역정을 내며 떠나갔다. 예수가 그들에게 설명하려고 했던 것은 그가 이 땅에 온 목적이었다. 예수가 이 땅에 온 목적은 사람들에게 베푼 기적과 치유가 아니었다. 예수의 진정한 목적은 인류를 죄악에서 건지고 그들을 하나님의 자녀로 변화시켜 영원한 생명을 주기 위한 것이었다. 사람들의 영혼을 살리는 일이었다고 설파했던 것이다.

예수를 버리고 모두 떠나다

군중들과 가까이 따르던 다른 제자들이 예수의 말씀을 이해하지 못하고 오해하면서 예수를 배척하고 모두 떠나는 사건이 드디어 가버나움에서 벌어졌다. 유대인의 대표적 선생인 니고데모가 예수가 전했던 "물과 성령으로 거듭나야 하나님 나라를 볼 수 있다"는 말을 이해하지 못했던 것과 같은 사건이 일어났던 것이다.

〈요한복음〉 6장이 소개했던 예수와 군중의 열띤 토론의 결론 부분이다.

- 나는 너희에게 하늘로부터 온 참떡을 주려고 하노라. 하나님의 떡은 하늘에서 내려 세상에 생명을 주는 떡이니라.
- 주여, 이 떡을 항상 우리에게 주소서!
- "나는 생명의 떡이니라" 내게 오는 자는 결코 주리지 아니할 터이오, 나를 믿는 자는 영원히 목마르지 아니하리라. 그러나 너희는 나를 보고도 믿지 아니하는구나!

- 내 아버지의 뜻은 아들을 보고 믿는 자마다 영생을 얻는 이것이니 마지막 날에 내가 그를 다시 살리리라.

나는 누구이다

예수가 '나는 누구이다'라는 자기 선언 형식의 말을 처음으로 이곳에서 사용했다. 〈요한복음〉에는 모두 7번의 이런 예수의 자기 선언 혹은 자기 계시의 말씀을 기록했고 그 가운데 처음 것이 바로 '나는 생명의 떡이니라'이다. 7번 나타난 다른 곳은, 요 8:12, 9: 5, 10: 7, 9, 10:11, 14, 11:25, 14:6, 15:1, 5 등이다

여기까지 예수의 말씀을 경청하고 대화를 듣던 군중들은 끝내 예수가 전하려고 했던 말뜻을 이해하지 못했다. 군중들이 갑자기 수군거리기 시작했다. 그들은 서로 돌아보며 엉뚱한 질문을 하며 거절의 뜻으로 고갯짓을 했다.

- 이는 요셉의 아들 예수가 아니냐?
- 그 부모를 우리가 아는데 자기가 지금 어떻게 하늘에서 내려왔다 하느냐?

한 번 마귀의 심통에 말려든 군중들의 마음은 더욱 빗나갔다.

- 그들이 놀라서 서로 다투어 말하기 시작했다.
- 이 사람이 어찌 능히 자기 살을 우리에게 주어 먹게 하겠느냐?
- 우리가 어찌 인육을 먹는다는 말이냐?

예수가 군중들의 오해를 답답해하면서 긴 설명을 더했으나 군중들의 오해는 점점 더 깊어갔다. 군중들은 모두 예수를 떠나갔고, 예수는 같은 주제로 그 후에도 가버나움 회당에서 그를 찾아 왔던 많은 사람들에게 전했지만 유대인들은 이해하기는커녕 자신의 살(인육)을 먹으라는 예수의 말에 극도의 혐오감을 나타냈다. 사람들은 예수의 말을 도저히 이해하지 못했고 예수를 따르던 제자들마저 "이 말씀은 어렵도다. 누가 들을 수 있느냐"고 서로 수군거리며 불편한 심정을 토로했다. 따르던 자들이 모두 떠났고 예수의 주위에는 12제자만 남았다.

- 살리는 것은 영이니 육은 무익하니라

예수는 그때까지 전했던 복음 사역을 총정리하는 일관된 주제를 이곳에서 다시 직선적으로 설파했다. 인간은 하나님이 준 영혼과 육신을 가지고 있는데, 유대 종교는 지금까지 영혼을 무시하고 오직 육신의 법인 율법을 지킴으로 구원을 바랐다. 예수는 우리 몸 안에 있는 신령한 영혼을 소성시키는 것이 생명을 살리는 것이고 육신의 것은 무엇이든지 이 땅에서 소멸하고 끝난다고 말했다. 그가 지금까지 제자들에게 가르친 모든 것은 영혼에 대한 것이고 영원한 생명에 이르게 하는 말씀이라고 강조했다. 그러나 결과는 변함이 없었다. 제자들조차 예수가 강조하는 '영'과 '육'과 '생명'의 의미를 이해하지 못했다. 수많은 군중은 다 떠나고, 예수의 주위에는 풀이 죽어서 어떻게 해야 할지 모르던 12사도들이 처음처럼 덩그러니 남아 있었다. 그들도 예수의 말씀이 이해가 가지 않았다. 예수의 말이 사실이라면 지금까지 이 땅의 영달과 명성을 기대하며 조금은 이상했던 선생을 믿고 따랐던 12제자들의 모든 꿈도 허사가 될 운명이었다. 침울한 시간이 흘렀다. 예수도 깊은 비애를 느꼈고 비장한 어조로 그들에게 물었다.

　- 너희도 가려느냐?

그들마저 떠난다면 갈릴리 지방에서 행했던 예수의 복음 전파는 참담한 실패로 끝났을 것이다. 사탄은 사도들 가운데도 벌써 들어갔다. 사탄은 12 사도 가운데 그래도 시국을 알고 똑똑해서 예수 일행의 재무를 맡았던 사람을 가려내서 이미 예수를 떠날 생각을 주었던 것이다. 예수는 사태를 통감하며 비장한 질문을 제자들에게 던졌던 것이다. 그들에게 마지막으로 세상과 진실 가운데 어느 길로 갈 것인지를 묻는 질문이었다.

　- 주여, 영생의 말씀이 주께 있사오니 우리가 누구에게로 가오리까? 우리
　　가 주는 하나님의 거룩하신 자이신 줄 믿고 알았습니다.

순박한 베드로는 사태에 무딘 사람이었다. 그의 눈에는 오직 예수밖에 아무도 없었다. 그래서 어느 때나 예수의 얘기가 나오면 자신의 믿음과 감정을 숨기지 못하는 사람이었다. 그는 위험한 순간에 '예수의 신성'을 누구보다 자신 있게 고백함으로 사도들에게까지 성공적이던 마귀 사탄의 술책을 깨뜨렸다. 사실 그때까지 베드로가 얼마나 깊이 예수의 말씀을 이해했는지는 의문의 여지가 있지만, 요한은 예수와 제자들의 참담한 마음을 위로하기 위해서 베드로가 성령 충만한 가운데 대답했던 성경 말씀을 기억해서 기록했다. 베드로는 늘 요한은 물론 모든 제자들의 형님 같은 사람이었

다. 요한은 베드로에게서 그 이상을 영으로 느꼈던 사람이다.

구제 불능의 인간성

창조주 하나님은 인간 세상의 배고픔이나 물질적 풍요를 위해서 독생자 예수를 이 땅에 사람의 몸을 입혀서 보낼 필요가 전혀 없었다. 그가 창조했던 세상은 원래 풍요와 평화가 넘치는 세상이었다. 문제는 세상을 다스리기 위해서 창조했던 사람의 마음이 문제가 되었던 것이다. 하나님은 육신의 정욕과 욕심으로 죄악 속에 매여 살던 사람들을 죄에서 자유롭게 만들고 하나님과 예수 그리스도 안에서 신분의 차별을 없애고 믿는 모든 사람에게 영생을 주기 위해서 이 땅에 보냈던 것이다. 그럼에도 불구하고 예수는 군중들의 배고픈 고통을 불쌍히 여겼다. 그는 보리떡 다섯 조각과 생선 두 마리를 가지고 모두를 배불리 먹였던 것이다.

여섯 번째 에피소드
권력과 욕심에 눈이 먼 지도자들

성전과 바리새인 지도자들과 그들 밑에 있던 종들의 차이

친형제들도 믿지 않았다

요한이 예수와 그의 형제들과의 대화를 소개하면서 어느 날이라고 밝히

지는 않았지만 그때가 유대인의 명절인 초막절(The feast of Tabernacles)이 가까운 때라고 정확한 시기를 기억했다. 초막절은 제일 큰 명절인 유월절에서 6개월이 지난 후에 맞는 명절이다. 믿지 않던 예수의 친형제들이 예수에게 명절에 왜 예루살렘에 올라가서 많은 사람들에게 말씀을 공개적으로 전하지 않느냐고 핀잔이 섞인 말로 물었다. 예수는 시간이 지나서 명절 중간에 예루살렘에 올라갔다.

초막절과 공생애 기간

초막절은 유대인들이 그 해 올리브나 포도를 추수하고 난 뒤에 드리는 추수 감사 예배로 수장절 혹은 장막절이라고 부르며, 유대인 달력(Jewish Calender)으로 7월 15일부터 시작하고 우리가 사용하는 달력은 9~10월에 해당된다. 공생애 기간으로 보면, 예수가 그의 복음 전파를 시작하고 두 번째 유월절을 지내고 난 후 6개월이 지난 때였다. 첫 번째 유월절은 예루살렘에 올라가서 성전을 깨끗하게 했던 사건이었고 두 번째는 성전에서 38년 된 병자를 치료했던 사건이었다. 7장 얘기는 그때로부터 6개월이 지난 시점이었다.

예수를 죽이기로 결의하다

유대 지도자들이 갑자기 나타났던 갈릴리의 이인 때문에 골머리를 썩히던 때에 갈릴리 지역에서 예수를 따르던 무리들이 다 떠났다는 소식을 들었다. 그들은 민중의 항의나 비난을 염두에 두지 않고 지금은 예수를 체포해서 이단으로 죽일 수 있다고 생각했다. 그들은 누구든지 그의 거처를 알면 당국에 신고하도록 명령을 내렸고, 그를 체포하면 즉시 처단하려고 준비했다. 어디서든 많은 눈이 예수 그리스도의 동태를 주시하고 있을 때였다.

예수가 초막절 중간에 다시 성전에 나타나서 말씀을 전했다. 유대인 지도자들이 산헤드린 회의를 소집하고 수하의 관리들을 보내서 드디어 예수를 체포하도록 정식 명령을 내렸다. 그러나 얼마 후에 예수를 체포하기 위해 그에게 갔던 아래 사람들이 빈손으로 산헤드린 회의장에 나타났다. 그들이 송구스러운 표정으로 이유를 묻는 대제사장들과 바리새인들에게 대답했다.

– 그 사람(예수)이 말하는 것처럼 말한 사람은 이때까지 없었나이다.

비록 대제사장들과 유명한 바리새인 선생들 밑에서 일을 하며 먹고살지만 그들의 양심은 명예와 권력욕에 빠진 주인들의 죽은 양심과는 다르게 살아 있었다. 그들은 예수를 체포하려고 갔다가 그의 말을 듣고 오히려 감동을 받고 빈손으로 왔던 것이다. 그들의 솔직한 보고에 치욕을 느낀 지도자들이 그들을 노려보며 큰 소리를 쳤다.

– 너희들도 그의 말을 듣고 정신이 돈 것이 아니냐?

회의에 참석했던 니고데모가 빈손으로 돌아온 관리들의 편을 들었다. 그는 소위 이스라엘 민족의 지도자라는 산헤드린 회원들이 예수의 언행을 자세히 검토하기도 전에 예수가 일으킨 돌풍과 인기가 무서워 무조건 그를 잡아 죽이려는 태도가 틀렸다는 점을 지적했다.

- 우리 율법은 사람의 말을 듣고 그 행한 것을 알기 전에 심판부터 하느냐?

조용한 목소리였지만 참석했던 모든 지도자들의 무딘 심장을 찌르는 날카로운 문책이었다. 그러나 증오의 불이 이글거리는 그들은 오히려 공회원의 한 사람인 니고데모를 죄인의 패거리로 몰아 붙이고 입을 봉했다.

- 당신도 갈릴리에서 온 사람이 아니오? 갈릴리에서 아무 선지자도 나
  지 못합니다!

물론 사실이 아닌 지극히 감정적인 협박의 말이었을 뿐이다. 그들이 잘 아는 유명한 요나 선지자도 갈릴리 출신이었다.

일곱 번째 에피소드

간음한 여인

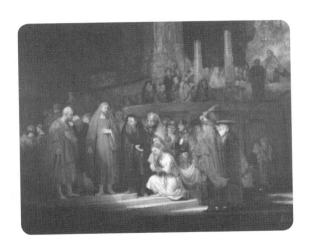

예수가 간음 현장에서 발각되어 끌려온 여인의 생명을 구하고,

서기관들과 바리새인들의 이중인격을 지적하다

죄 없는 자가 먼저 돌로 치라

예수는 제자들과 함께 늘 했던 대로 예루살렘성 동문 밖에 있는 가까운

감람산으로 가서 밤을 보냈다. 감람나무가 무성하게 자라서 얕은 산 자락을 온통 덮은 곳이었다. 사람들이 아늑한 곳을 찾아 잠을 자고, 운이 좋으면 익은 열매로 아침 끼니까지 채울 수 있는 장소였다. 명절을 예루살렘성에서 보내기 위해 각처에서 찾아온 가난한 여행객들에게는 잠자리로 더 좋은 곳은 없었다. 여럿이 함께 기거할 마땅한 처소가 없던 예수와 일행이 즐겨 찾았던 동산이었다.

다음날 아침이 되었다. 예수는 다시 성전으로 돌아가 자리를 잡고 그에게 나오는 사람들을 가르쳤다. 그때에 한 무리의 서기관들과 바리새인들이 겁에 질려 벌벌 떠는 한 여자를 끌고 와서 예수 앞에 세우고 물었다.

- 선생이여, 이 여자가 간음하다가 현장에서 잡혔나이다.
- 모세는 율법에 이러한 여자를 돌로 치라 명하였거니와 선생은 어떻게 하겠나이까?

요한은 예루살렘성을 잠시 요란하게 만들었던 한 간음 사건을 소개하면서 인간 세상 어디든 만연한 '죄'에 관한 진실을 설파했다. 간음은 세상에서 가장 오래된 인간의 죄 가운데 하나였고 유대인이라고 예외는 아니었다. 그들도 간음을 범하는 사람은 남녀 모두를 돌을 던져 죽이라는 잔인한 율법을 집행하고 있었다. 이미 율법으로 '죄와 벌'이 정해졌던 사건이었고 예수에게 끌려오기 전에 재판은 끝났다. 단지 그들은 간음에 대한 재판보다는 예수의 대답에 따라서 그를 비난할 건더기를 찾으려는 의도였다. 죄악을 벌하기보다는 예수의 허물을 찾으려는 악한 의도를 아는 예수는 몸을 굽히고 손가락으로 땅에 무엇인가 쓰면서 즉답을 피했다. 그들은 끈질기게 예수의 대답을 추궁했다. 그가 한참 만에 일어나 주위를 돌아보며 조용하지만 단호한 목소리로 반문했다.

- 너희 중에 죄 없는 자가 있느냐?

예수가 율법대로 판단을 내려 여인을 그 자리에서 죽인다면 그는 하나님이 보낸 선지자로서 가련한 여자의 사실을 캐보지도 않고 잔인하게 처형했다는 평을 면할 수 없었고, 혹 죽이지 말라고 판단했다면 그는 율법을 정식으로 거부하는 죄를 범하는 것이었다. 두 가지가 다 예수에게는 허물이 될 것이 분명했다. 예수는 사정을 알고 유대 사람들에게 죄가 없는 사람이 있으면 먼저 나서보라고 물었다. 하나님의 아들로서 이 땅에 대속 제물로 올 수밖에 없었던 그가 누구나 가진 인간의 허물과 죄악을 온유한 음성이지만 날카롭게 지적했던 것이다.

사람들 마음속에 오래 잠자던 양심이 그 말을 듣고 깨기 시작했다. 한 여인의 생명을 담보로 예수의 허물을 찾던 모든 사람들에게 양심이 살아났다. 가책을 느낀 사람들이 나이 많은 어른으로 시작해서 젊은이까지 다 떠나갔고, 얼마 후에는 넓은 광장에 오직 예수와 그 가운데 떨고 서 있는 여자만 덩그러니 남았다. 이윽고 두 사람만 그 자리에 남아 있는 것을 안 예수가 일어나서 그녀에게 조용히 말문을 열며 진솔한 대화를 나누었다.

- 여자여, 당신을 고발하던 그들이 어디 있느냐? 정죄한 자가 아무도 없느냐?
- 주여! 없나이다.

― 나도 너를 정죄하지 아니하노라. 가서 다시는 죄를 범하지 말라!

나는 하나님이 보낸 세상의 빛이다

예수는 얼마 남지 않은 그의 생애를 생각하며 복음 전파의 방법을 바꾸기로 방침을 정했다. 그에게 주어진 시간의 3분의 2를 썼지만 세상 사람들이 회개하고 돌아오는 대신, 유대 지도부는 예수를 죽이려고 했고 그를 따르던 군중들과 제자들은 등을 돌리고 다 떠났다. 그는 몇 사람이 되든 제자들을 훈련해서 그가 떠나고 난 후 그들이 교회를 통해서, 또 성령의 역사를 통해서 복음을 전파하고 인류를 구원하도록 방향을 다시 잡았던 것이다. 그는 이때부터 자신이 누구인지를 사람들이 이해하기 쉽게 직선적으로 표현하고 전하는 방법을 택했다. 〈요한복음〉에서 일곱 번이나 등장하는 "나는 ○○이다"라는 예수의 자기 선언이 바로 이런 설명이었다.

예수는 진리인 자신과 거짓의 아비인 사탄을 대조시키며 사람들이 예수를 영접하면 거짓인 사탄의 유혹과 죄악에서 자유로울 수 있다고 설명했다. 그는 화려한 세상 뒤에는 몇 배나 많은 배고프고 목마른 사람들이 있고 또 어둡고 더럽고 추한 거리가 있다는 사실을 알리고 그 가운데 허우적거리는 수많은 사람들에게 세상의 빛인 그에게 나와서 영생을 얻으라고 권했다.

진리가 너희를 자유롭게 하리라
(The truth will set you free)

예수는 그의 말씀을 듣고 믿은 유대인들에게 진리의 속성을 더 깊게 가르쳤다. 세상에는 어디나 죄악이 있고 범죄가 들끓는다. 그래서 나라마다 그런 범죄를 막기 위해서 법과 형벌을 정해서 사람들을 다스린다. 유대 민족도 예외일 수는 없었고 그들은 사람이 만든 법과 형벌 대신에 하나님이 모세를 통해서 주었던 율법의 명령을 지키며 사는 것을 금과옥조로 여기며 살았다. 그러나 여기에도 문제는 없을 수가 없었다. 그 좋은 예가 바로 간음을 범했던 여인의 경우이다. 율법은 그 여자를 돌로 쳐 죽이라는 것이고 여자는 범죄 현장에서 붙잡혔던 것이다.

예수가 설파했던 진리는 세상에는 죄가 없는 사람이 없다는 사실이었다. 사랑으로 '죄와 벌'이라는 문제를 극복하라는 뜻이었다. 기독교의 진리는 그 안에 사는 사람들에게 죄에서 완전한 해방과 자유를 주는 것이라는 말씀이었다. 예수는 이를 실천하기 위해서 이 땅에 와서 십자가 위에서 대속의 제물로 죽었다. 그리고 이를 믿는 모든 사람은 예수 그리스도 안에서 그의 능력을 힘 입어 자유롭게 살 수 있다는 사실을 설파했다.

- 너희가 내 말에 거하면 참으로 내 제자가 되고, 진리를 알지니 진리가 너희를 자유롭게 하리라.

또 다른 오해

사람들이 이때도 엉뚱하게 예수의 말꼬리를 물고 늘어졌다. '자유롭게 하리라'는 말을 들은 꼬장꼬장한 유대인들이 유대 민족의 자랑스런 역사와 로마 제국의 지배 아래 살던 당시의 사회적 처지에 분개하면서 예수의 말을 반박했다.

- 우리가 아브라함의 자손이라 남의 종이 된 적이 없거늘 어찌하여 우리가 자유롭게 되리라 하느냐?

로마 제국은 노예제도가 성행하던 시대였다. 유대인은 공식적으로 로마 시민과 노예 사이에 있던 자유인으로 분류되었다. 그들이 예수가 '자유'라는 말을 사용하자 곧 유대 민족은 다른 나라의 종이 된 적이 없다고 펄쩍 뛰며 그들이 걸출한 조상으로 자랑하던 아브라함의 이름을 들먹였다. 유대인 특유의 물고 늘어지는 논쟁은 끝이 없었다. 예수가 드디어 자기는 유대인의 조상인 아브라함이 살았던 시대 그 이전부터 존재하는 하나님이고, 아브라함도 예수의 구속의 역사(십자가 사건)를 고대하다가 죽었다는 사실을 상기시켰다. 그가 아브라함이 나기 전부터 존재하는 전능하신 하나님이라는 말을 들은 그들은 엎드려 경배하는 대신 불같이 성을 내며 돌을 들어 그를 치려고 했다.

여덟 번째 에피소드
맹인의 눈을 뜨게 하다

이상한 일이네요! 내가 사실을 몇 번씩이나 설명했지만

(똑똑한) 지도자라는 당신들은 의심만 할 뿐 믿으려 하지 않네요

맹인으로 태어난 걸인

한 맹인이 예루살렘성에서 구걸을 하며 살았다. 그는 날 때부터 소경으

로 태어나 어려서는 부모 밑에서 자랐지만 커서는 늘 거리에 나가 구걸하며 살았다. 예수가 제자들과 길을 가다가 이 맹인을 만났다. 제자들이 맹인의 형편을 불쌍히 여겨 예수에게 맹인이 무슨 잘못을 했기에 맹인으로 태어났는지 물었다. 그가 날 때부터 맹인이었다면 그 부모가 지은 죄가 있어서 아이가 맹인으로 태어난 것이 아닌지 물었다. 세상에는 맹인으로 태어난 사람처럼 원인을 알 수 없는 불행한 질병을 가지고 태어나는 사람들이 있다. 당사자나 주위 사람들은 왜 그런 일이 일어났는지 원인도 모르고 안타깝기만 할 뿐이다. 예수는 그 이유를 묻는 제자들에게 이 사람이나 그 부모의 죄로 인한 것이 아니라 그에게서 하나님이 하시고자 하는 일을 나타내려는 것이라는 다른 해석을 내렸다.

예수는 곧 침을 땅에 뱉어 진흙을 이겨 그의 눈에 바르고 실로암(Siloam) 못에 가서 씻으라고 말했다. 맹인이 예수가 말한 대로 실로암 못에 가서 눈을 씻고 놀랍게도 밝은 눈으로 돌아왔다. 소문이 삽시간에 퍼졌다. 맹인이던 그의 이웃 사람들과 그가 걸인인 것을 보았던 사람들이 그가 앉아서 구걸하던 맹인이 아니냐고 놀라서 서로 물었다.

어떤 사람은 그 사람이라고 했지만 어떤 사람은 그와 비슷하다고 의심적은 말도 했다. 그의 얘기가 사람들의 입소문으로 예루살렘성에 시끄럽게 번지자 바리새인들이 급히 조사에 나섰다. 그들은 예수를 잡아 죽이려고 기회를 보던 때 이런 기적 사건이 일어나 다시 군중이 동요하는 모습을 보고 화가 치밀었던 것이다(실로암은 예루살렘성 동남 쪽에 있던 조그만 못으로 유대 히스기아 왕 때 성 안에 물을 저장하기 위해 팠던 인공 연못).

맹인 심문

맹인이었다가 앞을 보게 된 사람이 바리새인들에게 단호하게 사실을 확인했다.

- 예수라 하는 사람이 진흙을 이겨 내 눈에 바르고 나더러 실로암에 가서 씻으라 하기에, 가서 씻었더니 보게 되었습니다.
- 예수라는 사람이 어디 있느냐?
- 나는 그가 지금 어디에 있는지 알지 못합니다.

맹인이 자신이 겪었던 꿈 같은 장면을 사람들과 그리고 이 사건을 조사하는 바리새인들에게 여러 번 설명했다. 자연히 화제의 초점은 이런 기적을 일으켰던 예수의 정체에 집중되었다. 바리새인 중에 어떤 사람들은 이 사람이 안식일을 지키지 아니하니 하나님에게서 온 자가 아니라 했고 어떤 사람은 죄인이 어떻게 이런 표적을 행하겠느냐고 반박하며, 그들 중에도 분쟁이 일어났다. 그들은 맹인이었던 자를 다시 불러서 물었다.

- 너는 그를 어떤 사람이라 하느냐?
- 그는 선지자입니다.

유대인 지도자들이 그 말을 수긍하지도 못하겠고 그렇다고 눈을 뜬 맹인 앞에서 그 사실을 부인도 할 수 없어서, 이번에는 그 부모를 불러 재차 심문했다.

- 이 사람이 소경으로 태어났다 하는 너희 아들이냐? 그렇다면 지금은 어떻게 해서 보느냐?
- 우리는 이 아이가 우리 아들인 것과 소경으로 태어난 것을 압니다. 그러나 어떻게 해서 보게 되었는지 또는 누가 그의 눈을 뜨게 했는지 알지 못합니다. 그에게 직접 물어보소서. 그가 장성했으니 자기 일을 말할 것입니다.

요한은 유대 당국이 누구든지 예수를 그리스도로 시인하는 자는 출교하기로 이미 결의한 것을 알고 그들의 심문이 두려워서 부모가 대답을 피했다고 속사정을 설명했다. 유대인 지도자들이 이에 맹인을 또 불러 협박조로 물었다(출교 : 유대교에서 모든 교인의 권리나 자격을 박탈하고 내쫓는 심한 형벌).

- 너는 하나님께 영광을 돌리라! 우리는 이 사람이 죄인인 줄 아노라.
- 그가 죄인인지 내가 알지 못하나, 한 가지 아는 것은 내가 소경으로 있다가 지금 보는 것입니다.
- 그 사람이 네게 무엇을 했느냐? 어떻게 네 눈을 뜨게 했느냐?
- 내가 이미 몇 차례 설명했어도 듣지 아니하고 어찌하여 다시 듣고자 합니까? 당신들도 그의 제자가 되려고 합니까?
- 너는 그의 제자이나 우리는 모세의 제자이다. 하나님이 모세에게는 말씀한 줄을 우리가 알거니와 이 사람은 어디서 왔는지 우리는 알지 못하노라.
- 이상한 일이네요. 이 사람이 내 눈을 뜨게 했으나, 당신들은 그가 어디서 왔는지 알지 못합니다. 하나님이 죄인의 말은 듣지 아니하고 경건

하여 그의 뜻대로 행하는 자의 말은 들으시는 줄을 우리가 압니다. 창세 이후로 맹인으로 태어난 자의 눈을 뜨게 했다는 얘기를 듣지 못했습니다. 이 사람이 하나님께로부터 오지 아니했으면 이런 일을 할 수 없었을 것입니다.

- 네가 온전히 죄 가운데서 태어나서 우리를 가르치려 드느냐?

요한은 예수 덕에 눈을 뜬 맹인과 그 부모가 유대인 산헤드린 공회의 살벌한 심문 자리에서 벌였던 일장의 코미디 같은 대화를 소개했다. 예수는 이 소동을 보면서 멀쩡한 눈이 있어도 보지 못하고 귀가 있어도 듣지 못하는 유대인들의 죄를 무섭게 단죄했다.

- 너희가 맹인이 되었더라면 죄가 없으려니와 본다고 하니 너희 죄가 그대로 있느니라.

예수의 경고는 시대를 넘어 여전히 모든 사람의 귀에 울리는 영원한 소리이다. 새로운 과학이나 철학 이론을 주장하며 무엇을 안다고 교만을 부리든지, 진리의 말씀을 듣고도 회개하지 않는 죄는 여전히 엄중함을 경고하는 말씀이었다.

예수의 위대한 선포

예수는 이어서 자신이 누구인지를 여러 모습으로 소개하며 이스라엘 지도층과 그를 믿는 많은 사람들에게 자신을 증거했다. 그의 마지막 결론은 '나와 아버지는 하나'라고 하나님의 아들로 이 땅에 온 자신은 하나님과 동격임을 아무 수식어를 붙이지 않고 직선적으로 밝혔다. 그의 증언을 들었던 이스라엘 지도층은 더 이상 기다리지 않고 그를 잡아 죽이려고 했으나 그는 제자들과 함께 요단강 건너편 세례 요한이 세례를 베풀던 곳으로 피했다.

나는 선한 목자

이스라엘 민족이 살던 유대 땅과 넓은 팔레스타인 지역은 강우량이 적어 땅을 경작하기보다는 양이나 염소 떼를 기르며 사는 목축이 적합했다. 양 떼는 풀을 뜯고 물이 귀한 광야에서 목자를 따라 샘물이 있는 곳을 찾아가 물을 마셨다. 시력이 약하고 방향성이 약한 양들에게 목자는 바로 생명이고 보호자이고 길잡이였다. 자신을 보호할 무기를 전혀 가지지 못한 양들은 목자의 음성을 알았으며 다른 사람들의 음성은 영락 없이 알아듣고 절대로 따라가지 않는 능력을 유일한 무기로 가졌다. '선한 목자'는 바로 그들의 생명줄이었다. 예수가 자신은 양 떼를 인도하는 선한 목자라고 선언했던 이유였다.

나는 양 우리의 문

그는 또 자신은 양 떼가 들어가고 나오면서 꼴과 물을 얻는 '양 우리의 문'이라고 선언했다. 그는 우리의 문을 피해서 우리를 넘어 들어가는 자들은 모두 도적이나 강도라고 분명히 구분했다. 예루살렘에 사는 사람들 가운데 얼마는 예수를 하나님이 보낸 사람으로 믿었으나 다른 사람들은, 특히 율법을 안다는 바리새인이나 서기관들은 "북쪽 갈릴리 벽촌에서는 선지자가 나올 수 없다"는 이유로 그곳에서 온 예수를 처음부터 믿지 않았다. 그럴수록 예수는 자신이 누구인지를 밝히는 말씀을 거듭 전하며, 자신이 지금까지 보여준 이적을 보고 그것이 하나님의 역사로 이루진 것을 인정하고 하나님과 그가 보낸 아들을 믿으라고 강권했다.

예수가 드디어 그가 당할 십자가의 사건을 말하며 양 떼를 위해서 자신의 목숨을 기꺼이 내주겠다고 십자가의 죽음을 예고했다. 그가 이 땅에 온 목적과 그의 역할을 사람들이 알 수 있는 쉬운 비유로 설명했지만 여전히 잘못된 선입견으로 그것을 이해하지 못한 어떤 사람들은 그가 귀신들려 미쳤다고 말했다. 그러나 다른 사람들은 귀신 들린 자가 어떻게 맹인의 눈을 뜨게 할 수 있느냐고 반문하며 시인도 했다.

신성모독의 죄

시간이 많이 지났다. 마침 겨울이 되어 유대인의 다른 명절인 수전절(오늘날의 추수 감사절과 유사한 유대인 명절)이 왔다. 한 패의 유대인들이 성전 솔로몬 행각을 거닐던 예수를 보고 그를 에워싸고 속마음에 감추었던 질문을 직선적으로 퍼부었다.

- 당신이 언제까지 우리 마음을 혼란스럽게 만들 작정입니까? 그리스도(하나님이 기름 부은 자, 메시야)이면 밝히 말씀하소서!
- 내가 너희에게 말했지만 너희는 믿지 않는구나. 내가 아버지의 이름으

로 행하는 일들이 나를 증거하는 것이거늘, 너희가 내 양이 아니므로 믿지 아니하는 것이니라. 내 양은 내 음성을 들으며 나는 그들을 알며, 그들은 나를 따르느니라.

- 내가 그들에게 영생을 줌으로 그들은 영원히 멸망하지 아니할 것이요, 또 그들을 내 손에서 빼앗을 자가 없으리라. 그들을 주신 내 아버지는 만물보다 크시매 아무도 아버지 손에서 빼앗을 수 없으리라. 나와 내 아버지는 하나이니라.

여기까지 예수의 말을 듣던 유대인들이 분명한 예수의 선언을 듣고는, 다시 돌을 들어 치려고 했다. 그러나 예수가 개의치 않고 하던 말씀을 계속했다.

- 내가 아버지가 행하는 여러 가지 선한 일을 너희에게 보였거늘 그중에 어떤 일로 지금 나를 돌로 치려 하느냐?
- 우리가 선한 일로 말미암아 당신을 돌로 치려는 것이 아니라, 신성모독으로 인함이니 당신은 사람이면서 자칭 하나님이라고 말하고 있느니라.
- 너희 율법에 기록하기를 "내가 너희를 신이라 하였노라" 하지 아니했느냐? 성경은 폐하지 못하나니 하나님의 말씀을 받은 사람들을 성경이 신이라 하였거든, 하물며 아버지가 거룩하게 하사 세상에 보내신 자가 '나는 하나님의 아들'이라 하는 것으로 너희가 어찌 신성모독이라 하느냐? 만일 내가 내 아버지의 일을 행하지 아니하거든 나를 믿지 말려니와, 내가 행하거든 나를 믿지 아니할지라도 그 행한 일은 하나님의 행사로 믿

으라! 그러면 너희가 '아버지께서 내 안에 계시고 내가 아버지 안에 있

음'을 깨달아 알리라. (*시 82:6)

　그들은 예수의 출생지나 외모만을 보고 이미 그릇된 선입견을 가졌던 사람들이었다. 사람들은 예수가 전하려고 했던 말씀의 뜻을 알려고도 안 했다. 오히려 반감이 생긴 그들이 다시 예수를 잡으려고 했지만 그는 그들의 손에서 벗어나 성전을 빠져나갔다.

　예수는 그를 죽이려는 사람들을 피해 요단강 동편 세례 요한이 물로 세례를 주는 곳으로 멀찍이 물러났다. 일부 사람들이 그곳에 와서 예수의 행사를 보고 세례 요한이 예수를 가리켜 말한 것은 다 참이라 인정하며 예수를 믿었다.

아홉 번째 에피소드
죽은 자를 살려내다

예수는 죽어서 4일 동안 무덤에 묻혔던 나사로의 시체를 다시 살려 냈다.

인류 역사에 처음 일어난 죽은 자의 부활 사건

나는 부활이요 생명이니
나를 믿는 자는 죽어도 살겠고

성경에는 죽은 사람을 살린 기적에 대한 얘기가 간혹 나타났다. 하나님의 역사가 아니면 일어날 수 없는 놀라운 일이다. 예수는 하나님의 능력으로 죽어서 무덤에 묻힌 지 4일이 지난 사람을 살려냈다. 단지 살려낸 것이 아니고 무덤에서 이미 4일이나 지나서 부패하기 시작했던 시체를 새 생명으로 부활시킨 사건이었다. 그는 이 사건을 통해서 앞으로 있을 자신의 사망과 부활을 예고했다. 한편 이번 사건은 예수가 하나님의 독생자로 복음 전파를 시작한 이후 인간적인 모습을 가장 짙게 보여주었던 계기가 되었다. 예수 안에 있는 거룩한 신성과 인성이 동시에 투명하게 나타났던 신비한 일이었다.

지명, 베다니

베다니라는 마을은 예루살렘성에서 가까운 요단강 건너 동쪽에 있는 마을이라고 성경은 지적했지만 너무 오래된 지명이라서 지금도 정확한 장소를 가려 내지 못하고 있다. 단지 예루살렘성에서 불과 5리 정도 동쪽에 떨어져 있던 마을로 요한이 '베다니'라는 이름을 정확하게 기억했던 것은 그가 예수와 함께 그곳에 있었던 사실을 증명하고 있다.

마르다와 마리아의 가정

예수가 사랑했던 한 가정이 그곳 베다니에 살고 있었다. 마르다와 마리아라는 자매와 그들의 오라버니인 나사로라는 남자 형제였다. 예수는 이들 가족과 친형제처럼 매우 가깝게 지내던 사이였다. 그 무렵 예수는 예루살렘성에서 도피해서 요단강 건너 동쪽 세례 요한이 전에 세례를 베풀던 곳에 머물고 있었다. 베다니에서 그곳으로 급한 소식이 예수에게 전해졌다. 예수가 사랑하던 마리아와 마르다의 오라버니인 나사로가 중병에 걸려 매우 위험하다는 절박한 전갈이었다. 그들은 예수가 소식을 받는 즉시 베다니로 와서 그를 고쳐주길 간절하게 호소했다. 그러나 예수는 그 호소를 무시하고, 이틀이 지난 후에 갑자기 제자들에게 유대 베다니로 다시 가자고 말했다. 제자들이 놀라서 펄쩍 뛰며 반대했다.

- 선생님, 방금 유대인들이 돌로 치려 했는데 또 그리로 가시려 합니까?
- 낮이 열두 시간이 아니냐? 사람이 낮에 다니면 이 세상의 빛을 봄으로 실족하지 아니하고, 밤에 다니면 빛이 없는 고로 실족하느니라. 우리 친구 나사로가 잠들었도다. 그러나 내가 깨우러 가노라(당시 유대인의 하루는 12시간이었다).
- 주여, 잠들었으면 곧 낫지 않겠습니까(예수는 나사로가 죽은 것을 알려주려고 잠들었다고 말했으나, 제자들은 그가 정말 잠이 든 것으로 이해했고 당시 사람들은 병자가 잠을 자면 낫는다고 생각했다.)?
- 나사로가 죽었느니라. 내가 거기 있지 아니한 것을 너희를 위하여 기뻐하노라. 이는 너희로 믿게 하려 함이니라. 그에게로 가자!

예수는 제자들을 독촉해서 베다니로 돌아왔다. 그동안 나사로는 이미 죽어서 무덤에 장사한 지가 나흘이나 지났다. 베다니는 예루살렘성에서 가까운 곳이므로 나사로를 알던 많은 유대인들이 마르다와 마리아의 집을 찾아와서 문상을 했다. 마르다는 예수가 온다는 소식을 듣고 마리아를 집에 남겨두고 곧 나가 예수를 맞이했다.

- 주께서 여기 계셨더라면 내 오라비가 죽지 아니했을 것입니다. 그러나 나는 이제라도 주께서 무엇이든지 하나님께 구하시는 것을 하나님이 들어주실 줄 압니다.
- 네 오라비가 다시 살아나리라.
- 마지막 날, 부활 때에는 다시 살아날 줄을 내가 압니다.
- 나는 부활이요 생명이니 나를 믿는 자는 죽어도 살겠고, 무릇 살아서 나를 믿는 자는 영원히 죽지 아니하리니 이것을 네가 믿느냐?
- 그렇습니다. 주는 그리스도시요 세상에 오신 하나님의 아들이신 줄을 내가 믿나이다.

두 사람 사이에는 가슴이 찡하게 울려오는 감격이 있었다. 마르다의 전갈을 받은 마리아가 예수가 왔다는 말을 듣고 뛰어나왔다. 예수는 한 발자국도 움직이지 않고 그녀를 기다렸다. 마리아는 예수 앞으로 뛰어가 그의 발 앞에 엎어졌다.

- 주께서 여기 계셨더라면 내 오라버니가 죽지 아니했을 것입니다.
- 그를 어디에 두었느냐?

- 주여 와서 보옵소서!

예수의 눈에서도 드디어 눈물이 떨어졌다. 예수는 속으로 비통히 여기며 무덤으로 갔다. 유대인의 전통적인 무덤은 굴이었고 돌로 입구를 막아 놓았다. 예수가 큰 소리로 명했다.

- 돌을 옮겨 놓아라!
- 주여, 죽은 지가 나흘이 되었으므로 벌써 냄새가 납니다.
- 내 말이, 네가 믿으면 하나님의 영광을 보리라 하지 아니했느냐?

사람들이 돌을 옮겨 놓았다. 예수가 곧 눈을 들어 하늘을 우러러보며 기도했다.

- 아버지여 내 말을 들으신 것을 감사하나이다. 항상 내 말을 들으시는 줄을 내가 알았습니다. 그러나 이 말씀을 드리는 것은 이곳에 둘러선 무리를 위함이니, 곧 아버지께서 나를 보내신 것을 그들로 믿게 하려 함입니다.

이 말씀을 하시고 큰 소리로 나사로를 불렀다.

- 나사로야, 나오너라!

사방이 죽은 듯 고요한 가운데 곧 무덤에서 수족을 베로 동인 채 시체

가 한 발 한 발 걸어 나왔다. 놀란 사람들이 조금 물러서자 예수가 힘찬 명
령을 내렸다.

– 풀어놓아 그를 다니게 하라(Take off the grave clothes and let him go.)!

지금까지 예수가 누구인가에 대해서 반신반의하던 사람들은 예수의 기
적을 보고 모든 의심을 버리고 그가 하나님의 아들임을 믿게 되었다. 그들
은 기쁨이 넘쳤고 지금까지 당했던 핍박이나 고난을 모두 잊어버렸다. 새
로운 동력이 그들 마음에 넘쳐났다. 또 주위에서 이 사건을 목격했던 많은
유대인들이 놀라서 하나님을 찬양하며 예루살렘성으로 달려가 예수의 기
적을 사람들에게 알렸다. 그리고 사람들이 무리를 지어 늦기 전에 예수를
속히 예루살렘성으로 맞아들이자고 야단들을 쳤다.

유대인의 장례 습관

유대인들은 사람이 죽으면 영혼이 3일 동안은 무덤 부근에 있다가 4일에는 완전
히 공중으로 흩어져 사라진다고 믿었다. 그리고 3일 후에는 어떤 하나님의 사람도
요단(생사의)강을 건너 떠난 영혼을 다시 불러올 수 없다고 생각했다.

유대 지도자들의 경악,
예수를 신속히 잡아 처단하라

한편 이 소식을 들었던 유대 지도자들도 많은 사람들이 목격자로 증거하

는 명백한 기적 앞에서 한가지로 당황했다. 그러나 그들의 반응은 기적을 인정하고 그 주인공이 하나님의 아들이라고 믿었던 군중과는 달랐다. 바리새인들이나 성전 관리자들이 놀라서 우선 산헤드린 공회를 긴급 소집하고 군중들의 동요에 대한 대책을 의논했다. 그들은 사건의 소문이 더 퍼지기 전에 예수를 급히 잡아 죽이자고 했다. 더 지체하면 예수를 왕으로 추대하려는 민란이 일어나고 사두개인이든 바리새파든 유대 지도자들이 지금까지 누리던 지위나 위치는 무너질 것이라고 걱정이 태산 같았다.

예수는 죽은 사람을 살려서 그가 구세주요 하나님의 아들임을 천하에 나타냈지만, 유대 지도자들은 그를 잡아 죽이는 것이 이스라엘 민족을 구하는 길이라고 정반대로 생각했다. 하늘과 땅의 차이였고 엄청난 모순이었지만 이것이 유대인의 역사였다(이후 40년이 지나서 서기 70년 드디어 이스라엘 나라는 망해서 지상에서 없어졌다). 예수는 이런 유대 지도부의 결정을 알고는 몸을 다시 피해서 예루살렘성을 떠나 에브라임이라는 곳으로 물러났다(에브라임은 예루살렘성에서 15마일 정도 떨어져 있던 산지 마을).

사랑 얘기

값 비싼 향유를 발에 뿌리고 자신의 머리털로
사랑하는 이의 발을 닦은 여인의 청순한 사랑

베다니 잔치자리

유월절이라는 큰 명절이 가까이 다가온 때였다. 예수가 살았다면 그가 마지막으로 예루살렘에서 보내는 유월절이었다. 사람들이 각지에서 명절을 보내려고 예루살렘성에 몰려 들기 시작했다. 요한은 유월절 날이 오기 엿새 전에 베다니에서 일어난 사건을 시작으로 그 후에 예루살렘성에서 일어났던 예수에 관한 여러 기이한 사건을 그림을 그리듯 예리한 시각으로 조명했다.

예수는 나사로를 살린 사건 이후에 베다니 마을을 다시 방문했고, 마리아의 가족이 집에서 예수를 위해서 잔치를 베풀고 제자들을 함께 식사에 초청했다. 나사로도 그들 가운데 끼어서 유대인들이 하던 버릇대로 서로 등을 기대고 비스듬하게 누워 예수 옆에서 식사를 하던 중이었다. 그때 마리아가 불쑥 방에 들어와 무릎을 꿇고 예수의 발에 값비싼 향유를 붓고 자신의 머리털로 예수의 발을 닦았다. 방 안에 온통 향유 냄새가 진동했다.

사랑, 무정

나사로의 가족은 모두 예수를 사랑했다. 마리아는 평소 소중하게 모아 두었던 값비싼 향유병을 가지고 식사 자리에 들어가 병을 깨뜨려 향유를 예수의 발에 붓고 자신의 머리털로 발을 씻기 시작했다. 갑작스런 일이었지만, 예수를 사모하고 존경하는 강렬한 마음에 비싼 향유의 값이나 장소나 시간이나 주변 환경이 전혀 문제가 되지 않았다. 향유는 이스라엘이나 그 지역에서 결혼을 앞둔 처녀가 자랑스런 결혼 선물로 준비하는 귀중한 혼수 물품이었다. 마리아는 그 향유를 조금도 아끼지 않고 병을 깨뜨려 예수의 발에 부었고 자신의 긴 머리털로 예수의 발을 닦았던 것이다. 향내가 온 방에 가득했다. 사람들이 사는 세상에 어디든 있는 사랑의 표식이었다. 그러나 당사자들이 아닌 다른 사람들은 모두 영문을 몰라 두리번거렸다.

그때 굵직한 남자의 음성이 가냘픈 마리아를 꾸짖었다.

- 이 향유를 팔면 삼백 데나리온을 받을 수 있을 것인데, 어찌하여 그 돈을 가난한 자들에게 나누어주지 않고 허비하느냐?

한 데나리온은 남자의 하루 임금에 해당했고, 3백 데나리온은 거의 1년 임금에 해당하는 큰 돈이었다. 일행 가운데서 머리가 빨리 돌아 계산에 능숙했던 가룟 유다가 앞뒤를 가리지 않고 마리아를 보면서 야단치듯 추궁했다. 가룟 유다와 같이 스스로 의롭다고 생각하는 율법주의자는 인간의 정에는 무관심했지만 다른 사람들은 그의 차가운 질책에 말문이 막혔다.

자신의 죽음과 장례를 예언한 예수

흥겨운 잔치 자리가 갑자기 얼어 붙는 듯했다. 일행의 대부분은 평소 마리아와 마르다 자매가 예수를 선생으로 모시고 다정하게 따르고 사랑했던 일을 알고 있었다. 가룟 유다의 질책에 가장 난처했던 사람은 바로 예수였다. 유대 지도자들의 비난과 살해 위협에다가 사람들의 끈질긴 불신으로 마음이 상해 있던 예수에게 이 사건은 다른 비난의 표적이 될 수도 있는 상황이었다. 그러나 예수는 마음의 동요를 진정하고 마리아의 청순한 사랑을 그의 임박한 죽음과 장례 예물로 기꺼이 받았다.

- 그녀를 가만두어라. 그녀가 내 장례 날을 위하여 이 향유를 간직하게 하라. 나는 곧 너희들과 있지 아니하리라. 가난한 자들은 항상 너희와 함께 있을 것이지만 나는 항상 있지 아니하리라.

예수는 자신이 곧 십자가에 매달리어 죽을 것을 말했고 마리아가 뿌린 향유는 그의 장례 때 사용할 향유를 대신한 것이라고 설명했던 것이다. 잔치 자리는 다시 엄숙해졌고 왕으로 추대하려는 군중의 움직임으로 들떴던 제자들의 마음은 차갑게 가라앉기 시작했다. 예수도 인간이 겪는 따뜻한 사랑의 정과 하나님의 아들이 가야 할 길을 놓고 고민했던 것이다.

마르다와 마리아 자매

마르다는 마리아의 언니였고 예수를 사랑하고 존경하는 열심에는 마리아 못지 않았지만, 그녀는 예수와 함께 있으면서 그의 말씀을 경청하는 것보다 예수와 일행이 먹을 음식을 걱정하고 분주하게 준비하는 언니 역할을 잘했다. 그녀는 음식 준비에 바빠서 마리아로 하여금 자신을 돕도록 예수에게 청하다가 예수의 책망 아닌 핀잔을 들었던 섬김의 본이 되던 자매였다. 마리아는 언제나 분주하게 부엌에서 일하는 언니의 바쁜 움직임을 모른 채하고 오직 예수의 발 아래서 그의 말씀을 경청했다. 예수는 말씀 듣기를 더 좋아해서 언니를 돕지 않고 예수의 곁을 떠나지 않았던 마리아를 세상의 판단과는 다르게 올바른 제자의 자세라고 칭찬했다.

가난은 결코 부끄럽거나 허물이 될 수 없는 세상의 미덕 가운데 하나이다. 온갖 탐심을 버리고 가난을 자족으로 이기며 살았던 많은 조상들은 가난을 자랑했으면 했지 그것 때문에 인생을 슬퍼하지 않았다. 그러나 세상에는 가난을 정치적 목적으로 이용하거나 가난한 자들을 사회적 약자로 둔갑시켜 부한 자들을 억압하려는 사람들이 끊임없이 나타나 하나님의 질서를 어지럽게 했다. 대신 기독교는 가난은 근면을 결코 이길 수 없다고 보았고, 가난은 늘 있는 세상 사람들의 한 가지 삶의 형태라고 가르쳤다. 그리고 교회나 사회는 가난한 약자들을 구별해서 도와주어야 한다고 가르쳤다.

어린 나귀를 타고
왕처럼 입성하는 예수

군중들은 다시 열광했다. 그들은 죽은 나사로를 살린 기적을 직접 목격했던 많은 사람들을 통해서 예수의 놀라운 기적을 알았고, 이전에 그가 행했던 다른 이적들까지 들추면서 예수는 하나님이 보낸 사람이라고 다시 확신하게 되었다. 그들은 예수가 전에 유대인의 왕이 했던 것 같이 어린 나귀를 타고 예루살렘성으로 온다는 소식을 듣고는 마치 새로운 왕을 환영하듯 종려나무 가지를 손에 들고 무리를 지어 그를 맞이하러 성 밖에 나가 환호했다.

- 호산나 찬송하리로다. 주의 이름으로 오시는 이, 곧 이스라엘의 왕이시어!

유대인들은 새로 임금이 될 사람을 어린 나귀에 태우고 기혼 샘에 내려가서 제사장이 기름을 붓게 했던 다윗과 솔로몬 왕의 전통을 늘 기억하고 그대로 따랐다(삼하 1:33). 나귀를 타고 오는 예수를 보고 수많은 사람들이 길에 나와서 그를 맞으며 노래를 불렀다. 예루살렘성이 온통 떠들썩했다.

십자가의 죽음 예고

아버지여, 나를 구원하여 이때를 면하게 하여 주옵소서!

그러나 내가 이를 위해 이때에 왔나이다

이때

　마리아의 향유는 예수가 식사하던 온 방을 신비한 냄새로 가득 채웠지만 가룟인 유다의 엉뚱한 소동으로 흥이 깨졌다. 예수가 분위기를 바꾸기 위해서 제자들 앞에서 선언했던 말씀이 식사 자리에 있던 모든 사람의 마음을 기쁨에서 슬픔으로 얼어 붙게 했다. 그는 마리아의 향유를 자신의 '장례 날'을 위하여 간직하라고 유언 같은 말씀을 했던 것이다. 예수는 다음날 나귀를 타고 예루살렘성에 이스라엘의 왕처럼 입성해서, 전날 식사 자리를 채웠던 슬픔과 혼란을 얼마라도 잠잠케 했다. 그러나 언제라고 분명한 날짜나 시간이 밝혀지지 않았지만 다시 한 사건을 통해서 예수가 지난 3년여 동안 말했던 바로 '이때'가 드디어 왔다고 선언했다.

이방인들이 예수에게 나오다

　요한은 향유사건에 이어 예루살렘 성에서 일어난 이색적인 사건 하나를 소개했다. 여러 나라에서 사람들이 유대인 명절을 지키기 위해서 예루살렘 성을 찾아왔다. 유대인들이 대부분이었지만 그들 가운데 이방 민족인 그리스 사람들도 섞여 있었다. 그들은 유대교로 개종은 하지 않았지만 유대인의 하나님을 믿던 이방 사람들이었다. 그리스 사람들 몇 명이 갈릴리 벳세다 사람인 빌립(Philip)을 찾아와서 예수를 만나 인사를 드리겠다고 요구했다. 빌립이 안드레(Andrew)에게 이 말을 전했고 두 사람은 예수에게 이방 사람들인 그리스 사람들이 찾아온 사실을 알렸다.

예수는 이 말을 듣고 무엇이 생각났는지 갑자기 그가 기다리던 '때'가 드디어 왔고 자신이 '영광'을 얻을 때가 왔다고 선언했다.

- 인자가 영광'을 얻을 때가 왔도다. 내가 진실로 진실로 너희에게 이르거니와, 한 알의 밀이 땅에 떨어져 죽지 아니하면 한 알 그대로 있고 죽으면 많은 열매를 맺느니라. 자기의 생명을 사랑하는 자는 잃어버릴 것이요, 이 세상에서 자기의 생명을 미워하는 자는 영생하도록 보전하리라. 사람이 나를 섬기려면 나를 따르라. 나 있는 곳에 나를 섬기는 자도 거기 있으리니 사람이 나를 섬기면 내 아버지께서 그를 귀히 여기시리라. 지금은 내 마음이 괴로우니 무슨 말을 하리요. 아버지여! 나를 구원하여 이때를 면하게 하여 주옵소서, 그러나 내가 이를 위하여 이때에 왔나이다. 아버지여, 아버지의 이름을 영광스럽게 하옵소서!(요 12:24~28)

그때, 하늘에서 바로 소리가 났다.

- 내가 이미 영광스럽게 하였고 또다시 영광스럽게 하리라.

곁에 서서 들었던 무리는 천둥소리가 났다고도 하며 또 어떤 이들은 천사가 그에게 말했다고도 하며 서로 말을 주고 받았다. 예수가 이에 설명을 더했다.

- 이 소리가 난 것은 나를 위한 것이 아니요 너희를 위한 것이니라. 이제

---

* 영광은 십자가의 죽음

이 세상에 대한 심판'이 이르렀으니 세상 임금인 사탄이 쫓겨나리라. 내가 땅에서 들리면 모든 사람을 내게로 이끌겠노라.

요한은 그리스 사람 몇이 예수에게 나아온 사건을 필두로, 예수의 복음이 유대 민족을 넘어 그리스 민족은 물론 세계 모든 민족에게 전파될 것을 예언했던 것이다. 지구라는 넓은 초원에 사는 모든 민족이 예수 그리스도라는 목자의 인도를 따라 영원히 살리라는 말씀이었다.

- 인자가 들려야 하리라

예수의 설교를 들었던 사람들이 다른 말은 이해하지 못하고, 구약 성경에서 이 땅에 올 그리스도(구세주, 메시야)가 세상 사람들은 살리고 자신은 오히려 죽어야 한다는 것이 이치에 맞지 않는다고 예수의 말을 트집잡았다. 그들은 "구세주는 영원히 살리라"는 성경 구절만 기억하고 예수에게 도대체 '인자'가 누구냐고 항의했던 것이다.

- 우리는 율법에서 그리스도가 영원히 계신다 함을 들었거늘 당신은 어찌하여 인자"가 들려야''' 하리라 합니까? 당신이 말한 인자는 누구입니까? 그가 그리스도 입니까?

---

* 심판은 과거와 현재 그리고 시공을 넘어 온 세상의 모든 죄악에 대한 심판
** 인자는 예수가 자신을 말할 때 사용했던 단어
*** '들려야' 라는 말은 로마의 최대 형벌인 십자가에 매달아 집행하는 사형

– 아직 잠시 동안 빛*이 너희 중에 있으니 빛이 있을 동안에 다니고 어둠
에 붙잡히지 않게 하라. 어둠에 다니는 자는 그가 가는 곳을 알지 못하
느니라. 너희에게 아직 빛이 있을 동안에 빛을 믿으라! 그리하면 빛의
아들이 되리라.

예수는 이 말을 하고 다시 그들을 떠나가서 숨었는데, 사람들은 예수의
이적과 기사를 보았고 그의 구체적인 설명을 들었지만 끝내 그를 믿지 못
했다. 요한은 세상에는 두 종류의 사람들이 있다고 설명했다. 하나는 하나
님이 구별하고 구원을 주시려고 선택한 사람들이고 다른 무리는 그렇지 않
은 사람들이 있다는 사실을 지적했다.

하나님을 보고 싶은 인간적 소망!

예수는 자신과 그를 보낸 하나님과의 특별한 관계를 사람들에게 다른 말
로 전했다. 예수와 하나님은 불가분의 관계이며 하나님이 자신에게 이 땅
에서 말할 것과 설명할 것을 친히 명령해주었다고 전했다.

– 주여, (하나님) 아버지를 우리에게 보여주옵소서, 그리하면 족하겠나이다.
– 빌립아, 내가 이렇게 오래 너희와 함께 있으되 네가 나를 알지 못하느
냐? 나를 본 자는 (하나님) 아버지를 보았거늘 어찌하여 아버지를 보이

---

* 빛은 복음서 초두에 예수를 지칭하는 말로 사용

라 하느냐?(요 14:8, 9)

마지막 날의 심판자, 예수의 말씀

예수는 세상을 심판하러 온 것이 아니고 세상을 구원하러 온 사람이지만, 예수의 말을 듣고도 지키지 아니한 사람들을 심판할 자가 따로 있다고 경고했다. 마지막 날에 사람들을 심판할 이는 바로 예수가 그들에게 전했던 '말씀'이라고 증거했다. 복음을 듣지 않았다면 몰라도 복음을 듣고도 외면을 한다든지 심각하게 생각하지 않는 사람들에 대한 강력한 경고였다.

12장의 주제와 부제들

〈요한복음〉 12장을 통독하면 주제로 예수의 발에 향유를 뿌리고 자신의 머리털로 발을 씻은 마리아의 청순한 사랑과 이를 자신의 장례 준비로 받아들인 예수의 사랑 얘기이다. 마리아가 드린 사랑은 인정이었고 그것을 기쁘게 장례 예물로 받은 것은 십자가 죽음이란 역사적 사건의 연속 선상에서 보인 예수의 큰 사랑이었다. 이 사건에 이어서 다른 부제들이 한 장(12)에 많이 등장했다. 그러나 부제들이 결코 주제보다 덜 중요한 것은 아니다. 이들 부제는 임박한 예수의 십자가 죽음을 여러 각도에서 다시 설명하는 내용들로 사실은 복음서의 핵심 주제를 다룬다. 이들은 많은 학자들의 연구 주제였고 또한 역사상 많은 목회자들의 감동적인 설교 주제가 되었던 내용이다.

열두 번째 에피소드
제자들의 발을 씻기시고

예수가 마지막 유월절 음식을 먹는 자리에서

제자들의 발을 차례로 씻겨주고 새 계명을 주었다

유대인의 하루는 해가 떨어진 때부터 시작한다. 유월절 날이 시작되었

던 밤에 예수는 제자들과 함께 명절 음식을 준비했던 마가 요한의 큰 다락

방에서 식사를 했다. 그는 이미 자기가 곧 잡혀서 어떻게 처형될 것을 알고 마지막으로 자신을 끝까지 따랐던 제자들에게 사랑의 마음을 있는 대로 다 전하고 싶었다. 더운 지방에서 손님들이 집에 찾아오거나 외출했던 주인이 돌아오면 종들이 먼저 그들의 발을 씻겨주는 것이 오랜 관습이었다. 예수는 이런 유대인의 관습을 활용해서 자신의 뜨거운 사랑을 제자들에게 보여 주었고, 그들도 장차 서로 사랑할 것을 본으로 가르쳤다.

예수의 이상한 행동

하나님의 사랑은 그분의 광대함만큼이나 무한한 까닭에 인간의 측량이나 이해를 초월한다. 예수는 이런 세상의 한계를 넘어서 깜짝 놀랄 만한 행동을 보였다. 예수가 식사하던 자리에서 갑자기 일어나 겉옷을 벗고 수건을 가져다가 상전을 섬기는 종들처럼 허리에 두르고 대야에 물을 떠서 제자들의 발을 씻기 시작했다. 그리고 그들의 젖은 발을 수건으로 정성스레 물기를 닦아 주었다. 갑작스런 일에 제자들이 말을 잃고 선생의 하는 일에 묵묵히 순종할 뿐이었다. 차례가 시몬 베드로가 되었다.

- 주여, 주께서 내 발을 씻으시나이까?
- 내가 하는 것을 네가 지금은 알지 못하나 이후에는 알리라.
- 아닙니다. 내 발을 절대로 씻기지 못하실 것입니다.
- (잠시 침묵 후에) 내가 너를 씻기지 아니하면 너는 나와 상관이 없는 사람이니라.
- 오, 주여, 내 발뿐 아니라 손과 머리도 씻어주옵소서!

- 이미 목욕한 자는 발밖에 씻을 필요가 없느니라. 온몸이 깨끗하니라. 그러나 너희가 깨끗하나 다는 아니니라.

예수와 사도 베드로, 서로 뗄 수 없는 선생과 제자인 두 사람의 대화는 한 폭의 그림같이 사제 간의 진한 사랑을 전했다. 진실한 대화는 어느 곳에서나 마음을 상쾌하게 만들고 독자에게 웃음마저 자아내게 했다. 그러나 다른 한쪽에서는 인간적인 비극이 시작되었다. 가룟 유다가 예수에게서 조금 떨어진 곳에 앉아 있었다. 그가 두 사람의 대화를 듣고 자신도 모르는 사이에 마음이 떨렸다. 그는 엿새 전 마리아가 값비싼 향유를 예수의 발에 부었을 때 불쑥 나섰다가 예수의 책망을 들었던 때부터 마음이 흔들렸다. 그는 아무것도 모르는 척하며 자리에서 고개를 돌리고 혼자 음식을 먹었다.

예수가 무릎을 꿇고 제자들의 발을 씻기고 수건으로 물기를 닦아준 행위는 하나님이 그를 따르는 사람들을 얼마나 사랑하는지, 그리고 하나님께 속한 백성들이 똑같은 사랑을 서로 나누고 살기를 얼마나 원하는지를 보여준 놀라운 사건이었다. 예수가 바로 그 사랑을 먼저 제자들 앞에서 본을 보였고, 같은 날 조금 시간이 지나서 십자가에 매달려 그 정점을 찍었던 것이다. 예수가 제자들의 발을 씻기기를 마치고 겉옷을 입고 다시 앉아 그가 행했던 일을 설명했다.

- 내가 너희에게 행한 것을 너희가 아느냐? 너희가 나를 선생이라 또는 주인(Lord)이라 하니 너희의 말이 옳다. 내가 그러하다. 내가 주와 또는 선생이 되어 너희 발을 씻었으니 너희도 서로 발을 씻어주는 것이 옳으니라.

- 내가 너희에게 행한 것 같이 너희도 행하게 하려고 본을 보였느니라. 내가 진실로 진실로 너희에게 말하는 것은 종이 주인보다 크지 못하고 보냄을 받은 자가 보낸 자보다 크지 못한 것이니라. 너희가 이것을 알고 행하면 복이 있으리라.

새 계명을 주노라

- 서로 사랑하라. 내가 너희를 사랑한 것같이 너희도 서로 사랑하라!

예수는 드디어 그가 이 땅에 온 이유와 그가 원하는 세상의 변화를 한 문장으로 요약해서 예수의 제자들이 지킬 가장 큰 계명으로 전했다. 그는 전부터 있던 그 계명에 '새 계명'이라는 이름을 붙이고 그 의미를 몸소 제자들의 발을 씻긴 것과 얼마 후 십자가에서 보일 대속의 사랑으로 제자들에게 가르친 것이다. 이전에도 하나님은 많은 계명을 이스라엘 민족에 주었던 것을 구약 성경은 기록하고 있다. 그런데 예수는 그날 밤 식사 자리에서 다시 이 모든 계명을 한 가지로 압축하는 새로운 계명을 제자들에게 주었던 것이다.

새 계명의 의미

하나님은 오래전에 시내(Sinai Mt.)산에서 이스라엘 민족이 영원히 지킬 십계명을 돌판에 새겨 모세에게 주었다. 그리고 계속해서 하나님은 모세를 통해서 많은 율법과 교훈을 주어서 그들이 어디를 가든 지키라고 명령했다. 학자들은 기록된 계명을 모두 합치면 무려 613개나 된다고 한다. 그러나 이스라엘 민족은 이 많은 계명은 물론 중요한 십계명조차 잘 지키지 않았다. 풍족하게 살 때면 늘 하나님을 떠나 이방 신들을 따르는 범죄를 범했고 그 때문에 큰 벌을 받기도 했던 역사를 가지고 있다. 그 이유 가운데 큰 것으로 인간성에 있는 탐욕과 정욕이라는 두 유전자(D & A)가 있다.

사탄은 이 유전자를 사용해서 사람들을 하나님에게서 떠나게 만들었다. 형벌이 아무리 강력했어도 그것으로 악한 유전자와 사탄의 강한 유혹을 이길 수는 없었다. 예수는 이 땅에 와서 잠시 인간의 육신을 입고 인간과 같이 세상에 살았다. 그는 '죄와 벌'이라는 방법으로 인간들이 혼탁한 세상에서 깨끗하게 살 수는 없는 존재임을 실제로 목도했던 것이다.

새로운 은혜의 시대에 인간이 바르게 살 새로운 방법이 필요했다. 그것이 새 계명에 집약되었다. 예수는 제자들의 발을 씻기는 경이적인 본을 보이고 나서, 곧 '너희는 서로 사랑하라'는 계명을 제자들에게 주었다.

하나님의 시간, 이때

요한 사도는 지금까지 여러 번 '하나님의 때'라는 말을 성경에 기록했다. 그때가 드디어 온 것이다. 유월절 명절 날이 바로 그때였고 예수가 십자가 위에서 죽음을 맞이하는 시간이었다. 예수는 그보다 몇 시간 전에 '새 계명'을 극적으로 제자들에게 선포했다. 요한 자신도 '그때'를 50년이나 지나서, 예수와 함께했던 감동적인 시간을 회상하며 〈요한복음〉을 기록했다. 그는 20년 후에 다시 예수가 재림할 '마지막 날, 그때'를 깊이 생각하며 그리고 죽도록 사모하며 100세 가까운 나이에 〈요한계시록〉을 기록했다.

베드로의 성급한 장담

예수는 제자들에게 "너희는 서로 사랑하라"는 새로운 계명을 주었고, 이어서 그가 잠시 후에는 제자들을 떠나갈 것을 말했다. 예수의 결연한 말씀을 듣고 놀랍고 섭섭한 마음에서 급했던 베드로의 격앙된 감정이 터져 나왔다.

- 주여, 어디로 가시나이까?
- 내가 가는 곳에 네가 지금은 따라올 수 없으나 후에는 따라올 것이니라.
- 주여, 내가 지금은 어찌하여 따라갈 수 없나이까? 나는 주를 위하여 내 목숨을 버리겠나이다.

예수는 충직한 제자 베드로의 격한 반응을 보고 그에게 담담하게 대꾸했다.

- 네가 나를 위하여 네 목숨을 버리겠느냐? 내가 진실로 네게 말하지만, 오늘 밤 닭이 울기 전에 네가 나를 세 번 부인하리라.

베드로는 청천벽력 같은 주의 말에 기가 막혀서 말을 잊었다. 그는 두 손을 움켜주고 힘을 주면서 부르르 떨기까지 했다. 아무도 그날 밤이 새기 전에 베드로가 세 번씩이나 예수를 부인할 것이라고는 생각지 못했다.

가룟 유다의 배반

한편 이들의 대화를 옆에서 주의 깊게 듣고 있던 가룟 유다는 목을 비틀며 고민에 빠졌다. 큰일이 터질 것이 분명했다. 유다는 늦기 전에 생각했던 일을 추진하려고 마음을 다짐했다. 그는 예수를 따라다니며 그동안 잃어버린 물질적 손해를 보상할 조그만 실리라도 당장 취해야겠다고 생각했다. '사탄'이 곧 유다의 마음 속에 들어갔다. 사탄도 예수의 일거수일투족을 보고 시간을 재고 있었던 것이다. 그가 슬며시 자리를 빠져나갔다. 그가 배신이라는 '사탄'으로 변했다. 사도에서 도둑 그리고 사탄으로 떨어지는 인간의 타락은 시간 문제였다.

가룟인 유다(Judas Iscariot)

성경을 기록할 당시에 요한은 노숙한 사도였다. 그는 마리아의 향유 사건을 회상하며 예수의 열두 사도의 한 사람으로 예수를 팔 가룟인 유다에 대한 평을 '도둑'이라고 짧게 기록했다.

가룟인 유다(Judas Iscariot)는 복음서에서 예수에게 십자가 형을 내렸던 로마 총독 본디오(Pontus) 빌라도와 함께 예수를 유대 대제사장에게 판 가장 나쁜 사람으로 역사에 기록된 사람이다. 그는 12사도 가운데 한 사람으로 예수가 일행의 재무 관리라는 중요한 일을 맡겼던 사람이다. 그가 어떻게 하루아침에 마음이 변해서 스승인 예수를 유대 지도자에게 팔았는지 알려진 것이 별로 없다. 성경은 단지 예수가 제자들과 함께 마지막 유월절 음식을 먹을 때 "사탄이 그에게 들어갔다"는 말로 가룟 유다의 변화를 알리고 있을 뿐이다.

12사도가 가룟인 유다를 빼고는 모두 갈릴리 호수 지방에서 어부나 그와 관련된 일을 하며 살던 평범했던 사람들이었다. 유다는 이들과는 다르게 예루살렘 부근 카리옷(Kerioth)이라는 곳 출신이었다. 그는 갈릴리 어부들과는 다르게 예루살렘에 아는 사람들이 많았고 세상 경험도 상당했던 꽤나 똑똑한(?) 사람이었다. 예수는 자연히 예루살렘성에 오면 유다에게 여러 가지 일을 시켰고, 평소에는 예수 전도대의 회개를 맡아서 돈을 관리하던 자였다.

예수의 사역 중반까지는 이런 일을 젊고 재빨랐던 요한 사도가 맡아서 돈도 관리하고, 예루살렘성에서는 요한의 부친 세배대가 오랫동안 좋은 관계를 유지했던 어물상을 이용해서 이런저런 일을 맡아서 예수를 도왔다. 그러나 머리 회전이 빠른 유다가 12사도의 한 사람이 된 뒤로는 예수의 신임을 받아 자연히 이런 일은 요한에게서 모두 유다 쪽으로 넘어갔다. 요한이 유다의 결정적인 배신 이전에도 상당한 거부감을 가지고 그를 주목하고 있었던 것을 느낄 수 있다.

열세 번째 에피소드

제자들을 격려하는
예수의 설교와 기도

너희는 마음에 근심하지 말라! 하나님을 믿으니 또 나를 믿으라.

예수가 곧 세상을 떠난다는 말은 제자들에게 청천벽력 같은 비상한 소식이었다. 세상의 것을 모두 버리고 오직 그를 따르며 복음 전파에 참가했던 제자들은 그가 세상을 떠난다면 그들의 인생 역시 무위로 끝날 것이란 절망에 빠졌다. 제자들은 갑자기 중심을 잃은 사람들처럼 무엇을 해야 좋을지 갈피를 못 잡고 있었다. 눈치 빠른 가룟 유다는 시간을 놓치면 영영 본전마저 잃게 될 것이라 생각하고 그를 제사장들에게 팔아넘기기 위해서 유월절 음식을 먹던 자리에서 슬그머니 빠져나갔다. 예수는 자신이 당할 고통스런 십자가의 죽음을 고민하기 전에 우선 제자들의 나약한 모습이 더 안쓰러웠다. 예수와 제자들은 유월절 만찬이 끝날 즈음부터 잠을 자기 위해 감람산의 숲속에 갈 때까지 상당한 시간을 설교와 질문과 그리고 예수의 대답과 기도로 보냈다. 〈요한복음〉 14~17장은 이런 예수의 여러 설교와 기도를 기록했다.

14 장
'내가 다시 와서' 예수의 재림 약속

예수는 자신의 십자가 죽음이 줄 고통을 알고 기도를 하면서도 제자들의 근심과 동요를 보고 걱정이 되었다. 그는 제자들에게 믿음 안에 굳게 서서 걱정하지 말 것을 이르며 그가 떠나는 이유를 분명하게 밝혔다. 그 위에 하나님의 약속을 전했다. 예수는 자신의 재림과 천국 인도라는 반짝반짝 빛나는 약속이 담긴 황금 바구니를, 걱정하는 제자들과 그들의 뒤를 이어 고난과 핍박 속에 이 땅에 살게 될 모든 믿는 자들에게 주었던 것이다.

- 너희는 마음에 근심하지 말라, 하나님을 믿으니 또 나를 믿으라! 내 아

버지 집에는 거할 곳이 많도다, 그렇지 않으면 너희에게 일렀으리라. 내가 너희를 위하여 거처를 예비하러 가는 것이니, 가서 너희를 위하여 거처를 예비하면 내가 다시 와서 너희를 내게로 영접하여 나 있는 곳에 너희도 있게 하리라.

예수가 이 땅을 떠나는 이유가 명쾌했다. 하나님 나라는 광대한 우주이다. 그가 가서 그곳에 사람들이 거처할 처소(환경)를 준비하는 일을 끝내면 곧 이 땅에 다시 오겠다고 재림의 시기를 정했고, 그가 있는 곳에 믿는 자들을 영접하여 함께 있게 할 것이라는 천국 인도를 약속했다. 제자들뿐만 아니라 이후 그를 믿는 모든 자들에게 주었던 하나님의 아들 예수 그리스도의 위대한 약속이었다.

내가 유일한 길

- 내가 곧 길이요 진리요 생명이니 나로 말미암지 않고는 아버지께로 올 자가 없느니라

예수는 그가 어디로 가는지를 묻는 의심 많은 제자였던 도마에게 예수 그리스도는 자신이 길이고 누구든지 그 길을 통해서만 하나님께 올 수가 있다고 선언했다. 예수의 대답은 우선 예수와 하나님은 같은 존재이고 누구든지 예수를 통하지 않고는 하나님 나라에 갈 수 없다는 말이었다. 세상에는 하나님을 믿고 그 나라를 믿는 종교가 여럿이 있다. 그러나 예수 그리스도는 사람이 그를 통하지 않고는 하나님 나라에 갈 수 없다고 선언함으로 기독교를 여타 종교와 구별했던 것이다. 예수 그리스도는 그를 믿는 것

이 생명이고 영생이라고 설명했다. 그는 기독교의 본질이고 기본 교리를 제자들에게 전했던 것이다.

더 큰일도 하는 능력

- 나를 믿는 자는 내가 하는 일을 그도 할 것이요, 또한 그보다 더 큰일도 하리니, 이는 내가 아버지께로 감이라.

예수는 제자들을 얼마 동안 떠나지만 하나님이 있는 곳에 가서 그들을 도울 것이라고 계속적인 관심을 약속했다. 예수는 이전에 전했던 '믿는 자에게는 능하지 못할 일이 없으리라'는 그의 약속을 이곳에서 다시 확인하며, 제자들이 앞으로는 그가 이 땅에서 이룬 일보다 더 큰일도 할 것이라고 예언했다. 제자들의 두려움을 걱정하며 격려했던 예수의 말씀이었고 후세에 증명이 되었던 일이다.

구하면, 행하리라

예수는 또 제자들에게 기도를 가르쳤다. 어느 때든지 예수의 이름으로 무엇이든지 구하면 그가 행하리라고 약속했다. 예수 그리스도가 하늘 아버지께 영광을 드리기 위해서 예수의 이름으로 구하는 제자들의 기도를 풍성한 결과로 응답하겠다는 말씀이었다.

예수가 승천하고 나서 이미 2천여 년이 지났다. 그동안 예수가 언제 세상에 다시 올지에 대한 사람들의 관심은 여전했고 그 때문에 '재림의 시기'를 두고 많은 이단들이 일어나 시기를 예언하며 믿는 자들을 미혹에 빠뜨렸고 세상을 어지럽게 했다. 성경은 그때는 아무도 모르고 예수 자신도 정확하게는 모른다고 전했다. 그러나 성경은 예수가 재림할 시기를 언급하며 소개했던 몇 가지의 적극적인 언질을 기록했다. 예수는 〈요한복음〉 14장에서 하나님 나라에서 성도들이 영원히 살 처소를 준비하러 가서 그 준비가 끝나면 다시 오겠다고 약속했다. 다른 약속은 이미 정해진 순교자의 수가 찰 때(계 6:11)와 그리고 복음이 모든 민족에게 전파되는 때(마 24:14)에 재림할 것이라고 언질을 주었다.

다른 보혜사, 성령

예수는 걱정하는 제자들에게 그가 보낼 삼위일체 하나님의 한 분인 성령의 강림을 구체적으로 약속했다. 그리고 성령이 우리와 영원토록 함께 있어 우리를 돕게 할 것이라고 약속했다. 누가 이보다 확실하고 큰 하나님의 긍휼과 인자를 사람들에게 약속할 수 있을까? 예수는 제자들이 그가 떠나는 것을 오히려 기뻐하라고 부탁했다.

15장
포도나무와 가지 그리고 농부

- 나는 포도나무이고 너희는 그 가지니라, 그가 내 안에, 내가 그 안에 거하면 열매를 많이 맺나니 나를 떠나서는 너희가 아무것도 할 수 없음이라

나는 참 포도나무요 내 아버지는 농부이다

포도나무는 이스라엘 민족을 상징하는 나무였다. 예수는 자신을 포도나무로 그리고 하나님을 포도나무를 가꾸는 농부로 비유했고 믿는 자들을 포도나무에 붙어 있는 나뭇가지로 표현하며 쉽게 풍성한 열매가 넘치는 인생의 비결을 가르쳤다.

- 나는 참 포도나무요 내 아버지는 농부라, 무릇 내게 붙어 있어 열매를 맺지 아니하는 가지는 아버지께서 그것을 제거해버리시고 무릇 열매를 맺는 가지는 더 열매를 맺게 하려 하여 그것을 깨끗하게 하시느니라. 너희는 내가 일러준 말로 이미 깨끗하여졌으니, 내 안에 거하라, 나도 너희 안에 거하리라. 가지가 포도나무에 붙어 있지 아니하면 스스로 열매를 맺을 수 없는 것같이 너희도 내 안에 있지 아니하면 그러하리라.

봄철이 되면 농부는 열매를 더 많이 맺게 하기 위해서 병들거나 약한 가지는 잘라내고 깨끗하고 강한 가지는 가꾸고 손질한다. 여름이 지나고 추수 때가 되면 포도나무는 탐스런 포도 송이를 가득 열매로 맺는다. 이 비유는 하나님이 원하는 삶의 풍성한 결실을 강조했던 말씀이다. 예수는 풍성한 추수의 비밀을 설파하고 사람들이 그렇게 살기를 원했다.

참된 추수의 비밀

구약 성경은 하나님이 유대 민족에게 주었던 율법과 계명을 지키는 자들에게 풍성한 이 땅의 축복을 약속했다. 포도나무를 자신들을 상징하는 나무로 그리고 나무에 열린 풍성한 과일을 하나님이 그들에게 주시는 축복으로 믿고 살았다. 오늘날에도 유효한 하나님의 약속이다. 인생의 목적과 천지 만물을 지은 창조주와 인간과의 관계를 이보다 쉽게 설명하기는 어려운 일이다. 인생의 목적은 당시뿐만 아니라 오늘날도 많은 사람들이 바른 해답을 찾고 있는 보편적인 주제이다.

예수는 2천 년 전에 포도나무가 풍성한 열매를 맺는 비결을 예로 들며 구약의 약속을 넘어 인생의 목적을 묻는 온 세상 사람들에게 명쾌한 정답을 주었다. 예수는 영원한 형벌이 기다리는 인생길 대신에 사랑과 생명이라는 참된 추수의 길은 이미 열려 있고, 그것은 포도나무인 예수 그리스도 안에 견고하게 붙어 있는 것이라고 설명했다.

요한의 인생철학

요한의 인생 철학은 포도나무 가지가 포도나무에 견고하게 붙어 있을 때 많은 열매를 맺는 것같이, 사람이 예수 그리스도의 몸 안에 붙어 있는 것이 육신적인 '인간 조건'을 극복하고 착한 열매를 풍성하게 맺고 사는 길이라는 것이었다. 요한은 이런 철학을 가지고 하나님의 풍성한 은혜를 여러 모양으로 전했다. 요한은 사람이 예수라는 나무 안에 있을 때 맺는 놀라운 열매를 능력으로 표현했다.

'나는 아버지 안에, 아버지는 내 안에' 거하는 것 같이 '너희가 내 안에 내 말이 너희 안에' 거하면 내가 하는 일을 그도 할 것이요, 또한 그보다 큰 일도 하리라. 또 예수는 "내가 아버지의 계명을 지켜 그의 사랑 안에 거하는 것같이 너희도 내 계명을 지키면 내 사랑 안에 거하리라"라고 자신이 제자들에게 주었던 "너희는 서로 사랑하라"는 첫 계명을 확인했다. 요한은 조금 뒤에 감람산에서 예수가 아버지께 드린 마지막 기도 가운데 '하나님과 예수 그리스도 그리고 제자들이 모두 하나가 되는 비결'로 사랑이라는 보편적 통로를 찾아냈다.

기도의 열매

예수는 "내가 너희를 사랑한 것같이 너희도 서로 사랑하라"는 그의 명령을 지키는 자에게 '예수의 친구'라는 명예로운 이름을 허락했고 열매가 항상 있을 것을 약속했다. 약속의 근거로 그의 계명을 지키는 자들이 예수의 이름으로 무엇이든지 구하면 그가 다 받게 하리라는 엄청난 약속을 주었다. 기도의 능력과 결과를 풍성한 열매를 예로 들며 설명했던 것이다.

역사의 증인들, 유대인

역사를 잊은 민족은 지구에서 사라질 뿐이다. 역사의 증인들만이 새로운 역사를 만들어 나간다. 유대 민족은 처음부터 유목 민족이었다. 그들은 여러 지역을 떠돌며 살았다. 그리고 지정학상으로 열강들의 침략을 계속 받았고 그 결과 포로로 끌려가서 억지로 타국에서 전전하며 살았다. 자연스럽게 그 후손들이 세계 여러 곳을 전전하며 살았고 마지막으로 로마 제국의 공격으로 나라가 지구상에서 완전히 사라졌다. 창조주 하나님에 대한 배신으로 역사에서 사라질 수밖에 없었던 민족이다. 그러나 유대 민족은 그들이 어디를 가도 조상들이 물려주었던 역사 얘기를 마음에 새기고 살았던 특징이 있었다. 그 가운데 특별한 것이 바로 하나님의 계명과 축복을 믿는 역사적 신앙이었다. 그들이 하나님의 계명을 지키고 살면 하나님이 어디서나 복을 주고 풍성한 과일을 맺게 해준다는 믿음이었다.

그들은 이 신앙을 어려운 환경을 만날 때 더 철두철미 믿었던 민족이다. 이것이 실존의 힘이 되어 그들은 어디서나 토착 민족이 시기할 만큼 열심히 일하고 풍성한 열매를 거두며 살아남았다. 그것이 서로 싸우기 잘하는 민족이었음에도 불구하고 민족의 역사를 의식하고 통일성을 끝까지 지킨 비결이다.

예수는 이런 유대 민족의 전통을 인정하고, 자신은 모든 사람을 하나님께로 이끄는 "길이요 진리요 생명이니 나로 말미암지 않고는 아버지께로 올 자가 없다"는 말로 온 우주에 하나밖에 없는 길과 진리 그리고 하나님께 가는 유일한 길로 자신을 표현했다. 그리고 자신은 "나는 포도나무요 너희는 가지라"라는 유명한 선언으로 자신의 정체성을 쉽게 다시 설명했다. 그는 자연스럽게 그를 따르는 백성이 이땅에서 거둘 풍성한 결실을 포도나무 열매로 비유했고, 그 비밀을 알려주었던 것이다. 요한 사도가 따랐던 인생철학이었다.

풍성한 열매

풍성한 열매는 포도나무의 결실과 같은 눈에 보이는 열매가 있고, 또 눈에 보이지 않는 열매도 있다. 다른 말로는 영적 열매이다. 풍성한 물질적 축복은 시간이 지나면서 필연적 부산물로 인간성에 숨어 있는 정욕과 부패를 부추긴다. 영적 열매는 하나님 나라와 세상을 구별하는 신령한 능력을 말한다. 물질적 축복만을 강조하면 어떤 때는 없는 것보다 더 큰 불행을 만들 소지가 인간 누구에게나 그 본성에 있다. 후세 사람들이 이것을 '인간 조건'이라고 규정했다. 사람이 이 두 열매가 균형을 이룰 때 풍성한 열매를 맺으며 진정한 행복을 느끼고 바른 신앙인으로 산다.

고난의 예고

예수는 성도들이 당할 세상의 핍박도 축복과 함께 말하기 시작했다. 세상은 눈에 보이는 축복을 강조하고 수단이나 방법을 가리지 말고 세상적인 성공을 추구하라고 부추긴다. 사탄은 교묘한 방법으로 자신을 '성공'으로 위장해서 사람들을 유혹하고 죄악의 길로 빠뜨린다. 예수는 이런 세상을 반대했고 사탄의 유혹을 단호하게 거부했기 때문에 그들은 예수를 먼저 공격했고 그다음에는 제자들을 공격할 것이라고 진실을 말했던 것이다. 예수와 세상 권세는 아무리 가도 만날 수 없는 두 평행선이 될 뿐이다. 그러나 예수와 하나님, 그리고 예수와 제자들과 성도들은 어디에 살든 서로 통하는 하나의 공동체이기 때문에 승리할 것이라고 말했다.

16장
성령의 본격적인 소개

성령의 일, 그가 죄에 대하여, 의에 대하여, 심판에 대하여 세상을 책망하리라

예수는 세상이 자신을 미워하는 것같이 제자들도 미워할 것과 그들을 출교할 뿐만 아니라, 때가 되면 제자들을 죽이는 자들이 있을 것을 알려주었다. 예수는 본격적으로 자신을 대신해서 보낼 하나님의 한 분인 보혜사 성령에 대해서 자세히 설명하며 제자들을 위로했다.

너희는 성령의 도움을 받으라

예수는 삼위일체 하나님은 성부 하나님과 성자인 예수, 그리고 대변자이고 모든 논증과 상담을 제공하는 성령임을 설명하며, 아버지와 아들은 모든 것을 공유하는 분이고 그래서 성령은 예수의 말을 듣고 전하는 보혜사 곧 도우미라고 설명했다. 요한은 이미 성령에 관해서 여러 번 전했었다.

첫 언급 - 14장 16~17절

- 내가 아버지께 구하겠으니 그가 또 다른 보혜사(Counselor)를 너희에게 주사 영원토록 너희와 함께 있게 하리라. 그는 진리의 영이라 세상은 능히 그를 받지 못하나니 이는 그를 보지도 못하고 알지도 못함이라. 그러나 너희는 그를 아나니 그는 너희와 함께 거하심이요 또 너희 속에 계시겠음이라.

두 번째 언급 - 14장 26절

- 보혜사 곧 아버지께서 내 이름으로 보내실 성령(the Holy Spirit) 그가 너희에게 모든 것을 가르치고 내가 너희에게 말한 모든 것을 생각나게 하리라.

예수는 이곳에서 '보혜사'는 곧 하나님이 우리에게 보내시는 '가르치는' 교사 그리고 예수가 말했던 모든 말씀을 제자들에게 '생각나게' 하는 조언자(Reminder)라고 설명했다.

세 번째 언급 - 15장 26절

- 내가 아버지께로부터 너희에게 보낼 보혜사 곧 아버지께로부터 나오시는 진리의 성령이 오실 때에 그가 나를 증명하실 것이요,

예수는 성령은 아버지 하나님께로부터 나오는 진리의 성령이고 그는 예

수의 말씀과 모든 것을 증명(testify)하는 분이라고 설명했다.

네 번째 본격적인 언급 – 16장 7~15절

- 내가 너희에게 진리를 말하노라. 내가 떠나가는 것은 너희를 위함이니, 내가 떠나가지 아니하면 성령이 너희에게 오지 아니할 것이요, 내가 가면 그를 너희에게로 보낼 것이니라.
- 그가 와서 죄에 관하여, 의에 관하여, 심판에 관하여 세상을 책망하리라. 내가 아직도 너희에게 알려줄 것이 많으나 지금은 너희가 이해하지 못하리라.
- 진리의 성령이 오면 그가 너희를 모든 진리 가운데로 인도하리니 그가 스스로 말하지 않고 오직 들은 것을 말하며 장래 일을 너희에게 알리리라.
- 그가 내 영광을 나타내리니 내 것을 가지고 너희에게 알리겠음이라.
- 무릇 아버지께 있는 것은 다 내 것이라. 그러므로 내가 말하기를 그가 내 것을 가지고 너희에게 알리리라 했노라.

예수는 그가 아버지께 있는 성령을 제자들에게 보낼 것을 말했다. 그리고 그가 오면 세 가지 중요한 죄로 세상을 책망할 것을 제자들에게 전했다. 첫째 죄는 세상이 예수를 믿지 아니한 것이다. 두 번째 죄는 세상이 예수를 십자가에 죽였던 것이다. 예수의 십자가 죽음은 세상의 모든 죄를 대신해서 그 죗값을 하나님께 치렀던 것이고 그 대속의 은혜로 모든 사람이 구원에 이르는 의로운 길을 열었던 것이다. 죄는 어떤 경우에도 그 값을 치르고 용서함을 받는 것이 바로 하나님의 공의였고 예수는 그 공의를 이루셨다.

세 번째 죄는 세상 임금이 예수에게 자행했던 불의한 심판이었고, 하나님은 이런 세상을 지배하는 사탄을 이미 심판했다는 말씀이었다.

제자들이 떠나는 때

예수는 긴 설교 끝에 그가 하나님께로부터 나와서 다시 그에게 갈 것을 말씀하고 제자들이 그의 주장을 믿는 것을 만족하게 여기고 마지막으로 제자들을 떠날 '때'를 확인했다. 그는 '때'가 왔다고 말하면서, 제자들이 모두 예수를 버려두고 떠나는 때도 바로 이때라고 말했다. 그러나 그가 버림을 받고 홀로 있는 것이 아니고 아버지 하나님과 함께 있다고 말하며 오히려 제자들을 격려했다.

평안을 누리라

예수가 마지막으로 걱정하는 제자들을 위로하기 위해서 자신의 승리를 확인하며 제자들도 승리할 것을 예언했다. 그는 제자들에게 세상에서 너희가 육신적으로는 환난을 당하나 내가 승리하는 것을 보고 너희도 승리할 것을 믿으라고 말했다. 그리고 제자들이 어느 때 어느 경우를 당하거나 예수 안에서 평안을 가지라고 격려했다.

17장
예수의 마지막 기도

예수 일행은 마가의 다락방에서 유월절 음식을 먹고 나서 늘 가던 감람산으로 올라갔다. 밤이 이미 늦은 때였다. 예수는 지상 사역을 마치고 떠나기 전에 자신을 위해서 그리고 제자들, 또 오고 오는 수많은 세대의 성도들을 위해서 기도했다. 다른 성경에서는 언급이 없는 부분으로 요한의 기억 속에 오랜 시간의 묵상을 통해 간직했던 보석 같은 예수의 기도였다. 기도는 크게 세 부분이다.

첫째는 "하나님이 예수 그리스도를 이 땅에 보냈다"는 사실을 온 세상이 알게 해서 예수를 영화롭게 만들어주실 것을 간구했다. 영어 성경은 "You have sent me"라고 간결하게 번역했다. 예수는 창세 전에 거룩하신 하나님과 함께 있었던 영화로운 존재였다. 〈요한복음〉을 한마디로 표현하자면 그것은 "예수는 하나님이 보냈다"는 사실을 선포하고 증명하는 일이었다. 요한은 이것 위에 죄 사함과 영생을 더해서 구원 사역을 설명했던 것이다.

둘째는 예수가 세상에 두고 가는 제자들은 세상 속에 살아야 하기 때문에 하늘 아버지가 그들을 보전해서 하나님과 예수가 하나인 것같이 그들도 성령 안에서 하나가 되길 아버지의 이름으로 간구했다. 그들은 예수 그리스도가 세상에 속하지 아니함과 같이 세상에 속하지 않은 까닭으로 세상이 미워할 것이기 때문에 하나님의 특별한 보호가 필요했다.

셋째는 하나가 되는 통로로 '하나님의 사랑'을 들었다. 예수가 십자가 위에서 죽음으로 자신을 깨끗하게 비웠던 것 같이 성도들을 말씀으로 성화 (Sanctify)시키고 '사랑'으로 하나님과 예수 그리고 모든 성도가 하나로 합쳐지는 위대한 역사를 간구했다. 예수는 자신의 몸을 대속 제물로 십자가에 올리기 위해서 하나님의 신분마저 마음에서 비웠다. 그는 그가 했던 것같이 성도들을 말씀으로 성화시켜줄 것을 기도했다. 사람들이 욕심과 탐욕과 정욕을 마음에서 제거하고 깨끗하게 하는 일이 바로 성화였다.

예수의 기도 내용을 읽는 독자는 예수의 간절한 기도와 함께 요한 사도의 철학적 사색을 행간에서 읽을 수 있다. 요한은 오래전 마가의 다락방에서 그리고 그곳을 떠나 감람산에 이를 때까지 그가 듣고 기억했던 예수의 말씀과 기도를 오랫동안 묵상하고 모든 사람들이 그 뜻을 이해하기 쉽게 오늘의 말씀과 같이 풀어 썼던 것이 분명하다. 요한은 또 그리스 문화의 중심지였던 에베소에서 살았던 긴 세월을 통해서 자연스럽게 예수가 행했던 중요하고 긴 설교 속에 성령의 도움을 받아 자신의 신앙과 논리를 반영했다.

하나로 통일

요한 사도가 그의 복음서에서 가장 많이 썼던 단어 가운데 하나는 '누구 누구 안에 있다' '하나가 된다'라는 말이다. "내가 비옵는 것은 이 사람들만 위함이 아니요 또 그들의 말로 말미암아 나를 믿는 사람들도 위함이니, 아버지여, 아버지께서 내 안에, 내가 아버지 안에 있는 것같이 그들도 다 하나가 되어 우리 안에 있게 하사 세상으로 아버지께서 나를 보내신 것을 믿게 하옵소서! 내게 주신 영광을 내가 그들에게 주었으니 이는 우리가 하나가 된 것같이 그들도 하나가 되게 하려 함입니다. 곧 내가 그들 안에 있고 아버지께서 내 안에 계시어(I in them and you in me) 그들로 온전함을 이루어 하나가 되게 하려 함은 아버지께서 나를 보내신 것과 또 나를 사랑하심같이 그들도 사랑하신 것을 세상으로 알게 하려 함입니다." 이렇듯 예수 그리스도 안에서 모든 것이 하나가 된다는 기독교의 중요한 교리를 밝힌 것이다. 시간이 지나며 기독교 안에 여러 분파가 생기는 것은 예수의 처음 뜻과는 다른 것이다.

죽음에 대한 요한의 철학적 변증

　세상에서 죽음은 모든 것이 끝나는 종점이지만, 하나님이 선택한 사람들에게 죽음은 새로운 시작이고 영화롭게 변하는 출발점이다. 이 진리는 세상 사람들에게는 대단한 역설같이 들리지만, 그리스도인들에게는 너무나 당연하다. 요한이 힘들여 변증했던 사실이다.

열네 번째 에피소드
검은 금요일

예수 그리스도의 체포, 재판,

십자가 처형으로 치닫는 악한 세상의 폭력이 온 누리에 가득한 날,

베드로의 우직한 용기와 대로마 제국의 정의도 가볍게 무너졌다

예수가 잡히다

예수는 제자들과 함께 예루살렘성의 동문을 지나 기드론(Kidron) 시내를 건너서 동산인 감람산에 올라갔다. 한밤이었다. 예수는 가끔 동산에 있는 이곳에 와서 제자들에게 말씀을 가르치며 기도하고 잠을 자기도 했다. 제자들이 다 알던 장소였다. 제자들 가운데 이미 모습을 감추었던 가룻 유다도 그곳을 알고 있었다. 어둠 속에 멀리서 횃불을 든 군인들과 대제사장과 바리새인들의 종들이 한 무리가 되어 예수가 머물고 있던 곳으로 접근했다. 가룻 유다가 앞장을 서 무리를 그곳으로 인도했다. 예수는 이미 그가 당할 일을 알고 횃불들 앞에 나가 담담한 어조로 물었다.

- 너희가 누구를 찾느냐?
- 나사렛 예수를 찾소.
- 내가 그이니라(예수가 그들과 함께 서 있는 가룻 유다를 보면서 대답했다).

무리가 예수의 대답을 듣고는 일제히 물러나며 땅에 엎드러졌다. 이를 보면서 예수가 다시 천천히 물었다.

- 누구를 찾는 것이냐?
- 나사렛 예수요.
- 너희에게 내가 그 사람이라 말했으니, 나를 찾았거든 이 사람들이 가는 것은 용납하라!

예수는 뒤에 서있던 제자들을 가리키며 그들에게 말했다. 그때였다. 베드로가 갑자기 앞으로 나서며 칼을 들어 길을 막고 서 있던 사람을 내리쳤다. 그의 오른편 귀가 베어졌고 붉은 피가 땅에 튀었다. 두 편 사이에 긴장이 감돌았다. 예수가 급히 베드로를 제지하고 떨어진 귀를 집어 종의 상처에 도로 붙여주고 피를 멎게 했다. 그 종의 이름이 말고(Malchus)라는 사람으로 대제사장 수하의 사람이었다. 제자들이 한옆으로 물러가고, 군대와 그 지휘관 그리고 유대인 관리들이 예수를 잡아 결박해서 먼저 안나스(Annas)라는 대제사장의 집으로 끌고 갔다.

안나스는 그 해의 대제사장인 가야바(Caiaphas)의 장인이었다. 안나스가 예수를 심문했고 수하에 있던 종이 예수를 주먹으로 치며 고문을 가했다. 그러는 사이 뜻하지 않은 사건이 예수가 심문을 받던 안나스 대제사장의 뜰에서 벌어졌다.

베드로의 부인

예수의 제자들 가운데 두 제자가 체포되어 끌려가던 예수의 뒤를 멀찍이 따라갔다. 그중의 한 사람(요한 사도)이 대제사장 집 안으로 예수를 따라 들어갔다. 그는 평소 대제사장과 집안 사람들을 알고 있었다. 그가 곧 문 지키는 여자에게 부탁해서 밖에 있던 시몬 베드로를 안으로 들어오게 했다. 시몬 베드로가 집 안으로 들어갈 때 문을 지키는 여종이 그를 유심히 보고 나서 시비를 걸었다.

– 당신도 이 사람의 제자 중 한 사람이 아니오?

베드로가 대수롭지 않게 "나는 아니라"고 부인하며 안으로 급히 들어갔다. 그때가 한밤으로 추웠기 때문에 종들과 관리들이 뜰에 불을 피우고 서서 쬐고 있었다. 베드로는 여종을 피해서 이들과 함께 서서 불을 쬐는 척하며 대제사장이 예수를 심문하는 광경을 살폈다. 조금 시간이 지났다. 불을 둘러싸고 몸을 녹이고 있던 사람들이 베드로를 알아보고 "당신도 그 제자 중 하나가 아니냐"라며 재차 물었다. 베드로가 급히 나는 아니라고 두 번째 부인했다. 그러나 마침 그곳에 베드로에게 귀를 잘렸던 말고라는 종의 친척이 있었다. 그가 베드로를 알아보며 그를 추궁했다.

– 네가 그 사람과 함께 동산에 있는 것을 내가 보았거늘 아니라고 말하느냐?

그가 예수와 함께 있던 현장을 보았다는 증인의 말을 듣자 베드로는 깜짝 놀라 급히 예수를 또 부인했다.

– 나는 아니라!

베드로가 세 번째로 예수를 부인할 때 새벽을 깨우는 닭이 울었다. 닭 울음 소리를 듣자 베드로는 그가 주 앞에서 토해냈던 장담과 예수의 답변을 기억했다. 그는 전기 충격을 받은 사람처럼 정신없이 밖으로 뛰어 나가 담장 벽을 치며 통곡했다. 그는 불과 몇 시간 전에 예수 앞에서 "나는 주를 위하여 내 목숨을 버리겠다"고 널찍한 가슴을 툭툭 치며 장담을 했고, 예수는 기고만장한 베드로를 쳐다보며 조용히 "오늘 새벽 닭이 울기 전에 네가 세 번 나를 부인하리라"고 경고했었다. 베드로는 곧 어둠 속에 사라졌고 이후 부활한 예수를 만날 때까지 성경에서 모습을 감추었다.

안나스의 심문

대제사장이 예수에게 그의 제자들과 그의 교훈에 대해서 무섭게 심문했다. 예수도 그에게 당당하게 대답했다.

- 내가 드러내놓고 세상에 말하였노라. 모든 유대인들이 모이는 회당과 성전에서 항상 가르쳤고 은밀하게는 아무것도 말한 일이 없거늘, 어찌하여 내게 묻느냐? 내가 무슨 말을 했는지 들은 자들에게 물어보라, 그들이 내가 하던 말을 아느니라.

곁에 섰던 대제사장의 관리 하나가 갑자기 달려들어 손으로 예수를 치며 윽박질렀다.

- 네가 대제사장에게 이같이 대답하느냐?

예수가 안나스를 쳐다보며 힐문했다.

- 내가 말을 잘못하였으면 그 잘못한 것을 들어서 말할 것이지, 바른 말을
  하였으면 네가 어찌하여 나를 치느냐?

안나스가 더 이상 심문하지 아니하고 예수를 결박한 그대로 곧 그 해의
대제사장인 가야바의 집으로 보냈다.

로마 총독 빌라도의 심문

아직 새벽이었다. 유대인들이 대제사장 가야바의 명령을 받고 예수를 로
마 총독이 머물고 있던 총독 궁으로 급히 끌고 가서 소란을 부리며 사형 집
행을 요구했다. 로마 총독은 보통 때는 가이샤라(Caisarea)에 있는 로마 총독
부에 살았으나 유월절 같은 유대인의 큰 절기에는 예루살렘성에 올라 와서
헤롯 궁에 머물고 있었다.

유대인들은 혹 부정하게 되어 유월절 잔치 음식을 먹지 못할까 걱정을
해서 모두 궁 밖에서 예수를 고소하고 성토했다. 갑작스런 일로 놀란 빌라
도가 밖으로 나와서 예수의 처형을 요구하는 유대 지도자들에게 물었다.

- 무슨 일로 이 사람을 고발하느냐?
- 이 사람이 범죄자가 아니었으면 우리가 당신에게 넘기지 아니했을 것
  입니다.
- 너희가 그를 데려다가 너희 법대로 재판하라!

- 우리는 사람을 죽이는 권한이 없나이다.

총독 빌라도가 다시 궁전으로 들어가서 예수를 불러 추궁했다.

- 네가 유대인의 왕이냐?
- 이 말은 당신이 스스로 하는 말인가요, 다른 사람들이 나에 대하여 당
  신에게 고소한 말인가요?
- 내가 유대인이냐? 당신 나라 사람과 대제사장들이 너를 내게 넘겼으니
  네가 무엇을 했느냐?
- 내 나라는 이 세상에 속한 것이 아니오. 만일 내 나라가 이 세상에 속한
  것이었다면 내 종들이 싸워서 나로 유대인들에게 넘기지 아니했을 것
  이요. 이제 내 나라는 여기에 속한 것이 아니오.
- 그러면 네가 왕이 아니냐?
- 당신 말과 같이 내가 왕이오. 내가 이를 위하여 태어났으며 이를 위하여
  세상에 온 까닭이오. 나는 곧 진리에 대하여 증언하려고 왔소. 무릇 진
  리에 속한 자는 내 음성을 들을 것이오.
- 진리, 그게 도대체 무엇이란 말이냐?

빌라도가 예수의 대답을 듣지도 않고 허탈한 모습으로 궁 밖으로 다시

---

* 로마 정부는 산헤드린(Sanhedrin)이라는 유대인의 최고 의결기관의 자치를 어느 정도 허용했
  으나 사형 선고나 집행만은 불허했다. 또 유대인은 돌을 던져서 죄인을 처형했지만, 성경(12:32,
  33, 34)은 로마인들의 사형 방법인 십자가형을 예언했었던 점을 들어서 유대인들이 예수의 처
  형을 로마 총독에게 요구했다고 일부 학자들은 해석했다.

나갔다. 유대인들이 소리를 지르고 땅에 흙먼지를 일으키며 소란을 피우고 있었다. 빌리도가 그들에게 예수의 무죄를 주장하며 또 물어보았다.

- 나는 그에게서 아무 죄도 찾지 못했노라. 유월절 명절에는 내가 너희에 게 죄인 한 사람을 놓아주는 전례가 있으니 그러면 너희는 내가 '유대인 의 왕'이라는 자를 너희에게 놓아주면 어떻겠느냐?

유대인들이 악머구리같이 소리를 질렀다.

- 이 사람이 아니라, 바라바요, 바라바를 놓아 주시오(바라바는 이름난 강도로 당시 로마군에 잡혀서 사형을 기다리던 흉악범 죄수였다)!

빌라도 총독의 고민

그가 다스리던 지역의 유대 지도자가 죄인이라고 보낸 예수라는 사람에게 서 그는 로마법에 의한 어떠한 죄도 찾지 못했다. 유대인들이 금과옥조로 여 기던 율법은 로마 관리들이나 제국 통치자들에게는 아무 의미도 없는 피정 복 민족의 한낱 종교법이었다. 그가 심문해본 결과 예수가 주장한 '왕'은 세 상 어느 곳의 왕이 아니라 영적인 하나님 나라였고 그곳의 왕을 의미하는 것 이었다. 빌라도는 당시 문화권에서는 상위 지식 계층의 사람으로 창조주 하 나님의 개념은 이해하고 있었던 사람이었다. 그러나 누가 자신을 '하나님의 아들'이라 주장했다는 이유로 로마법으로 아무 죄도 없는 사람에게 벌을 줄

수는 없는 일이었다. 그뿐만 아니라 유대인들이 한 수 더 나가 로마법에 규정한 최고의 형벌인 '십자가 형'을 요구하는 것은 누가 보아도 미친 사람이 아니면 못 할 일이었다.

로마 총독의 책임

그러나 빌라도는 유대 지역의 통치를 책임진 자로서 많은 유대인들이 소요를 일으키고 난동을 벌이는 것을 허용할 수가 없었다. 황제의 문책이 두려웠다. 그는 이미 결정은 뻔하게 나 있는 것을 직감했다. 그는 내심 예수를 방면하고 싶었다. 그래서 그는 세 번씩이나 유대 지도자들에게 예수는 죽을 죄를 짓지 않았다고 항변하며 설득하려고 했다.

진리가 있을까

이런 고민을 하던 빌라도에게 예수가 대답했던 '진리'라는 말은 오히려 역겹기만 했다. 결국 유대인들은 로마 황제에 대한 불충이라는 협박을 빌라도에게 했고, 그는 예수를 처형함으로 유대 지도자들의 불법적인 요구에 굴복했다. 로마 제국이 세상에 자랑하던 정의는 헛말이 되고 말았다. 세상에 진리가 있는지 누구나 의심이 가는 시대였다.

진리를 비웃는 빌라도

유대 지방에 보내는 로마 총독은 대대로 황제의 측근 가운데서 뽑아 보내는 것이 관례였다. 빌라도도 티베리아(Tiberius) 황제가 보낸 그의 측근 가운데 한 사람이었다. 그가 "나는 진리에 대하여 증언하러 왔다"는 예수의 말을 듣고 잠시 침묵한 뒤에 차가운 목소리로 빈정거리듯 예수에게 반문했다. 로마의 황실과 정계의 부정과 불의를 너무도 잘 아는 그가 '진리'라는 어색한 말을 듣고서 즉시 부정적으로 반응했던 것이다. 이 세상에 진리가 정말 있느냐는 빈정거림이었다. 그가 아는 로마 사회는 부정과 부패가 판을 치는 세상, 오직 권력이 난무하는 세상이었다. 한편 유식하다는 그리스 철학자들도 '진리'를 찾아 몇백 년을 씨름했지만 결과는 철학이라는 세상 학문을 만들었을 뿐이었다. 그는 그리스 철학도 별 신통치 않게 여겼던 것이 분명했다. 오늘 우리가 사는 사회도 '진리'라는 말이 빌라도가 느꼈던 것 같이 생소한 사회가 되고 있다.

로마 총독 빌라도

본디오 빌라도(Pontius Pilate)는 로마의 강력한 황제였던 티베리우스(Tiberius)가 유대 지역을 다스리는 5대 로마 총독(Prefect)으로 임명했던 사람이다. 그는 서기 26년에 부임해서 36년까지 10년간 총독으로 문제가 유독 많던 유대 지역을 다스렸다. 재임 중 예수를 죽인 사건으로 유명해졌으며, 티베리우스 황제가 죽고 나서 곧 로마로 송환되어 재임 중 저지른 잔혹 행위로 지탄을 받고 유배되었다.

열다섯 번째 에피소드
십자가 죽음과 장례

로마 총독 빌라도가 유대 지도자들의 부당한 요구에 굴복해서

예수를 십자가에 매달게 했던 불의한 세상의 승리,

하늘의 해도 캄캄하게 변했던 때

로마 총독 빌라도(Pilate)가 예수에게 심한 채찍질을 명령했다. 다른 복음서에서 빌라도는 예수의 처형을 강요하던 유대인들에게 그가 심한 채찍질로 예수를 심문했으나 죄를 찾지 못했다는 것을 보여주려는 뜻으로 눈에 보이는 중형을 가했다고 기록했다. 당시 로마 군인이 사용하던 채찍은 가죽끈에 날카로운 뼛조각이나 쇠붙이를 끼워 넣어서 자칫 심문 도중 맞아 죽기도 하던 심한 형벌이었다. 군인들이 가시나무로 관을 만들어 그의 머리에 씌우고 또 왕들이 입는 옷 색깔인 자색 옷을 입혔다. 예수는 그들의 손과 채찍에 맞아 이미 피투성이가 되었다.

협박에 몰린 빌라도의 사형 언도

- 이 사람을 방면하면 당신은 로마 황제의 충신이 아닙니다. (로마 제국 안에 서) 무릇 자기를 왕이라 하는 자는 황제를 반역하는 역적입니다.

빌라도가 이 말을 듣고서는 가슴이 서늘해서 자신의 판단을 버릴 수밖에는 없었다. 그는 예수를 재판 자리로 끌고 가서 유대인들이 보는 앞에서 선고를 내리기 전에 다시 유대인들에게 말했다.

- 보라! 너희들의 왕이로다.

유대인들이 와글거리며 소리를 질렀다.

- 없이 하소서! 없이 하소서! 그를 십자가에 못 박게 하소서!
- 내가 너희 왕을 십자가에 못 박으랴?
- 가이사(로마 황제) 외에는 우리에게 왕이 없나이다.

로마 총독 빌라도가 드디어 예수를 십자가에 못 박도록 군인들에게 명령을 내렸다.

성경대로 십자가에

로마 군인들이 예수를 끌고 골고다(해골이라는 말)라는 곳에 이르러 거기서 그를 십자가에 못 박았다. 그때 다른 두 죄수도 예수의 십자가 좌우에 세우고 못을 박았다. 빌라도가 패를 써서 십자가 위에 붙이게 했다. 모든 사람이 읽을 수 있게, 히브리어와 로마 그리고 그리스 말로 쓴 팻말이었다. '나사렛 예수 유대인의 왕'

요한 사도는 십자가 사건을 회상하며 다른 복음서에는 나타나지 않았던 두 가지 얘기를 더 추가했다. 하나는 십자가의 죽음을 예고했던 성경 말씀을 찾아서 골고다 현장에서 예수에게 일어났던 일을 일일이 대조하며 설명했던 일이다. 다른 하나는 예수가 요한에게 남긴 특별한 유언이었다.

예수의 유언

십자가에 매달려 마지막 고통을 겪고 있던 예수가 자기의 어머니와 사랑하는 제자, 요한이 곁에 서 있는 것을 보고 자기 어머니에게 "여자여, 보소서! 아들입니다" 그리고 요한에게는 "네 어머니이다"라는 말을 유언으로 남겼다. (19: 25~27) 그때부터 요한은 예수의 어머니를 친어머니로 알고 자기 집에 모셨다. 예수가 이 땅에서 마지막으로 따뜻한 인정을 가지고 그의 어머니에게 효심을 베풀었던 일이다. 예수는 하나님의 아들이었지만 그를 낳고 키운 어머니라는 가정의 중심을 존중했고, 그가 떠나면서 사랑했던 제자에게 후사를 부탁했던 것이다. 그는 하나님의 아들이면서 당시에 살던 전형적인 유대인의 육신과 마음도 함께 가진 사람이었다.

요한의 신앙과 인격

사람의 장담이나 약속은 무너지기 쉽다. 일정한 시간이 지나면 장담이나 약속은 소멸하고 사람들은 그것을 전혀 이상하게 생각하지 않는다. 요한은 십자가의 예수가 그를 낳은 생모의 여생을 자신에게 맡겼던 요청에 따라 그녀를 자신의 친어머니로 모시고 죽을 때까지 평생 동안 돌보았다. 요한의 인격과 신앙이 돋보이는 장면이고 증거였다. 요한은 예수의 유언을 그에게 주어진 제1의 사명으로 주저 없이 받아들였던 것이다. 젊은 요한이 예수의 깊은 사려를 이해했고 끝까지 사람의 도리를 다했던 것이다. 모든 예수의 제자는 예수를 구주로 영접하는 순간 그가 제자들에게 주었던 "아버지께서 나를 보내신 것같이 나도 너희를 보내노라"는 사명을 받는다. 요한은 첫째 사명을 다 마친 후에는 다시 제자의 본 사명으로 돌아가 죽기까지 그것을 완주했던 사람이 되었다.

요한의 자전적 고백

예수가 숨을 거두기 전에 그가 사랑했던 제자 요한에게 주었던 유언(마지막 명령)은 예수의 일생을 기록했던 4복음서 가운데 유일하게 〈요한복음〉만이 전하고 있는 말씀이다. 다른 복음서의 기록자들이 이 사건을 기록하지 않은 이유는 그들이 예수의 십자가 죽음의 현장에 있지 않았기 때문이라고 볼 수도 있고, 또 제자들이 한사코 보호하려고 했던 마리아의 보안 문제를 고려해서 기록을 피했다고도 볼 수 있다. 의문은 여러 가지로 해석할 수 있지만, 그 가운데 다른 이유는 요한 사도가 성경을 기록할 당시에 특별한 의도가 있었기 때문이다. 당시 70세가 넘은 요한이 자신의 인생을 회고할 때, 젊은 나이에 예루살렘을 떠난 후 40년 가까운 긴 세월이 지났고 그 동안 복음 전도의 일선에 전혀 나서지 않고 침묵으로 일관하며 은둔의 사도로 그의 생애 대부분을 보냈던 이유를 해명하는 일종의 자전적 고백으로 이 사건을 기록했다고 볼 수 있다.

십자가 현장에 있던 여자들 (19:25)

요한은 예수가 십자가에 달려 고통을 받고 있을 때 그의 곁에 있었던 사람들을 각기 이름을 들어 소개했다. 제자들 가운데는 오직 〈요한복음〉의 기록자였던 요한 사도만 그 자리에 있었다. 지금까지 예수를 추종하며 가르침을 받았던 여러 제자들의 모습이 요한이 전한 성경에는 아무도 나타나지 않았다. 누구든지 그 자리에 있었다면 당연히 요한이 기록했을 것이지만, 그들은 예수의 체포와 전격적인 처형에 크게 두려움을 느끼고 몸을 숨기고 있었다.

십자가 곁에는 네 사람의 여자가 예수의 끔찍한 임종을 시종 목도했다. 갈릴리에서 올라온 여자들은 '예수의 육신적 어머니인 마리아와, 그 이모와 글로바의 아내 마리아와 막달라 마리아(his mother, his mother's sister, Mary the wife of Clopas, and Mary Magdalene)'라고 요한이 기록했다.

'그 이모'는 누구인가?

네 사람 가운데 아직까지 확실히 밝히지 못한 한 궁금한 인물이 있다. 성경이 이곳에 기록한 '이모(His mother's sister)'가 정확하게 누구인지에 대한 이견이 오래전부터 있었다. 일반적인 견해는 영어 성경(NIV)이 해석했던 것 같이 '이모'는 예수의 어머니 마리아의 자매로서 세베대의 두 형제 야고보와 요한의 어머니인 살로메(Salome)라는 것이다.

한편 2세기 교부들 가운데 일부는 '글로바의 아내 마리아'가 예수의 이모라고 주장하며 예수의 십자가 곁에는 세 여자가 있었다고 주장했다. 성경을 기록할 당시에는 오늘날과 같은 마침표나 문장 부호가 없었다. 글을 아무 부호도 사용하지 않고 정확한 띄어쓰기조차 없이 기록했기 때문에 혼선이 생겼던 것이다. '이모'는 그 뒤에 있는 글로바의 아내인 마리아와 동일 인물이라고 주장할 수도 있었다.

전승에 따르면, 글로바는 동정녀 마리아의 남편이었던 요셉의 동생이었고, 이런 이유로 그의 부인은 마리아의 동생뻘이 된다는 주장이었다. 그러나 '이모'가 요한의 어머니인 '살로메'라는 주장은 다른 복음서에서 십자가 곁에 있던 여자들 가운데 '살로메'가 확실히 있었다는 기록을 고려하면 그 자리에 네 사람의 여자가 있었고, 그 가운데 요한의 어머니인 '살로메'가 있었고 그가 예수의 이모라는 주장이 자연스럽다(참조: 막 15:40, 마 27:56).

장례 그리고 무덤 속에 든 예수

아리마대(Arimathea) 사람으로 예수의 제자였으나 유대인이 두려워 드러내지 못하고 숨어서 사태를 주시하던 요셉(Joseph)이라는 부자가 그날 오후에 빌라도를 찾아가서 예수의 시체를 자기에게 내주기를 요청했다. 빌라도는 예수가 죽은 것을 확인하고 시체를 내주었다. 밤에 예수를 몰래 찾아왔던 니고데모도 몰약과 침향 섞은 것을 가지고 와서 요셉과 함께 시체를 수습해서 그곳 정원 안에 있던 새 무덤에 유대인의 관습대로 장사를 지냈다. 이날은 금요일로 안식일 전 유대인의 준비일(the day of Preparation)이었다.

한편 예수의 십자가 처형으로 가장 위험을 느끼고 두려워 떨던 사람은 역시 그를 따랐던 제자들이었다. 그들은 예수의 처형을 보고 모두 잡히면 죽는다는 생명의 위험 앞에서 현장에서 멀찍이 달아나 숨었다. 예수가 공생애를 시작하고 나서 3년이 넘는 시간을 함께 기거하며 가르쳤던 그의 제자들은 정작 예수가 죽고 나서는, 기백도 용기도 잃은 채 그의 장례를 돕거나 무덤에 갈 엄두도 못 냈다. 요한 사도는 제자들의 동정을 아무 설명도 없이 생략하며 단지 두 유대인 지도자들이 나타나 예수의 시체를 수습하고 치렀던 장례 모습을 전했다.

십자가의 증인 요한

요한은 예수가 십자가에 매달려 죽는 장면을 처음부터 숨을 거둘 때까지 직접 목격했던 증인이었다. 갈릴리에서 예수를 따라 예루살렘에서 왔던 여러 여자들도 요한과 함께 십자가 현장에서 예수의 임종을 지켜보았다. 요한은 다른 복음서에서 기록되지 아니했던 예수의 사망 현장과 그 후 유대인 지도자들이던 아리마데 사람 요셉과 니고데모가 나타나 시체를 수습해서 장례까지 치렀던 얘기를 생생하게 기록했다. 그는 로마 군인이 예수의 사망을 확인하기 위해서 다리를 꺾는 대신 예수가 이미 숨을 거두었던 까닭에 창으로 그의 허리를 찔러서 피와 물이 쏟아졌던 사실을 증거했다. 그리고 이 사실을 오래전에 예언했던 "그 뼈가 하나도 꺾이지 아니하리라"(시 34:20)라는 말씀과 "그들이 그 찌른 자를 보리라"(슥 12:10)라는 성경 말씀이 성취되었다고 확인했다. 요한의 정확한 기억과 그리고 예언의 성취를 다시 확인하는 기록이었다.

성경(19:25~27)에 숨겨진 비밀 두 가지

요한 사도의 가족 얘기

예수와 요한의 가정

십자가 곁에서 예수의 임종을 지켜 보았던 여자가 넷이고 그 가운데 요한 사도의 어머니가 있었다는 얘기를 위에서 길게 설명한 이유는 요한의 집안과 예수의 집안이 전혀 모르는 사이가 아니라 친척 관계라는 점이 이곳에서 밝혀졌다는 점이다. 그것이 사실이면, 성경이 언급하지 않은 요한 사도의 성장이나 성격 그리고 어떻게 젊은 시절을 보냈는지에 대한 상당한 실마리가 풀릴 수 있기 때문이다.

예수의 가정은 또한 세례 요한의 출생 가정과도 친척 관계에 있었다는 사실이 다른 복음서인 누가복음에 나타났다. 그렇다면 예수의 가정을 중심으로 요한의 가정과 세례 요한의 가정이 친척 관계가 된다고 복음서는 증거를 한 셈이다. 이들 가정이 어떤 친족 관계인지 또 당시에 얼마나 친근하게 지냈는지 성경은 전혀 밝히고 있지 않지만 적어도 평범한 사이는 아니라는 점이다.

세베대와 두 아들

성경이 전하고 있는 요한의 가정은 상당히 유복했고, 그의 아버지 세베대는 당시 그 지역에서 잘 알려진 바리새인으로 집에 여러 척의 배와 다수의 하인들을 거느리고 수산업을 경영하던 집안이었다. 갈릴리 호수 지방은 호수에서 물고기를 잡아 팔던 사업이 대표적인 산업으로 갈릴리 지역뿐만 아니라 유대 예루살렘성에까지 각종 수산물을 공급했다. 세베대의 집안은 원래는 갈릴리 벳세다 출신이지만 그리스 로마 군인들이 들어와 신흥 도시가 된 가버나움으로 옮겨 그곳에 근거를 둔 수산업으로 상당한 부를 누렸다. 세베대 가정의 영향력은 예루살렘성의 대제사장 안나스와 그 수하 사람들까지 알고 친교를 나눌 정도였다(요 18:13~16).

세베대의 두 아들은 어릴 때부터 이런 부유한 가정과 바리새인의 전통 속에 자랐다. 두 아들의 급하고 교만한 성격을 알고 예수가 이들 형제에게 '우레의 아들(Boanerge)'이라는 별명을 지어준 이유가 이것이었을 것이다.(막 3:17) 실제로 성경은 두 형제의 이런 모습을 전하고 있다. 예수가 자신이 당할 고통스런 십자가 사건을 제자들에게 설명하고 난 후였다. 두 제자는 곧 예수 앞에 나가 예수가 (세상) 영광을 받을 때 자신들에게 다른 제자들과는 다른 특별한 지위를 요구했다.(막 10:35~37) 성경은 또 두 아들의 어머니인 살로메 역시 그동안 부잣집 안방 마님으로 밑에 사람을 부리며 누렸던 교만한 모습을 유감없이 나타내는 요구를 예수께 들이댔던 사건을 기록하고 있다.(마 20:20, 23)

요한과 베드로의 가정

베드로는 갈릴리 호수에서 이름이 났던 늠름한 어부였다. 가버나움에 자신의 배와 큰 집을 소유할 만큼 잘 살았던 어부였다. 그러나 어업의 규모나 재력에는 요한의 집안과는 비교가 안 되는 집안이었다. 오히려 베드로는 요한의 아버지 세베대의 영향력 아래에 있었다고 볼 수 있다. 세베대는 바리새인으로 예루살렘성의 대제사장과 교분이 있을 만큼 영향력을 행사하던 사람이었다. 일부 후세 교부들이 지적했듯이 그가 제사장 가문이었을 것이라든지 또는 현지에 있던 유대인 회당에서 성경을 가르치던 바리새인들 가운데 유력한 사람이었을 것이다. 그는 적어도 연장자로 두 아들과 함께 물고기를 잡고 사는 베드로를 자식처럼 혹은 함께 어업을 하던 어린 동업자로 취급했을 것 같다.

두 가정에 대한 예수의 태도

예수는 겉으로 드러난 요한의 큰 집보다는 베드로의 집을 방문하고 사역의 중심지로 늘 애용했다. 예수는 어느 날 베드로의 집을 방문했다가 그의 장모가 열병으로 고생하는 것을 알고 병을 고쳐주었다. 그 바람에 베드로의 장모와 부인은 일어나서 정성껏 예수와 제자들(야고보와 요한 등)이 먹을 밥상을 준비했다고 성경은 전했다.(막 1: 29) 이후에도 예수는 가버나움에 오면 베드로의 집에 기거하며 찾아오는 많은 병자들을 고쳤다고 성경은 전하고 있다. 베드로의 장모와 베드로의 부인이 수고를 많이 했을 것이지만, 분명한 것은 그들이 예수가 베드로를 무리 가운데서 으뜸으로 여기는 것을 알았고 그래서 섬기는 것을 즐겁게 행했던 것 같다. 성경에는 자세한 얘기가 없지만 예수는 바리새인이던 세베대와는 사이가 원만치 못했거나 초기에는 급한 성격이 눈에 띠던 세베대의 두 아들보다는 순박한 베드로를 편하게 여겼던 것 같다. 성경에는 예수가 가버나움에 있는 세베대의 집에 갔다는 얘기가 없다. 그가 베드로의 집에는 여러 번 갔다는 얘기와 비교가 된다.

측근 제자들(Apostles of Inner Circle)

예수는 베드로와 세베대의 두 아들 야고보와 요한을 특별히 뽑아 측근 제자 (Inner Circle)로 세우고 가까이 했다. 예수는 무슨 일을 하든 이들 세 제자를 대동했고 변화산이나 감람산에서 기도할 때나 중요한 시기에는 다른 제자들을 제쳐두고 이들 세 제자만 동행을 허락했다. 가버나움에 살던 이들 세 어부는 갈릴리 호수에서 물고기를 잡던 동업자로 12제자 가운데 제일 먼저 선택을 받았고 예수가 떠나고 난 후 초대교회를 세우고 예수 그리스도를 증거하고 말씀을 전파하는 중요한 사역을 맡았던 제자들이었다. 베드로는 언제나 제자들의 지도자로 나섰고 요한은 그를 돕는 젊은 동역자였다.

글로바의 아내 마리아

　글로바의 아내 마리아(Mary, the wife of Clopas)는 작은 야고보와 요셉의 어머니 (Mother of James the Younger and Joseph)로서 성경에 별다른 설명이 없이 십자가 옆에서 예수를 지켜보았던 여자로 갈릴리 지방에서 예수를 좇아 예루살렘에 올라 왔던 여자들 가운데 한 사람이었다.(막 15:40, 마 27:56) 남편인 글로바에 대한 것도 별로 알려진 것이 없다. 단지 2세기 교부들의 글에 의하면 그는 동정녀 마리아의 남편 요셉의 동생이라고 했다. 그렇다면 글로바의 아내 마리아는 예수의 이모가 된다고 볼 수 있다. 그들의 두 아들도 예수의 제자로 끝까지 복음을 전하다가 순교했다.

예수의 어머니 마리아

　예수는 임종을 앞두고 아들로서 자신을 낳은 육신의 어머니를 사랑하는 제자에게 부탁했다. 예수는 야고보와 유다를 비롯해서 육신의 형제자매들이 있었다. 그럼에도 불구하고 그는 십자가에 매달려 고통을 당하던 중에도 자신의 어머니를 그가 사랑했던 제자에게 어머니로 모실 것을 부탁했다. 예수는 요한에 대한 사랑과 신뢰가 깊었던 까닭에 자신의 형제들이 있지만 요한에게 자신의 어머니를 맡겼다. 예수의 형제들은 그때까지도 예수가 하나님의 아들이라고 믿지 않고 있었다. 예수는 믿지 아니하는 형제보다는 사랑하는 제자를 택했던 것이다. 그의 어머니 마리아는 남은 생애를 요한의 헌신으로 안전하게 지내다가 소아시아 에베소 지역에서 선종했다. 요한은 그곳 산 중턱에 마리아를 장사 지냈고 그 무덤이 지금도 그곳에 남아 있다.

유언으로 바뀐 요한의 일생

예수 그리스도의 일생을 그의 복음을 중심으로 기록한 성경은 4권이 있다. 앞에서 이를 〈4복음서〉라고 설명했다. 그 가운데 〈요한복음〉에서만 전하는 예수에 관한 말씀이나 사건들이 있다. 그것 가운데 하나가 바로 예수가 십자가에 매달려 마지막 고통을 당하던 때 곁에 있던 여자들과 요한에게 부탁한 말씀을 기록한 부분이다. 이곳에서 요한 사도는 운명하기 직전 예수 그리스도가 그에게 준 유언, 곧 특별한 사명을 받았다. 그 이후 요한은 완전히 새로운 사람이 되어 이름이나 출신을 숨기고 철저히 다른 사람이 되어 초대교회에서 사라졌다. 그에 관한 기록이 또한 다른 성경에 전혀 나타나지 않았던 이유였다. 초대교회가 숨겼던 반세기에 걸친 비밀이었다.

변신, 사도에서 평범한 유대인 아들

젊은 요한은 그때부터 마리아를 자신의 집에 모시고 평생을 그녀의 충직한 아들로 살았다. 요한은 자신에게 주었던 예수의 마지막 유언을 예수가 그에게 주었던 특별한 사명이라고 믿었다. 그는 마리아가 세상을 떠날 때까지 순박한 아들로 어머니의 안전과 건강과 편안함을 위해서 무엇이든 감수하며 살았다. 그의 모든 관심사는 어머니 마리아를 세상에서 철저하게 숨기고 안전한 곳으로 옮겨 살도록 하는 사명을 맡아서 끝까지 수행했다. 요한을 측근 사도에서 어머니를 보살피는 한 평범한 아들로 바꾼 사건이었다(측근 사도는 베드로, 요한 그리고 야고보를 지칭하는 말로 예수가 공생애 기간 어디를 가든 함께 대동하고 가르쳤던 중요 제자들을 말한다).

그는 이름도 출신도 바꾸고 완전히 딴 사람이 되어 초대교회라는 역사적 무대에서 사라졌다. 요한의 모습이 예루살렘성을 떠나서는 전혀 성경에

나 어디에도 나타나지 않았던 중요한 이유였다. 그러나 초대교회의 수장 격이던 사도 베드로는 이를 알고 그리고 승인하고 비밀을 끝까지 지켰다.

예수 그리스도의 부활

부활의 주일, 새 아침이 온 누리에 밝았다.

부활의 증인들이 예수 그리스도의 살아나심을 기쁨으로 전하다

(유대인의 안식일은 토요일이었고

그다음날 예수가 부활했던 날이 주일, Lord's Day이다)

주일 첫 새벽,
무덤을 찾아간 여인들

　예수를 무덤에 장사했던 금요일 그리고 유대인의 안식일이던 토요일 밤이 지나기를 기다리다가 주일 이른 새벽에 무덤을 제일 먼저 찾아갔던 사람들은 사도들이 아니었다. 막달라 마리아가 첫 번째로 갔고 그 뒤를 이어 예수를 따라 갈릴리 지역에서 예루살렘성에 올라온 여자들이 갔다. 요한은 주일 새벽 아직도 어둠이 짙을 때 막달라 마리아가 무덤에 가서 무덤을 막고 있던 입구 돌이 옮겨진 것을 보고서, 곧장 베드로와 복음서의 기록자인 자신(요한)에게 달려와서 사람들이 예수의 시체를 어디로 옮겼다는 놀라운 소식을 전했다고 기록했다.

　그는 현장에 있던 당사자로 또 산증인으로 당시의 사건을 생생하게 기억했다. 여자들의 다급한 말을 듣고 베드로와 다른 제자(요한)가 곧 무덤으로 달려갔다. 베드로(30대 중반)에 비해서 훨씬 젊었던(20대 초) 요한이 무덤에 먼저 도착해서 입구를 막고 있던 돌이 옮겨졌고 그 안에 시체를 감쌌던 세마포 수의가 얌전하게 개켜 있는 것을 보았다. 그는 혼자 안으로 들어가지 않고 잠시 밖에서 베드로의 도착을 기다렸다.

　베드로는 나중에 무덤에 도착해서 곧 안으로 들어갔다. 무덤 안에는 세마포와 함께 머리를 쌌던 수건은 세마포와 함께 놓이지 않고 딴 곳에 머리를 쌌던 자국이 있는 그대로 놓여 있었다. 그제야 무덤에 먼저 도착했던 다른 제자(요한)도 들어가 보고 마리아의 말이 맞는 것을 확인했다고 요한 자신이 겪었던 일을 상세하게 복음서에 기록했다.

　요한은 이때 놀라운 고백을 슬며시 기록했다. 그와 베드로는 그때까지도 성경에서 예수가 죽은 자 가운데서 다시 살아나야 하리라는 말씀을 알지 못했다고 고백했다.(시16: 10, 11)

막달라 마리아와 제자들에게 나타난 예수 그리스도

두 제자가 무덤을 떠나 이런 사건이 어떻게 일어났는지를 의심하며 집으로 돌아갔다. 그러나 무덤에 제일 먼저 달려 갔던 막달라 마리아는 그곳을 떠나지 않고 눈물을 흘리며 계속 큰 소리로 울며 예수의 시체를 찾았다. 한참 만에 그녀가 무덤 안을 들여다보았을 때 흰옷을 입은 두 천사가 예수의 시체가 뉘였던 곳에 하나는 머리 편에, 하나는 발 편에 앉아 있는 것을 보았다.

천사들이 놀란 그녀에게 물었다.

- 여자여, 어찌하여 울고 있느냐?
- 사람들이 내 주님을 옮겨다가 어디 두었는지 내가 알지 못해서입니다.

막달라 마리아는 이 말을 하고 뒤로 돌이켜 예수가 서 있는 것을 보았으나, 그가 예수인 것을 알지 못했다. 예수가 그녀에게 물었다.

- 여자여, 어찌하여 우는 것이며 누구를 찾느냐?
- 주여, 당신이 옮겼거든 어디 두었는지 내게 이르소서! 그리하면 내가

가져 가리이다.

마리아는 자신에게 말을 건 그가 동산지기(gardener)인 줄 알고 물었던 것이다. 그러나 평소 익숙했던 목소리가 다시 그녀의 이름을 불렀다.

– 마리아야!

그제야 마리아는 그가 부활한 예수임을 알고 급히 랍오니(선생님이라는 히브리 말) 하고 평소의 호칭으로 부르며 자신도 모르게 그에게 달려갔다. 예수가 급히 마리아를 손으로 제지하며 말했다.

– 나를 붙들지 말아라! 내가 아직 아버지께로 올라가지 아니했노라. 너는 내 형제들에게 가서 내가 내 아버지 곧 너희 아버지, 내 하나님 곧 너희 하나님께로 올라간다고 전하라.

부활했던 예수가 막달라 마리아에게 처음으로 부활의 모습을 보였던 사건이다. 예수는 격정을 이기지 못하고 황급히 그에게 달려드는 마리아를 일단 제지했다. 요한은 역사적인 장면에 나타났던 마리아의 감동과 예수의 모습을 독자에게 큰 여백으로 남겨두었다.

부활한 예수가 제자들에게 처음 나타나다

이날 곧 안식일을 지내고 첫날 저녁, 제자들이 유대인들을 두려워해서 문들을 닫고 모여 있을 때였다. 부활한 예수가 갑작스레 그들 가운데 자신을 나타내었다. 그리고 제자들에게 평안을 전하고 주의 명령을 전했다.

- 너희에게 평강이 있을지어다. 아버지께서 나를 보내신 것 같이 나도 너희를 보내노라.

제자들이 말씀하는 예수를 보고 꿈인지 생시인지 구분을 못하고 어리둥절할 때, 예수가 다시 그들을 향하여 숨을 내쉬며 선포했다.

- 성령을 받으라! 너희가 누구의 죄든지 사하면 사하여질 것이요 누구의 죄든지 그대로 두면 그대로 있으리라.

성경은 다시 한 번 독자들에게 큰 여백을 남겨 그날 밤 제자들이 느꼈을 당황과 기쁨과 안심을 전하고 있다.

예수가 두 번째로 제자들에게 나타내다

디두모라고 불리던 예수의 제자 도마는 마침 그 자리에 없었다. 그가 후에 예수가 부활해서 제자들 앞에 나타났다는 얘기를 다른 제자들에게서 들었다. 그는 그들의 말을 믿지 못하고 심히 볼멘 소리를 냈다.

- 내가 예수의 손에 난 못 자국을 보며 내 손가락을 그 못 자국에 넣고, 내 손을 창에 찔린 그의 옆구리에 넣어 보지 않고는 믿지 않겠노라.

그때로부터 일주일이 지나서 제자들이 문을 걸어 닫고 집 안에 있을 때 예수가 두 번째 제자들을 찾아왔다.

- 너희에게 평강이 있을지어다.

(그리고 도마를 보고)

네 손 가락을 이리 내밀어 내 손을 보고 네 손을 내밀어 내 옆구리에 넣어 보라, 그리하여 믿음 없는 자가 되지 말고 믿는 자가 되거라!

이제야 도마가 황급히 무릎을 꿇고 자신의 완고한 마음을 사죄하며 고백했다.

- 선생님은 나의 주님이요 나의 하나님이십니다.
- 너는 나를 본 고로 믿느냐? 보지 못하고 믿는 자들은 복되도다.

복음서의 기록 목적

요한 사도는 여기까지 예수가 부활해서 제자들에게 자신의 모습을 나타냈던 두 사건을 기록하고 다른 여러 사건들도 있다고 증거했다. 그리고 그는 이 복음서를 쓰게 된 목적을 분명하게 세상에 밝힌다고 기록했다. "이것을 기록함은 너희로 예수께서 하나님의 아들 그리스도(구세주)이심을 믿게 하려 하심이요 또 너희가 믿고 그 이름을 힘입어 생명을 얻게 하려 함이라"

요한은 예수의 제자로 그리고 늘 그와 함께 살았던 증인으로 예수의 본질을 규명해서 이를 믿는 자들이 예수의 이름으로 참 생명을 얻게 하려는 것이라고 선포했다. 그가 시종 증거하려고 했던 사실은 예수라는 인간 속에 감춰진 본질이 그가 하나님의 아들이고 이 세상을 구원하러 온 메시야였다는 것이다. 또 예수는 하나님의 분신이고 그 이전, 태초부터 하나님과 함께 있었던 '말씀'이라는 형태의 하나님임을 증명하기 위해서 복음서를 기록했다는 뜻이었다.

열일곱째 에피소드

갈릴리 해변에서 제자들을 기다린 예수 그리스도

사랑으로 제자들을 부르고

사랑으로 지도자를 선택하고 사랑으로 사명을 이루는 것이

기독교의 행동 강령이 되었다.

갈릴리 해변에서 세 번째로 제자들 앞에 나타난 예수와 제자들의 만남은 역사적인 중요성이 있는 사건이었다. 예수가 뿌린 복음의 씨앗인 교회를 그가 떠난 후 이끌어갈 첫 지도자를 지명했던 사건이었다. 오늘날 교회의 지도자는 성도들이 선출하는 것이 일반적인 관행이지만 그 실질 내용은 하나님이 지명하는 것이다. 성도들에 의한 지도자의 선출은 형식상 그리스도 안에서 지도자에 대한 순종과 권위를 상징하는 양면이 있다.

요한이 복음서 21장에 기록한 갈릴리 사건은 예수가 고난을 당하고 교회가 자칫 지상에서 사라질 그런 위험했던 때 일어났던 사건이다. 부활한 예수는 갈릴리 해변으로 그의 제자들을 불렀다. 예수의 부름을 받고 가룟 유다가 빠진 11명의 사도 가운데 베드로와 요한을 비롯해서 7명만이 예루살렘에서 갈릴리로 내려갔다. 예수를 막연히 기다리던 그들은 무엇을 해야 좋을지 알지를 못하고 베드로를 따라서 갈릴리 호수에서 이전같이 배를 타고 고기잡이를 나갔다. 그들은 밤을 지새우며 노력을 했지만 고기는 구경도 못하고 날이 새었다. 그들은 예수가 불렀던 사도의 직분도 잊었고 그전에 행했던 어부도 아닌 목표를 잃은 어정쩡한 제자들이 되고 말았다. 예수가 이런 패잔병 같은 제자들에게 새로운 명령을 주고 그것을 이끌어갈 제자를 지명하고 지도자에게 그리스도의 권위를 부여하고 다른 제자들에게는 순종을 명했던 사건이 바로 그날 갈릴리 해변에서 일어난 에피소드이다.

갈릴리 호수 해변의 만남

예수의 무덤을 안식일 후 첫날 새벽 처음으로 찾아갔던 사람들은 갈릴리에서 예수를 따라왔던 여자들이었다. 막달라 마리아가 무덤을 막았던 큰 돌이 옮겨진 것을 보고 놀라서 무덤을 지키며 울고 있을 때, 하얀 옷을 입은 청년(천사)을 만났고 그를 통해서 예수가 부활했다는 소식을 들었다. 또 천사는 예수가 그들보다 먼저 갈릴리 호수로 내려가서 그곳에서 제자들을 기다리겠다는 말을 제자들에게 전하라는 부탁을 했다.(막 16: 1~7)

제자들이 곧 예루살렘을 떠나 갈릴리 호수로 갔다. 이보다 앞서 요한은 두 번이나 예루살렘에서 예수가 제자들에게 나타났던 사건을 그의 복음서에 기록했었다. 요한의 순서를 따르면 부활했던 예수가 세 번째로 제자들을 갈릴리 호수 해안에 있던 작은 언덕에서 만났던 것이다. 그는 이른 아침 해변가에서 아침 식탁을 차려놓고 밤새 호수로 고기잡이를 나갔던 제자들이 돌아오기를 기다렸다.

제자들의 헛수고

형제들 가운데 맏형 격인 베드로가 물고기를 잡으러 가겠다는 말에 다른 형제들이 이구동성으로 '우리도 함께 가겠다'고 따라나섰다. 그들이 그날 밤이 새도록 그물을 던졌으나 물고기는 한 마리도 잡지 못하고 날은 새었다. 그 무렵 예수는 빈 손으로 돌아오는 지친 제자들을 위해서 해변 언덕에서 떡을 굽고 물고기도 구워 놓고 아침상을 준비했다. 그가 바닷가에 서서 제자들을 기다렸지만, 제자들은 처음에는 예수를 알아보지 못했다.

물고기 153마리의 기적

배가 해안에 접근할 때 예수가 제자들에게 물었다.

- 얘들아, 너희에게 고기가 있느냐?
- 없는데요.
- 그물을 배 오른편으로 던져라! 고기를 잡으리라.

바닷가에 서 있던 한 남자가 고기잡이로 뼈가 굵은 어부들에게 그물을 던지라고 했던 말은 정말 뜬금없는 명령이었다. 그 밤에 물고기 한 마리도 잡지 못했던 제자들이 반신반의하면서 마지못해 그물을 배 오른편으로 던졌을 때 놀라운 일이 벌어졌다. 그들은 물고기가 많아 그물을 들 수가 없었다. 예수가 사랑하는 그 제자, 그들 가운데 제일 어렸던 요한이 말씀하는 이가 예수임을 제일 먼저 알아보고 "주님이세요"라고 베드로에게 알려 주었다. 베드로는 급히 겉옷을 두른 후에 바다로 뛰어 내렸다(기록자였던 요한은 베드로가 겉옷을 벗고 있던 당시의 옷매무새까지 기억했다). 다른 제자들도 작은 배를 타고 육지에서 오십 칸쯤 되는 거리를 물고기가 가득 든 그물을 끌고 육지까지 왔다. 육지에는 예수가 미리 준비했던 숯불이 있고 그 위에 먹음직스런 생선과 떡이 있었다.

예수가 다시 그들에게 말했다.

- 지금 잡은 생선을 좀 가져오너라.

시몬 베드로가 올라가서 그물을 육지에 끌어 올렸다. 그물에 가득 찬 큰 물고기가 백쉰세 마리였다고 요한은 50년이 지났지만 또 정확하게 숫자를 기억했고, 그래도 그물이 찢어지지 않았다고 생생하게 그날을 회상했다(153이라는 숫자를 두고 많은 학자들이 여러 신비한 주장을 폈지만 확실한 것은 그렇게 많은 고기를 잡았다는 기적에 가까운 사실과 요한이 정확하게 숫자를 기억했다는 점이다).

예수가 다시 제자들을 불렀다.

— 이리 와서 조반을 먹으라!

이 말씀을 하고 예수는 가서 떡을 가져다가 그들에게 주고 생선도 그와 같이했다. 제자들이 주님인 줄을 아는 까닭에 아무도 누구냐고 감히 묻는 자가 없었다. 요한은 이것이 예수가 죽은 자 가운데서 살아나신 후에 세 번째로 제자들에게 나타난 사건이라고 기록했다.

내 양을 먹이라

제자들이 아침밥을 먹은 후에 예수가 시몬 베드로를 따로 불렀다. 요한이 두 사람의 긴 대화를 생생하게 기록했다. 그가 예수의 측근 제자(Inner Circle)로 이때도 두 사람의 대화를 들을 수 있는 거리에 있었던 것이 틀림없었다.

첫 대화였다.

— 요한의 아들 시몬아, 네가 이 사람들보다 나를 더 사랑하느냐(Simon, son

of John, do you truly love me more than these)?

- 주님, 그러하나이다. 내가 주님을 사랑하는 줄을 주님께서 아시나이다
  (Yes, Lord, you know that I love you).

- 내 어린양을 먹이라(Feed my lambs)!

둘째 대화였다.

- 요한의 아들 시몬아! 네가 나를 사랑하느냐?
- 주님, 그러하나이다. 내가 주님을 사랑하는 줄을 주님께서 아시나이다.
- 내 양을 치라(Take care of my sheep)!

셋째 대화였다.

- 요한의 아들 시몬아! 네가 나를 사랑하느냐?
- 주님은 모든 것을 압니다. 내가 주님을 사랑하는 줄을 주님께서 아시나
  이다(Lord, you know all things. You know that I love you)(세 번째, 네가 나를 사랑하
  느냐는 거듭하는 예수의 질문에 베드로가 근심하며 대답했다).

- 내 양을 먹이라(Feed my sheep)! 진실로 진실로 네가 젊어서는 스스로 띠
  를 매고 원하는 곳으로 다녔거니와 늙어서는 네 팔을 벌리리니 남이 네
  게 띠를 매고(억지로 구속해서라는 뜻) 원하지 아니하는 곳으로 데려가리라.
  (이 말씀을 한 것은 베드로가 어떤 죽음으로 하나님께 영광을 돌릴 것을 가리킴이라고 요
  한은 더 자세히 설명했다)

예수는 이 말씀을 하고 베드로에게 말했다.

- 나를 따르라(Follow me)!

요한도 가까운 거리에서 예수와 베드로의 대화를 듣고 있었다. 그도 예수의 뒤를 따라갔다. 베드로가 돌이켜 '예수가 사랑하는 제자' 요한도 따르는 것을 보고 예수에게 물었다. 요한은 '예수가 사랑하는 제자'는 다른 사람이 아니라 유월절 만찬 자리에서 예수의 품에 의지하여 "주님, 주님을 파는 자가 누구입니까" 묻던 요한 자신이라고 스스로 설명을 붙였다.

요한은 베드로에게는 막냇동생 같은 사람으로 늘 함께 주님을 따르며 무슨 일이나 예수와 동행했던 사람이었다. 베드로는 연장자로 그리고 다른 사도들을 대표하는 제자로 자타가 인정하는 사람이었지만 유독 예수의 사랑 앞에서는 요한이 자신보다 그의 사랑을 더 받는 것을 느꼈던 사람이다. 그것으로 베드로는 조금은 갈등을 느꼈을 법도 했다.

- 주님, 이 사람은 어떻게 되겠습니까?
- 내가 올 때까지 그를 머물게 하고자 할지라도 네게 무슨 상관이냐? 너는 나를 따르라(If I want him to remain alive until I return, what is it to you? You must follow me)!

예수의 말씀이 형제들에게 나가서 그 제자는 죽지 아니하겠다는 말이 퍼졌지만, 사실은 "예수가 요한을 오래 살려둔다 해도 그것이 너와 무슨 관계가 있겠느냐?"라는 비유의 말씀이었고 베드로에게는 "나를 따르라"(곧 앞으로 교회를 이끌라)라는 명령이었다고 요한이 설명했다. 그리고 〈요한복음〉을 기록한 제자가 바로 이 사람이고 복음서의 이런 사실을 증거한 사람이 요한 자신이고 증인이기 때문에 진실하다고 스스로 확인했다.

요한과 베드로의 특별한 관계

요한도 베드로에 대해서는 무한한 신뢰를 가졌던 사람이다. 베드로는 덩치 큰 어부로서 그들 형제와는 오랫동안 고기잡이를 함께했다. 동업자는 서로를 잘 안다. 그의 배움은 크지 않았지만 그는 심지가 굳고 순수한 마음의 소유자임을 누구보다 잘 알고 있었다. 예수가 그를 제자로 들이면서 거의 동시에 요한도 예수의 제자가 되어서 예수의 공생애 3년간을 거의 함께 숙식을 같이하며 지냈던 사이다. 단지 베드로의 성격 가운데 성급했던 것이 흠이었고 그래서 행하지도 못할 큰소리를 치다가 예수의 책망도 들었다. 베드로는 어부로서 반평생을 보냈기 때문에 외부 환경을 이해하거나 친숙하지 못했던 점도 있었다. 그러나 예수가 떠난 후, 그의 복음을 세상에 전파하고 그를 믿는 신앙을 이 땅에 뿌리내리는 일을 위해서, 교회를 세우고 제자들을 지도할 적임자는 베드로임을 요한도 알았다.

요한은 복음서 말미에 어느 면에서는 그와 경쟁 관계에 있었지만 그의 권위를 다른 누구보다 높여서 '예수의 양 무리'를 치고 먹이는 모든 일(교회의 질서)을 그에게 맡겼던 예수의 결정을 증인만이 가질 수 있는 세밀한 필치로 소개했던 것이다.

〈요한복음〉 21장에 대한 견해

요한 사도는 예수의 기적과 그가 행한 수많은 사건이 있지만 그것을 다 기록하지 않고 몇 가지만 선택해서 기록했다고 이미 밝혔다. 〈요한복음〉은 전부 8건의 기적을 기록했다. 다른 복음서가 18에서 20건(마태복음 20, 누가복음 20, 마가복음 18건)의 기적을 소개하고 있는 반면 요한은 8건의 기적만을 기록했으며, 그 가운데 5건의 기적은 다른 복음서에 전혀 기록되지 않은 사건이다. 그가 복음서를 기록하며 채택한 예수의 행적은 많은 기적과 사건들 가운데 일부이며, 자신의 선택과 생략은 복음서를 쓰게 된 목적을 성취하기 위해서 그렇게 선택했던 것이라고 이미 이유를 20장 말미에 밝혔다. 이것은 그의 복음서가 20장으로 끝났다는 증거였다.

당시 유일하게 살아남았던 요한이 다른 복음서에서는 나타나지 않은 한 사건을 21장에 기록한 사실은 분명히 특별한 목적이 있었다. 이런 이유로 기록자가 요한이 아니고 다른 사람이 후에 〈요한복음〉에 추가했다고 주장하는 학자도 있다. 그러나 21장 내용을 자세히 살펴보면 역시 요한 사도만이 기록할 수 있었던 내용으로 그가 〈요한복음〉을 1차로 기록한 뒤에 시간이 지나고 나서 21장을 추가했다고 보는 것이 일반적인 견해이다.

예루살렘
초대교회
시대

John the Apostle

초대교회의 태동

　예수의 승천으로 그의 복음 전파는 전적으로 제자들의 손에 맡겨졌다. 예수가 복음을 전파하며 앞장을 섰을 때는 제자들은 단지 보고 배우는 제자로서 그의 곁에 있었다. 그들은 가끔 예수의 명령으로 전도 팀을 만들어 여러 곳에 짧은 기간 파견되어 예수의 이름을 전하기는 했지만 역시 보조적 일을 했을 뿐이었다. 예수가 떠난 후 모든 것은 변했다. 지금부터는 "온 천하에 다니며 만민에게 복음을 전파하라"는 그의 지상 명령을 받은 제자들이 나설 차례였다. 예수가 뽑아서 그동안 가르쳤던 12제자들 중 가룟 유다가 빠진 가운데 11제자가 갈릴리에서 예수를 따라 올라왔던 여자들과 함께 예루살렘성에 머물고 있었다. 이들은 예수가 그들에게 약속했던 성령을 기다리며 복음 전파의 사명을 시작하기 위해서 숨을 고르며 기도에 열중했다.

　베드로는 이들의 지도자로 그 사명을 맡아야 했다. 그의 옆에는 예수가 사랑했고 그에게는 친동생과 같은 요한이 언제나 그림자처럼 함께했다. 예수의 모든 말씀을 잘 기억했던 요한은 필요할 때마다 그를 말씀으로 격려했고 함께 여러 일을 나누었다.

사도 바울을 수행했던 누가(Luke)라는 그리스 사람이 예수가 떠난 후 예루살렘에 세워진 초대교회의 탄생과 사도들의 모습을 전하는 역사책을 기록해서 후대에 전했다. 그는 베드로와 요한 사도가 중심이 되어 예루살렘 성 안에 세웠던 첫 교회가 어떻게 탄생했는지를 자세히 기록했다. 우리가 지금 〈사도행전〉이라고 부르는 성경책이다. 〈사도행전〉의 전반부는 예루살렘성에서 시작했던 초대교회의 성령 충만했던 모습과 그 이후 일어난 살인적인 핍박을 피해 성도들이 흩어져 가는 곳마다 어떻게 교회를 세우고 말씀을 전했던 사실을 그림처럼 전하고 있다.

〈사도행전〉의 시작

사도 베드로의 등장

예수가 부활해서 40일을 제자들과 함께 지내다가 승천하기 전에 그는 제자들에게 복음전파를 시작하기 전에 우선 성령이 그들에게 임할 때까지 기다리라고 명령했다. 베드로는 무리의 지도자로 성령의 강림을 기다리며 지내는 동안, 가룟 유다가 빠진 사도 자리에 '맛디아'라는 제자를 기도하며 선출해서 12명이라는 예수가 정한 '사도의 수'를 채웠다. 그들은 계속 마가의 다락방과 성전 안에서 예수가 인도했던 것같이 모여 기도에 전심 전력을 다하며 약속한 성령이 임하길 기다렸다.

12 사도의 명단

〈사도행전〉이라는 성경은 참석한 사도들의 명단을 다시 순서대로 기록했다. '베드로, 요한과 야고보, 안드레와 빌립, 도마와 바돌로매, 마태와 알

패오의 아들 야고보, 셀롯인 시몬, 야고보의 아들 유다 그리고 마지막으로 선출된 맛디아'로 모두 12명이었다.(1: 13, 26)

이곳에서 특이한 점은 '야고보와 요한' 형제가 사도 순서에서 형 아우의 위치가 아우 형의 순서로 바뀌었던 점이다. 지금까지 〈요한복음〉을 읽으며 성경에 나타난 형제의 순서는 늘 '야고보와 요한'이었지만 예수가 승천하고 베드로가 제자들의 지도자로 나서면서 12사도의 순서에서 형과 동생의 위치가 바뀌었던 것이다. 성경 기록에 나타난 여러 인물의 등장 순서는 그들의 서열을 나타내는 것임을 고려할 때 중요한 변화였다.

오순절 성령 강림

드디어 성령이 제자들이 모인 곳에 크게 임했다. 제자들이 성령의 감동을 받아 각국 방언을 말하기 시작했다. 여러 나라에 흩어져 살다가 예루살렘으로 명절을 보내기 위해 방문했던 유대인 디아스포라가 이들의 방언을 듣고 크게 놀랐다. 예수의 제자들이 자신들이 살다가 온 고장의 말로 예언하는 것을 들었던 것이다. 그들은 각국에서 유월절을 지내기 위해서 예루살렘에 올라왔던 사람들이다. 그러나 제자들은 그들이 살던 외국 땅의 말을 전혀 모르던 사람들이었다. 제자들이 갑자기 그들이 살던 외국 땅의 말로 방언하는 광경을 보고 놀란 나머지 그 이유를 알려고 했다.

베드로가 사도들과 일어나 이들에게 성령 강림을 알리며 제자들이 성령의 감동으로 각국 말로 방언을 한다고 설명하면서 십자가 사건의 진상을 선포했다. 그는 제자들을 감동시킨 성령은 유대인들이 죽였던 예수가 하늘에서 보낸 하나님의 신령한 영이라고 선포했다. 베드로는 유대인과 로마 군인들이 예수 그리스도를 죽였지만 그가 사망 권세를 이기고 삼일 만에 다시 살아났다고 말하며 그들이 부활한 예수를 만났던 증인들이라고 말했다.

베드로의 열띤 설교를 들었던 사람들이 제자들의 방언에 놀랐던 것보다 더 경악했다. 그들은 자신들이 예수의 처형에 동참했던 죄를 깨닫고 눈물로 회개하며 제자들에게 어떻게 하면 자신들의 죄를 용서받을 수 있나 물었다. 베드로가 더욱 담대하게 하나님의 은혜를 선포했다.

- 너희가 회개하며 각각 예수 그리스도의 이름으로 세례를 받고 죄 사함
   을 받으라! 그리하면 성령을 선물로 받으리니, 이 약속은 너희와 너희
   자녀와 모든 먼 데 사람 곧 주 우리 하나님이 얼마든지 부르시는 자들
   에게 하신 것이니라.

이날 베드로의 놀라운 설교를 듣고 3천 명이 세례를 받고 예수의 제자가 되었던 큰 역사가 일어났다. 엄청난 사건은 부활한 예수가 하늘로 떠난 후 10일이 지난 오순절 날에 일어났던 대 사건이었고 예루살렘성에 초대교회가 탄생했던 기독교 역사의 첫날이었다.

베드로와 요한의 공동 사역

이후 요한은 〈사도행전〉 8장까지 베드로의 그림자로 늘 그와 동행하며

예수를 증거하고 복음을 함께 전했다. 성경은 이후 여러 사건을 기록하며 언제나 '베드로와 요한' 두 사도를 주역으로 기록했다. 〈사도행전〉은 모든 사건이나 모임 가운데 베드로가 홀로 지도자로 나섰고 무슨 설교나 행동에서 베드로가 다른 제자들을 대표해서 말씀을 전하고 행사를 지도한 것으로 기록했다. 사도 요한은 베드로와 공동 사역 가운데 늘 침묵으로 일관했고 베드로의 그림자로 또 협력자로 뒤에 숨었다.

예루살렘의 핍박과 순교자들

초대교회가 성령 충만한 베드로와 요한의 인도로 수많은 유대인이 동참했고 상당한 수의 유대 지도자들까지 참여하며 계속 기세를 올리며 성장했다. 곧 유대 지도부가 긴장 속에 이들을 주시했다. 그들은 어떤 방법으로든 새로 일어나는 교회의 기세를 꺾고 따르는 성도들을 무력화시킬 방법을 찾았다. 그들은 서기 35년경 일곱 집사 가운데 한 사람인 스데반(Stephen) 집사가 그리스 출신 유대인 회당에서 언쟁에 휩싸였던 사건을 계기로 탄압을 시작했다. 그들은 우선 언쟁에 휘말린 성령 충만했던 스데반 집사를 거짓 증인까지 세워서 신성모독 죄로 몰아서 그를 돌로 쳐 죽였다. 이를 신호로 유대 지도부는 예수를 믿는 사람들을 집집마다 색출해서 핍박하기 시작했다.

서기 44년에는 유대 지역을 다스리던 헤롯(Herod Aggripa) 왕이 요한의 형인 야고보 사도를 체포하고 칼로 목을 쳐서 죽였던 순교 사건이 예루살렘 성에서 일어났다. 헤롯은 유대인들이 이를 기뻐하자 베드로마저 체포해서 죽이려고 들었다. 베드로는 체포당해서 감옥에 갇혔다. 그가 다음날 목이 잘려 죽음을 당할 판이었다. 그러나 베드로가 밤중에 나타난 천사의 도움으로 투옥당했던 감옥에서 신비롭게 풀려났다. 그는 당국의 추격이 두려워 예루살렘성과 유대 지역에서 곧 자취를 감추었다.

예루살렘 탈출과 북상 행렬

스데판 집사의 순교 사건은 유대 성전 지도자와 바리새인들의 핍박을 어렵게 견디던 초대교회에 큰 파장을 일으켰다. 이때부터 박해를 피해서 초대교회의 성도들이 대거 예루살렘성을 떠나 북상하며 여러 곳으로 흩어 지기 시작했다. 예루살렘 교회는 율법 준수에 엄했던 야고보 장로가 베드 로 사도를 대신해서 인도하기 시작했고 모든 활동은 지하로 숨기 시작했 다. 이 무렵 요한 사도도 베드로와 연락을 취하며 예루살렘성을 벗어나 갈 릴리 지역과 두로와 시돈을 거쳐서 북쪽 시리아 여러 도성으로 전전하기 시작했다.

베드로와 요한의 예루살렘 탈출

성경에서 요한 사도의 이름이 사라졌고 베드로가 단독으로 가이샤라 (Caesarea)에 있는 로마 군대의 백부장 고넬료(Cornelius)의 집을 방문해서 처 음으로 이방인에게 말씀을 전하고 세례를 베풀었던 사건을 기록했다. 이 시기를 시작으로 성경에서 요한의 행적은 총회 참석 차 바울 사도의 예루 살렘성 방문 때 잠시 그 이름이 등장했을 뿐 자취를 감추었다.(갈 2:9) 베드로도 예루살렘성을 벗어나 가이샤라 지방으로 이동해서 복음 전파를 계속하다가 서기 49/50년 첫 예루살렘 총회에 참석했던 사건을 끝으로 예루살렘 지역에서 모습을 드러내지 않았다.

요한 일행은 에베소라는 터키 서부 지방의 풍요로운 도시에 마침내 안착했다. 베드로 사도는 곧 로마로 떠났지만 연로했던 마리아의 건강을 생각하면 그들이 더 이상 움직이는 것은 누가 보아도 무리였다. 이것이 요한 일행이 에베소 시에 머물게 되었던 이유였다.

사도 시대와 요한 사도의 변화

세베대의 아들 야고보와 요한

요한은 어린 시절부터 형인 야고보와 함께 공부도 하고 물고기 잡는 어부로서 직업 교육도 같이 받았다. 〈4복음서〉는 이들 형제를 성경에 기록할 때 늘 형인 야고보를 앞에 두고 요한을 뒤에 두어 야고보가 자연스럽게 형으로 먼저 등장했다. 유대인 전통에 의하면 가정에서 장자는 특별한 지위를 가지고 있었다. 가산을 자식들에게 배분할 때 장자는 다른 형제보다 갑절의 상속을 받았고, 아버지가 죽거나 유고가 생겼을 때는 장자가 집안의 어른이 되었다. 이런 가부장 시대의 전통에 따라 요한은 늘 형인 야고보의 말을 경청했고 실제로 야고보는 나이만 더 많은 것이 아니라 성격도 남자답고 급해서 결단력이 있었다. 두 형제가 사도로 동시에 부름을 받았고 예수를 수종하며 그의 지도를 받았다.

〈4복음서〉는 이들 형제를 늘 '세베대의 아들 야고보와 요한'으로 기록했다. 그뿐만 아니라 예수는 제자들 가운데 베드로, 야고보와 요한 세 사도를 뽑아서 중요한 때마다 동행을 허락했고 예수의 기도 자리를 지키게 했다.

이들을 '측근 사도(Inner Circle)'라고 후인들이 이름을 붙였다. '측근 사도'의 위치는 늘 베드로, 야고보와 요한이었다.

형제의 위치가 바뀌다

세베대의 두 아들의 기록 순서가 바뀌는 일이 예수가 승천하고 난 후에 곧 벌어졌다. 즉 예수가 떠난 후 요한이 형의 모습에 가린 그림자 인생에서 벗어나 12사도 가운데 수장이던 베드로 사도 다음 자리를 형이었던 야고보를 제치고 얻게 되었던 것이다. 그가 유대인의 전통에 따라서 장자라는 야고보의 가부장적 위치에 가려졌던 인생에서 나와 자신의 자리를 찾았던 때였다. 그것도 초대교회의 모든 사람들이 인정했고 누구도 거부할 수 없는 베드로 사도 다음의 제2인자 자리에 올랐던 사실을 〈사도행전〉이라는 성경이 두 형제의 위치를 바꿈으로 사실을 인정했던 것이다.

3인의 측근 사도(Inner Circle)의 변화

예수가 부활하고 나서 그의 약속을 믿고 일곱 제자들이 갈릴리 호수로 가서 예수를 만났을 때 중요한 변화가 일어났다. 제자들이 조반을 먹고 나서 야고보가 빠진 가운데 예수와 베드로의 마지막 대화를 요한이 들었다. 요한은 예수 그리스도가 베드로에게 이후 교회를 이끌어갈 책임을 맡기는 중요한 명령을 들었고, 그는 50년이 지나서 그 사실을 기억해서 그의 복음서 마지막 장(21장)에 증인으로 이 사실을 중요한 기록으로 추가했던 것이다. 야고보 사도는 예수의 공생애 기간 내내 3명의 측근 제자 가운데 하나였지만, 부활한 예수가 갈릴리 호숫가에서 가진 중요한 대화 장소에서 빠졌고 요한 사도만 그 자리에 있었던 사실은 단순한 누락이라고 보기에는 예수의 인식 가운데 다른 변화가 있었다고 볼 수 있는 성경 기록이다.

지도자와 동역자

초대교회가 베드로의 활약으로 자리를 잡고 큰 부흥을 이루는 기간 요한도 베드로의 동역자로 큰 역할을 했다. 베드로가 나타난 성경 속에는 언제나 그림자처럼 요한이 옆에 있었다. 누가는 〈사도행전〉에서 두 사도의 이름을 형 아우의 이름처럼 같이 쓰며 그들이 어디든지 함께 가고 함께 기도했고 여러 이적을 행했다고 기록했다. 그들은 대제사장들에 의해서 감옥에 구속될 때도 동시에 같은 감옥에 갇혔었다. 그들은 형제 못지않게 마음을 공유하는 지도자와 동역자로 같이 살았다. 그런 까닭에 누가는 모든 장면에서 그들을 늘 '베드로와 요한'이라고 한 사람처럼 표현하고 함께 등장시켰다.

〈사도행전〉이 전했던 요한은 초대교회 지도자로 오직 베드로의 그림자같이 묵묵히 그의 도우미 역할을 했었다. '과연 제자들 가운데 누구보다 젊고 영특했던 그의 역할은 없었을까?' 하는 의문도 있다. 초대교회를 전하는 성경은 요한이 무슨 일을 단독으로 했다는 기록이 없다. 그는 베드로를 따라서 공중 앞에 섰고 그들이 심문을 당할 때 나란히 서서 추궁을 받고 대답을 했었다. 요한이 초대교회의 중요한 인물이었다는 점에는 아무런 이의가 없는 기록이다. 그러나 그의 침묵은 그 이면에 요한이 자신을 내세우는 대신 오히려 정체를 숨겼을 것이라는 추측이 가능하다.

강화된 두 사도의 돈독한 우의

베드로와 요한은 동역자 이상의 끈끈한 우정을 어부 생활에서 시작해서 초대교회를 세우고 복음을 전하며 죽을 때까지 변함없이 이어갔던 특별한 사이였다. 두 사람은 상당한 나이 차이가 있었던 까닭으로 베드로는 요한의 어린 시절부터 그의 롤 모델(Role model)이었다. 베드로는 그의 아버지 세베대가 동업자로 인정했을 만큼 능력 있는 어부였다. 그는 갈릴리 호수 부근 도시에서 이름난 어부였고 소년 요한은 그를 좋아하면서 따랐다. 그들이 사도로 부름을 받고 나서도 두 사람의 차이는 여전했다. 〈4복음서〉는 예수의 공생애 기간에 일어났던 여러 사건을 전하며 제자들 가운데 유독 베드로의 언행을, 칭찬이든 꾸지람이든 우선적으로 전했다. 성경은 베드로의 성급한 성격과 보기보다는 약했던 믿음을 실증했던 '예수 부인' 사건을 여과 없이 기록해서 후세에 전했다. 청년 요한도 이 사건을 직접 보고 들었다. 그러나 〈4복음서〉 가운데 유일하게 예수 그리스도가 승천하기 전에 베드로에게 자신의 양 무리를 맡겼던 사건을 〈요한복음〉이 전했다. 요한은 마음이 어질고 명석한 동역자였다. 예루살렘에 초대교회를 세우며 두 사람 사이는 더욱 가까워졌다. 두 사람이 마치 한 사람처럼 행동하며 교회를 세웠던 것이다. 요한이 복음서 21장에 예수와 베드로의 문답을 추가했던 사실은 베드로에 대한 요한의 마음이 돋보이는 장면이다.

성모 마리아의 보호

요한 사도는 베드로 사도를 존경하고 사랑했다. 그는 큰형 같은 베드로의 믿음을 보고 감동을 받았고 그에게 변함없는 신뢰와 우정을 어부 때부터 예수의 제자로 시작해서 예루살렘 초대를 세우고 이끌 때까지 겹겹이 쌓았던 사람이다. 그도 베드로 사도를 옆에서 도와주면서 청년 사도로서 베드로와 함께 기독교 지도자로 나서서 세상과 싸우고 싶었을 것이다. 그러나 요한은 이 모든 것을 뒤로 하고 자신에게 성모 마리아의 여생을 부탁했던 예수의 특별한 유언을 먼저 끝까지 지키려고 했다. 베드로 사도도 이런 요한의 결의를 모르지는 않았을 것이다. 그는 요한을 이해하고 철저한 보안 속에 요한과 마리아의 일행을 주시하고 지켰다.

두 사도의 역할 분담

두 사람은 지독한 핍박이 초대교회를 덮치면서 어느 정도 역할을 분담할 수밖에 없는 상황에 몰렸다. 초대교회의 지도자는 말할 것도 없이 사도 베드로였다. 그런데 예수가 십자가에서 요한에게 주었던 사명은 요한 개인에게 부탁했던 유언이지만 크게는 기독교 사회가 함께 지켜야 할 사항이기도 했다. 그것은 바로 성모 마리아를 유대인의 핍박에서 지키는 일이었다. 뿐만 아니라 교회에 모이는 모든 성도들이 '성모 마리아'에 대한 언급이나 그의 거처에 대한 비밀 유지가 필요했던 때였다. 두 사도는 이런 때 일정한 연락을 유지하면서 한편으로는 각지에서 새롭게 일어나는 교회들을 돌보고 다른 한편으로는 성모 마리아도 핏발이 선 유대인의 눈초리에서 지켜내야 했다.

베드로는 물론 다른 제자들은 예루살렘을 떠나 북상 길을 따라 각지의 교회들을 지도하는 일을 전담했다. 그러나 요한은 마리아를 안전하게 예루살렘에서 탈출시켜 다른 곳으로 옮기는 역할에 집중했다. 그것도 여러 이유로 안전 지역을 확보할 때까지 계속적인 이동이었고 그때마다 수장이었던 베드로에게 어떤 형식으로든지 알려서 일정한 거리와 시간을 맞추었다. 이렇게 두 사도는 시리아 안디옥에서 상당 기간 안전한 생활을 하다가 다시 그리스 소아시아 지역의 중심 도시인 에베소 지역에 도착했다. 에베소 지역은 다행이 그리스 도시였고 유대인들의 감시가 심하지 않은 때였다. 요한은 마리아의 노후 건강을 고려해서 이곳에 정착을 택했고 베드로는 다시 로마 시로 진출해서 60년대 초까지는 로마로 가서 그곳 교회를 이끌다가 순교했던 것이다.

요한과 초대교회 일곱 집사들

　예루살렘 초대교회가 부흥하면서 날마다 믿는 사람들의 수가 늘어났다. 따라서 교회가 돌보아야 할 사회적 약자들도 늘어났다. 그들은 생계 수단이 없던 사람들이었다. 이들을 돌보기 위해 집사들을 뽑았다. 성경에 기록된 그들의 이름이 모두 그리스어 이름인 것을 고려하면 그들은 외국, 특히 그리스 지역에 살았던 유대인 청년 혹은 유대교로 개종한 그리스인이었다.

　요한 사도는 이들 가운데 두 집사와 만년까지 관계를 이어갔다. 한 집사는 유대교로 개종했던 '니골라(Nicolas)'라는 안디옥 사람으로 주의 일을 위해 특별히 선택되었던 집사였다. 그가 시간이 지나며 오만하게 변질해서 '이단 사상'을 에베소 교회에서 전파했다. 그는 기독교의 중심 지역이던 에베소 지역에 진출해서 큰 문제를 야기했고 급기야 요한으로 하여금 이단 사상을 경계하는 〈요한 서신서〉를 집필하게 만든 장본인이었다. 다른 집사는 90세가 넘는 연로한 요한 사도를 따라 밧모(Patmos)섬이라는 귀양지까지 함께 갔던 '브로고로(Procorus)'이었다. 그는 요한 사도가 구술하는 〈계시록〉을 파피루스 종이에 기록했다고 후세 교부들과 〈요한행전〉이 인정했던 집사이다.

반세기에 걸친
요한의 잠적과 비밀

요한 사도의 재등장

요한 사도가 다시금 세상에 모습을 드러낸 시기는 70년경 성모 마리아가 에베소 지역에서 죽고 난 이후였다. 그가 기록했던 성경인 〈요한복음〉이 75~85년에 쓰였다고 여러 학자들이 동의하고 있다. 우리는 이런 성경의 기록 연대를 기초로 그가 성모 마리아가 세상을 뜨고 나서 바로 온 세상 교회에 자신의 건재를 알렸다고 생각할 수 있다. 그의 늦은 재등장은 이후 유대인 역사 학자인 유세비우스(Eusebius)나 2세기 교부들, 특히 요한 사도를 에베소 지역에서 만났던 교부들에 의해서 확인되었다. 그러나 요한 사도가 에베소 시에서 도착했던 때는 이보다 훨씬 전이었다. 요한 사도 일행의 움직임은 그와 베드로 사도의 특별한 관계를 고려할 때 두 사도가 일정한 시차를 두고 함께 방향을 잡고 움직였다. 베드로 사도는 시리아 안디옥 교회에서 상당 기간 교회를 인도했고 안디옥 교회를 떠나서 다른 지역과 에베소 시를 경유해서 서기 60년경 로마로 갔다. 이런 시간표를 보면 요한이 에베소 지역에 도착했던 때는 그가 교회 전면에 다시 나타나기 훨씬 전이었고 상당한 기간 그는 자신의 모습을 철저히 숨기고 에베소에서 살았던 것이다.

성모 마리아

성모 마리아는 복음 전파와는 직접적인 관련은 없었지만 요한 사도의 일생이나 사역에는 큰 영향을 끼쳤던 것이 사실이다. 그녀의 신변 문제는 예루살렘에서 핍박이 심하게 일면서 심각한 문제를 초대교회에 던져주었다. 예루살렘의 유대 지도층은 예수의 생모를 찾아 그녀를 통해서 예수의 신성을 부인하고 기독교를 말살하려고 했다. 예수 그리스도를 따르는 무리가 하루가 다르게 불어나면서 놀란 유대 지도자들은 그의 생모를 체포해서 심문하려고 모든 수단을 동원해서 찾으려고 혈안이 되었다. 성모 마리아와 그를 보호했던 요한 사도가 세상에서 철저히 숨어 살 수밖에는 없었던 반 세기 동안의 긴 세월이 이어졌다

그녀의 죽음

벌써 70살이 가까운 노인이 지난날을 회상할 때마다 떠오르는 장면이 하나 있었다. 장면 한가운데 예수 그리스도가 십자가에서 마지막 고통을 당하고 있었다. 옆에서 그 처참한 광경을 다른 네 명의 여자들과 함께한 젊

은이도 안타깝게 지켜보았다. 극심한 고통 중에 예수는 자신의 어머니와 그가 곁에 서 있는 것을 보고 말씀을 내렸다. 그는 자신의 어머니에게 "여자여 보소서, 아들입니다." 그리고 곧 부들부들 떨고 있는 그에게 자신의 어머니를 눈으로 보이며 한마디를 작은 소리로 남겼다. "보라, 네 어머니이니라." 그때부터 요한이 평생을 모셨던 마리아가 장수를 누리다가 선종을 했던 것이다.

신기루 같은 재등장

생사에 관한 아무런 소식이 없던 요한 사도가 건장한 노인이 되어 신기루처럼 교회 앞에 우뚝 섰다. 에베소 시는 당시 그리스 문화의 중심지였고 로마 제국의 동방 지역 수도로 번창하던 도시였다. 요한은 이곳에서 새로운 교회를 개척했을 뿐만 아니라 그가 사랑하던 예수 그리스도의 말씀과 삶을 정리하는 보배로운 성경인 〈요한복음〉을 세상에 폭탄처럼 내놓았다.

요한 사도의 긴 잠적과 재등장을 증명하는 두 역사적 사건

성모 마리아의 유적지 발견

요한 사도를 세상에서 잠적하게 만들었던 성모 마리아의 생존에 관한 중요한 단서가 터키 서부 해안 도시인 셀주크(Selzuk) 시에서 조금 떨어진 깊은 산속에서 19세기 초에 발견되었다. 그때까지 여러 학자들과 유적 발굴자들은 성모 마리아가 어느 곳에 살다가 죽었는지를 두고 많은 시간을 썼지만 아무런 단서를 찾지 못했다. 단지 그녀가 예루살렘성에서 살다가 그곳에 매장되었다는 얘기가 오래 내려온 구전이었다.

이런 때 뜻하지 않은 사건으로 아무도 생각지 못했던 성모 마리아의 무덤과 그녀가 살던 집터가 갑자기 발견되었다. 독일에 살던 한 병든 수녀가 환상 중에 마리아의 무덤과 그가 살던 집터를 에베소 지역에 있는 깊은 산속에서 보았고 그 후에 여러 차례의 발굴과 장기간의 조사를 거쳐서 실체를 찾아 확인했던 것이다. 집터는 2천 년 전 터키의 서부 해안 도시인 에베소 시의 오늘날 명칭인 셀주크(Selzuk) 시에 있는 카풀리(Capouli)산 중턱에서 발견되었다.

셀주크 시는 그 동안 폐허로 변했던 터키의 수많은 무명 도시 가운데 하나였으나 18세기부터 시작했던 유적 발굴 작업으로 옛 전성기의 에베소 시의 화려한 윤곽이 드러나면서 지금은 세계적 기독교 성지로, 그리고 그리스 로마 문화의 대표적 도시로 다시 살아났다. 어느 고대 도시의 유적도 이곳 셀주크 시의 고대 그리스, 로마의 유적과 역사적 중요성이나 규모에 필적하기 어려울 정도로 셀주크 시는 지금 중요한 역사적 유적 도시로 한참 변하고 있다.

요한 사도는 50년대 말이나 60년대 초에 이곳에 도착해서 서기 100년 가까이 무려 40여 년을 살면서 연로한 마리아의 평안을 돕고 보살피며 살았고, 그 까닭으로 세상에 모습을 드러내지 않고 잠적했던 사실이 마리아의 무덤을 찾아내면서 더 구체적으로 증명되었던 것이다. 또 요한이 그 보다 먼저 로마로 떠났던 베드로 사도를 그곳까지 쫓아가지 못했던 이유가 밝혀졌던 것이다.

복음서로 증명한 요한의 명예로운 등장

〈요한복음〉은 섬세하고 영민했던 소년이 노년이 될 때까지 끊임없이 묵상했던 '예수 그리스도 곧 하나님의 말씀'과 유대 나라에서 시작해서 시리아와 터키의 여러 그리스 지역을 수차 옮기고 살며 늘 부닥쳤던 선진 나라의 이질적 문화와 사상을 접하며 걸러낸 진솔한 '기독 사상'을 밝힌 성경이다. 다른 성경들이 교회들 사이에 이미 전해졌던 시기였다. 요한은 〈요한복음〉과 〈서신서〉를 통해서 어느 면에서는 유대 나라에 갇혔던 성경을 전 세계로 펼치는 기독 사상의 세계화를 완성했다. 뿐만 아니라 다른 성경 특히 마태, 마가, 누가라는 복음서들에 대한 일종의 보완, 종합 그리고 결론 편으로 〈요한복음〉을 세상에 발표했던 것이다. 요한 사도가 노년에 발표한 두 성경은 그의 명예로운 재등장을 증명하는 역사적 기록이다.

요한 일행과 베드로의 북상 일정

감옥에서 탈출했던 베드로 사도도 갈릴리 지역을 거쳐서 북상을 했다. 그가 마가 요한 등 여러 제자들과 함께 시리아 안디옥에서 교회 지도자로 여러 해 살았다는 역사적 증거가 현지에서 발견되었다. 분명한 것은 그들 일행은 같은 북상의 길을 떠났던 요한 사도 일행과 서로 연락이 있었을 것이고 그들 두 그룹이 계속 연락을 가지면서 북상을 했다고 인정할 수 있다. 이들 두 그룹은 복음이 오래전부터 편만하게 전파된 시리아 안디옥에서 오래 살지 않고 다시 방향을 소아시아 터키 쪽으로 잡고 이동했다.

안디옥은 서기 37년경 타 지역에서 시리아 안디옥으로 이주해 온 예수의 제자들에 의해서 현지 그리스인들을 위한 순수 이방인 교회가 처음으로 개척되었던 곳이다. 바울은 이 교회에 부름을 받아 바나바와 함께 그리스인 교인들을 오랫동안 (38~43년) 가르쳤다. 이보다 앞서 35년 스데반 집사의 순교 이후 흩어졌던 일부 제자들이 이곳에 와서 유대인들에게 복음을 전파해서 상당한 성과를 거두고 있었다.

베드로와 요한 일행이 언제 시리아 안디옥을 떠나 서쪽 터키 소아시아 지역으로 이동해서 에베소 시까지 왔는지는 지금까지 어떤 기록도 남겨진 것이 없다. 특히 두 그룹 가운데 요한 일행은 동정녀 마리아로 인한 신변의 위험 때문에 모든 활동과 이동을 비밀 속에 감추었다. 그들이 지나는 곳에는 여러 교회들이 있었지만 안전 문제로 이들에게조차 일행의 신분을 알리지 않았을 가능성이 컸다.

어느 경우든 두 그룹은 상당한 시차를 두고 당시 번창하던 에베소 시에 도착해서 일정 기간을 함께 머물렀다. 베드로 일행은 곧 로마 제국의 중심부인 로마 시로 떠났고, 요한 일행은 당시 나이가 많은 마리아의 건강상 이유와 비교적 안전했던 주변 형편을 보고 에베소 지역에 계속 남아 있었다. 요한 사도는 마리아의 사후에는 그 동안의 비밀 행각을 벗고 공개적으로 사역을 하다가 97년경 당국에 체포되어 로마 시로 끌려가 도미티안 황제의 심판을 받고 밧모섬에 수감되었다.

성모 마리아의 유적지 방문기

성모 마리아의 침실이었다는 집과 기도 동굴은 셀주크(Selzuk) 시 중심에서 조금 떨어진 깊은 산 중턱에 자리를 잡고 있었다. 입구를 지나면서 마치 두 줄로 이어지는 터널 같은 시원한 나무 숲 길이 있었다. 열대 가시나무와 소나무, 전나무, 무화과 그리고 올리브 나무 등 이곳에 뿌리를 내리고 오래 살아온 토종 나무들이 족히 백 년은 넘는 듯 길을 따라 한적하게 늘어서 있었다. 열대 나무와 숲이 무성했던 산속에 숨겼던 이곳이 세상에 알려진 얘기가 예사롭지 않았다. 지금까지 성모 마리아에 대한 역사적 기록이 전무한 가운데 간혹 구전으로 전해진 풍문이나 호사가의 상상 정도의 얘기가 있었을 뿐이다. 대개는 마리아가 예루살렘에서 살다가 죽었다는 정도의 일반적인 얘기였다. 아무도 그녀가 어디서 살았는지 또 언제 어느 곳에서 생을 마쳤는지 알려진 것이 없는 상태로 기독교는 19세기 전반까지 지내왔다. 이런 때 한 사건이 독일에서 일어났다. 19세기 초에 일어난 사건이었다. 소아시아 에베소 지역을 방문한 적이 없는 한 독일 수녀(안나 카타리나 엠메릭크)가 이곳 에베소 지역 카풀리(Panaya-Capouli)산에 있는 옛 집터와 무덤을 이상(Vision) 가운데서 보았던 것이다. 그녀는 평생 독일 땅을 떠나본 적도 이곳 터키 땅을 밟아본 일도 없는 가난한 수녀였다. 더욱이나 그녀는 불치의 병으로 12년 동안을 침대에 누워 지내던 처지였다.

그녀가 이곳에 있는 마리아의 유적과 주변 지역을 환상 중에 자세히 보았고, 옆에서 그녀를 돌보던 사람이 그 얘기를 신기하게 여겨 기록으로 세상에 전했다. 후일 여러 수도원 사람들이 이런 소식을 듣고 수녀가 남긴 기록을 검토하며 또 현지인들의 도움을 받아서 이곳을 자세히 조사했고 드디어 옛 집터와 동굴 그리고 샘터를 찾아냈던 것이다. 그 결과 환상 중에 병든 수녀가 보았던 모든 장소나 유적이 현지 조사와 신기하게 일치하는 것을 확인하고 사람들이 놀랐다. 그 후에도 여러 번의 현지 조사와 발굴 그리고 문헌 확인을 거치며 가톨릭 세계의 지도자들이 이곳이 마리아가 죽기 전까지 기거하며 살았던 곳이라고 믿게 되었다. 최근에는 몇 교황들도 이곳을 방문해서 감격하며 미사를 드렸고 지금은 가톨릭 교회는 물론 유네스코가 세계 문화 유산으로 인정한 장소가 되었다.

'안나 카타리나 엠메릭크(Anna Katharina Emmerick)' 수녀는 독일 둘멘(Dulmen)에서 가난한 농부의 딸로 1774년 태어나 1824년까지 살았던 독신 여성이었다. 엠메릭크 수녀는 중병으로 누워지내던 중 어느 날 환상 중에 본 이상들을 그녀의 침대를 지키며 돌보던 클레멘스 브렌타노(Clemens Brentano)라는 사람에게 전했다. 낭만주의 시인이기도 했던 클레멘스는 걷지도 못하며 오랫동안 침대에서 갇혀 지낸 수녀가 가보지도 않은 터키라는 멀리 떨어진 나라에서 보았다는 환상을 듣고 예사롭지 않다고 생각해서 수녀의 얘기를 전부 기록했다. 그는 그 기록을 가톨릭 주교와 관계자들에게 보내서 수녀가 환상 중에 보았던 '성모 마리아의 무덤과 집' 터를 찾아내게 만들었다.

요한 사도의 추종 제자들(Johannine Circle)과 저자 논쟁

1, 2세기 활동했던 초대 교부들 가운데 두 사람이 요한의 대표적 제자로 알려졌다. 한 사람은 요한에 의해서 스미르나(Smyrna) 교회의 주교로 임명되었던 폴리갑(Polycarp)이다. 다른 사람은 베드로에 의해서 안티옥 주교로 임명되었다가 후일 요한의 제자가 되었던 이그나티우스(Ignatius)라는 2세기 교부였다. 두 사람이 모두 에베소에서 요한에게 가르침을 받고 그의 제자로 요한 사도의 사상을 후세에 전하는 역할을 했다. 일부 학자들은 〈요한복음〉의 다양한 주제와 복음서에 나타난 문체나 표현이 일관성이 떨어진다는 이유로 〈요한복음〉이 당시 요한을 중심으로 그의 주변 제자들(Johannine Circle)에 의해서 몇 차례로 나누어 기록이 되었던 것을 후일 하나로 편집했다는 주장을 제기하기도 했다. 이 주장 역시 요한 사도가 기록했다는 여러 교부들의 역사적 주장보다 더 신빙성을 주고 있지는 않다. 요한 사도는 마지막 생존했던 사도로 바울과 그 제자들이 순교한 후에 1세기 말 에베소 지역에서 최고의 기독 지도자로 존경을 받았고 다수의 추종자가 주위에 있었던 것은 확실하다.

마지막 사도에게 남긴 사명

요한이 드디어 오랜 은둔 생활에서 벗어났다. 마리아가 세상을 떠나면서 그는 바로 교회의 전면에 나섰지만 세상은 녹록하지가 않았다. 로마 제국은 새롭게 황제 숭배 정책을 강력하게 추진했다. 에베소 시는 전통적으로 풍요의 여신 아데미를 숭상했고 중심가 대로에 세계에서 제일 큰 신전을 지어 매년 제사를 드리고 큰 축제를 열었다. 각지에서 온 사람들이 제사와 축제를 드리고 나서 열두 개의 유방을 늘어뜨린 아데미 신상을 사가지고 집으로 돌아갔다. 새로운 황제가 등극하고 나서는 아데미 신전이 있던 시 중심가에 큰 신전을 세우고 사람들에게 로마의 신들과 함께 황제들에게 경배를 강요했다. 로마는 황제의 권위에 복종하지 않는 어떤 집단도 인정하지 않았을 뿐만 아니라 살인적인 박해를 계속했다.

한편 사람들의 형편은 일부 로마인들과 그에 부종했던 소수의 이방인을 빼면 모두가 노예나 종들과 같은 인고와 시련을 당하고 있었다. 여러 곳에 교회가 섰고, 고통을 당하던 사람들이 교회로 몰려왔다. 그러나 지금까지 신앙을 이끌던 베드로나 바울 사도와 그들의 제자들이 다 순교를 당한 후였다. 이런 때 여러 이단 사상이 유행처럼 번졌고 일부 그리스 철학 사상이 교회로 버젓이 침투해서 사람들을 미혹했다. 기독교의 정통성이 교회 내의 파벌로 나누어져 흔들렸던 때였다.

요한 사도는 마지막 살아남은 사도로 혼란스런 시대를 극복하고 교회를 바로 세워야 하는 어려운 처지였다. 그는 일어나 지금까지 깨달은 하나님의 뜻을 전심으로 전했다. 그리고 이단을 몰아내고 파벌을 극복했다. 그가 사도로 다시 교회의 전면에 나서면서 기록했던 〈요한복음〉과 〈서신서〉는 긴 침묵을 깨고 세상에 다시 우뚝 섰던 마지막 사도의 모습을 오늘 우리에게 웅변으로 증명하는 하나님의 두루마리 문서였다.

Chapter 5

〈요한 서신서〉 소개

〈요한 서신서, 1, 2, 3〉의 의미

사랑이 넘치는 목회 편지

그는 사도들이 하나 둘 다 떠나고 나서 마지막 남은 사도가 되었다. 수많은 교회들을 이미 2, 3세대 지도자들이 이끌고 있었다. 그는 이들 교회를 바른 믿음과 말씀 위에 견고히 세워서 다음세대 지도자에게 넘겨주어야 할 시기에 교회 전면에 나섰다.

사도 요한은 〈요한복음〉을 기록하고 난 후에 여러 통의 편지를 기록해서 그가 돌보던 소아시아 에베소 지역에 있는 교회에 보냈다. 그 가운데 세 통의 편지가 남아 있고 우리가 〈요한 서신서〉라고 부르고 있다. 세 통의 편지 가운데 첫 번째 편지인 〈요한1서〉는 그가 이미 기록해서 교회들이 읽고 사용하던 〈요한복음〉의 내용을 추려서 교회 지도자와 성도들이 읽기 편하게 편집해서 보낸 편지 형식의 성경 요약이다. 반면에 〈요한2서〉와 〈요한3서〉는 당시 화제가 되었던 '이단 사상 전파자'에 대한 강력한 경고와 당시 성행하던 '순회 전도자'의 환대를 요청하며 특정 지역 교회에 보냈던 편지였다.

이런 사실은 그가 비록 늦게 교회 전면에 나섰지만 그의 영향력은 사도로 그리고 지역 주교로 감독자로 활발했던 것을 증명한다. 한편 당시 문제가 되었던 이단 사상에 대한 경고나 많은 순회 전도사에 대한 교회의 적극적인 지원은 그때나 지금이나 시간과 공간을 넘는 일반적인 주제로 오늘도 모든 교회에 해당하는 내용들이다.

〈서신서〉는 편지 형식이기 때문에 글 자체가 부드럽고 인격적이라는 면에서 〈요한복음〉과는 다른 친밀한 느낌과 알기 쉬운 글이라는 첫 인상을 주고 있다. 〈요한1서〉는 특히 '사랑'이라는 사람들에게 언제나 친근한 말이 여러 번 반복해서 나타났고 결국에는 '하나님은 사랑이시라'는 감격적인 선언으로 모든 주제의 핵심을 마무리했다. 그러나 〈요한복음〉에 나타났던 어려운 신학적 주제들이 빠진 것은 결코 아니었다. '태초의 말씀'과 같이 유대인은 물론 당시 그리스 사람들이 겉으로는 쉽지만 속으로는 이해하기 어려운 표현이 서두에 등장하면서 독자들을 긴장시켰다.

학자들은 〈요한복음〉이라는 모 성경의 기록 시기를 서기 75~85년으로 볼 때, 그 후에 나타난 〈요한 서신서〉의 기록 연대는 85년에서 95년 사이가 될 것이라고 추정했다. 저자는 독자들이 쉽게 이해하도록 〈요한1서〉를 첫 편지로 그리고 이어지는〈요한 2, 요한3서〉를 둘째, 셋째 편지로 지칭하고 설명을 더했다. 또 〈요한1서〉는 한 장의 편지에 썼던 여러 주제에 관한 편지였던 것을 고려해서 제목별로 나누어 설명했다.

첫 편지

당시 유행하기 시작했던 이단 사상 가운데 가장 위험했던 초기 영지주의 (Gnosticism)에 대한 경계와 강력한 반론으로 예수 그리스도의 정체성을 삼위일체 형식으로 전개한 성경이다. 특히 기독교적 '신성'의 특징으로 '사랑'을 대표적 속성으로 선포했다. 사람들은 전통적으로 여호와 하나님은 창조주로 전능한 신이고 초월적 존재로 우리에게서 멀리 떨어져 있는 강력한 유일신으로 생각했다. 그러나 사도 요한은 창조주 하나님이라는 고고한 존재의 큰 속성이 '사랑'이라고 마침내 이해했고 멀리 떨어져 있는 존재가 아닌 우리와 함께하는 친근한 존재로 인식을 바꿨다. 그는 인간으로 이 땅에 온 예수 그리스도의 목적과 그의 완전한 신성을 확인한 후에 "하나님은 사랑이라"고 선포했던 것이다.

첫 주제, '말씀'은 영원한 생명

요한은 그가 함께 살며 지켜보았던 예수에 관한 진실을 그의 출생에서 시작해서 이 땅의 삶과 그가 전파했던 복음을 다시 요약해서 에베소 지역에 살던 많은 독자에게 알려주었다. 그가 정리했던 내용은 모두 그가 이미 기록했던 〈요한복음〉에 나타난 내용이었다.

1) 예수는 태초부터 하나님과 함께 존재하던 말씀 (Logos)이라는 삼위일체의 한 분이 인간의 육신을 입고 이 땅에 왔고, 요한을 포함해서 제자들이 그의 말씀을 들었고 눈으로 자세히 보았고 손으로 만지고 접촉했던 체온이 따뜻했던 사람이라고 증언했다. 이는 예수가 진짜 사람이 아니라는 초기 영지주의 사상에 대한 직접적이면서 강력한 반론이었다.

로고스

'로고스'라는 그리스 말 단어는 이미 앞에서 설명했던 것같이 두 가지 뜻이 있다. 하나는 말씀이고 다른 것은 말씀을 하는 사람의 '이성 혹은 논리'를 표현하는 단어였다. 유대인들은 하나님의 말씀을 들었던 민족으로 '말씀'이 친근한 단어였고, 그리스 사람들은 말씀보다는 '이성이나 논리'라는 철학적 개념에 익숙했던 민족이다. 나이가 80에서 90에 가깝고 두 문화에 정통했던 요한이 '로고스'라는 단어를 가지고 태초에 하나님과 함께 천지를 말씀으로 창조했던 예수 그리스도를 설명했던 것이다. 이후 기독교의 중요한 철학적 교리 가운데 하나가 되었던 첫 단초였다.

---

2) 예수는 영원한 생명이고 하나님 아버지와 함께 있다가 제자들에게 나타났다. 제자들이 죽음에서 부활한 그에게서 참 생명을 보았다고 증언했다.

두 번째 주제, 새 계명과 세상의 것

　　예수 그리스도가 '나'의 죄를 그리고 '온 인류'의 죄를 대속하기 위해서 십자가에서 제물로 죽었다는 사실을 강조하며 요한은 예수 그리스도는 하나님 아버지 앞에서 우리를 위해서 조언하시는 대언자가 된다고 설명했다. 누구든지 예수의 말씀(계명)을 지키는 자는 하나님의 사랑이 그 속에서 온전하게(Complete) 되었고, 그는 하나님 안에 온전하게 사는 것이라고 전했다.

옛 계명과 새 계명

요한은 예수가 그의 제자들에게 "너희는 서로 사랑하라"는 새 계명을 주었던 사실을 다시 설명했다. 옛 계명은 하나님이 모세를 통해 주었던 "이웃 사랑하기를 네 자신과 같이 사랑하라"(레 19:18) 는 말씀이다. 요한은 여러 곳에서 '나의 자녀들아, 사랑하는 자들아'라는 정다운 표현을 자주 썼다. 복음서를 기록할 당시로 보면, 요한의 나이는 80~90세 정도였을 것이기 때문에 나이가 있는 사람으로 청중 혹은 독자들을 친근하게 불렀던 것이다.

세상의 것에 대한 경고

예수 그리스도가 전했던 말씀을 50년이라는 긴 세월 침묵 속에서 묵상하고 의미를 찾았던 노 사도의 인생 철학이 담긴 성경 말씀이다. "이 세상이나 세상에 있는 것들을 사랑하지 말라, 누구든지 세상을 사랑하면 아버지의 사랑이 그 안에 있지 아니하니, 세상에 있는 모든 것이 육신의 정욕과 안목의 정욕과 이생의 자랑이니 다 아버지께로부터 온 것이 아니요 세상으로

부터 온 것이다. 이 세상도, 그 정욕도 지나가되 오직 하나님의 뜻을 행하는 자는 영원히 사느니라(Do not love the world or anything in the world. If anyone loves the world, the love of the Father is not in him. For everything in the world – the cravings of sinful man, the lust of his eyes and the boasting of what he has and does – comes not from the Father but from the world. The world and its desires pass away, but the man who does the will of God lives forever)," (요일 2: 15~17)

적그리스도와 하나님의 자녀

예수가 승천한 지가 반세기가 훌쩍 지난 때였다. 복음의 전파는 빠르게 온 세계로 퍼져갔다. 그와 동시에 각종 이단들이 날뛰기 시작하면서 영지주의와 같이 기독교, 유대교 그리고 세상 철학이 결합한 큰 이단의 무리가 발호하기 시작했다. 이들의 특징은 예수가 하나님의 아들이 아니라는 주장이었다. 또 예수의 신성은 인정했지만 완전한 인간으로 이 땅에 오지 않았다고 예수 그리스도의 모습에서 일부분을 삭제했다. 요한은 이들이 바로 예수 그리스도를 대적하는 적그리스도라고 지적했다.

세 번째 주제, 사랑의 실천

아들이 죄를 짓고 배반을 해도 아버지는 용서하고 변함없는 사랑을 쏟아붓는 것이 사람의 마음이고 사랑이다. 요한은 천지 만물을 지으신 창조주 하나님과 예수 그리스도로 말미암아 우리의 아버지가 된 하나님의 사랑은 얼마나 큰지를 설명했다. 그는 하나님의 한량없는 사랑이 예수 그리스도의 십자가에서 분명하게 나타났던 사실을 강조했다. 요한은 이어서 장차 우리가 어떻게 될지 알지 못하지만 예수가 다시 나타나면 우리도 그와 같이 변할 것이라고 말하고, 이런 소망을 품은 사람들은 예수의 깨끗함과 같이 자기를 깨끗하게 지킨다고 말했다.

그는 또 '사랑'은 말이 아닌 구체적 행동이라고 강조했다.

"누가 이 세상의 재물을 가지고 형제의 궁핍함을 보고도 도와줄 마음을 닫으면 하나님의 사랑이 어찌 그 속에 거하겠느냐? 자녀들아, 우리가 말과 혀로만 사랑하지 말고 행함과 진실함으로 하자."

빈부의 문제를 해소하는 참된 그리스도인의 자세를 지적했다. 기독교는 빈부의 문제를 해소하는 방법으로 사회적 정치적 제도의 변화도 수용하지만, 먼저 우리의 마음이 진정 그리스도의 마음으로 변해서 사랑을 실천할 때 이루어진다고 믿는다.

사랑은 하나님의 것

요한 사도는 사랑에 대한 그의 주장을 짧은 글 속에 이렇게 농축했다.

"사랑하는 자들아, 우리가 서로 사랑하자. 사랑은 하나님께 속한 것이니 사
랑하는 자마다 하나님으로부터 나서 하나님을 알고, 사랑하지 아니하는
자는 하나님을 알지 못하나니, 이는 하나님은 사랑이심이라."

요한이 예수와 함께 살며 보고 느낀 믿음 가운데 특별한 것은 예수 그리
스도는 하나님의 사랑을 세상에 나타내려고 온 사람이라는 것이었다. 하나
님의 사랑은 자신의 분신인 예수의 생명을 하나님을 배반하는 자신의 피조
물인 인간의 죄를 대속하기 위해서 그 죗값으로 십자가에 내주었다는 사실
에서 나타났던 것이다. 요한은 그것을 목도했고 완벽하게 깨달았다. 그가
보고 느끼고 이해했던 인간을 향한 하나님의 마음은 '사랑'이었다.

하나님의 성품이나 능력은 광대해서 인간의 지성이나 감성의 범위를 훌
쩍 넘어서지만, 요한의 마음을 가득 채운 것은 인간을 향한 하나님의 사랑
이었다. 사랑은 인간 세계의 시공을 초월해서 영원히 머물 수 있는 신비한

생명이었다. 예수가 사랑했던 제자, 요한은 언제나 하나님은 사랑이라고 말했고 예수의 얘기를 그곳에서 풀어나갔다. 그렇게 복음서를 썼고 그의 사상이 담긴 편지를 기록해서 그가 사랑하는 교회들에게 보냈다. 그는 하나님의 사랑을 받은 우리가 그 사랑의 실천으로 "서로 사랑하라"는 예수의 계명을 지켜야 한다고 거듭 강조했다.

요한 사도가 평범한 말로 선언했던 "하나님은 사랑이시다"라는 말씀은 많은 사람들을 감동시켰다. 그런 이유로 사람들은 어디에서든 "사랑한다"는 말을 먼저 전하고 용건을 말했다. 복음을 전할 때도 그렇게 하는 것을 옳게 여겼다. 그러나 하나님은 광대하신 분이다. 하나님 안에는 '사랑'과 함께 '분노'도 '공의'도 '심판'도 '징계'도 있다. 그리고 물질과 비물질의 온 우주를 다스리는 무한한 이성을 가진 존재이다. 하나님은 우리가 살고 있는 우주와 다른 영적 세계를 시공을 넘어 다스리는 광대한 존재이다. 사람의 지성과 이해 속에 갇힌 분이 아니다. 요한이 선언했던 사랑은 이런 하나님의 속성 가운데 그가 창조하고 기뻐했던 인간에 대한 특별한 감정이었고 그것은 순수하고 완전한 사랑을 표현했던 것이다. 요한은 성도들이 그리고 모든 후세의 제자들이 이런 하나님의 사랑을 믿고 사는 것이 영생이고 참 신앙이라고 선포했던 것이다.

둘째 편지

하나님의 계명, 사랑

요한은 이곳에서 자신을 장로(Elder)*라고 소개하며 택하심을 받은 부녀와 그의 자녀들에게 하나님 아버지와 그의 아들 예수로부터 은혜와 긍휼과 평강을 기원하며 인사를 전했다. 요한은 하나님을 사랑하는 자는 그의 계명을 따르고, 그의 계명을 지키는 자는 그를 사랑하는 자라고 말했다.

적그리스도에 대한 경계

요한은 다시 미혹하는 자들이 이미 세상에 많이 나타났고 그들은 예수가 육체로 온 것을 부인하는 자들이라고 당시 유행하기 시작한 영지주의를 구체적으로 지목했다. 그리고 그렇게 주장하는 자들을 집에 들이지도

---

* 장로: 지역 감독 혹은 교회 목회자

말고 인사도 나누지 말라고 엄하게 명령했다. 적그리스도인 그들에게 인사하는 자는 그 악한 일에 참여하는 자라고 말했다. 그리고 누구든지 지나쳐서 그리스도의 교훈 안에 거하지 않으면 다 하나님을 알지 못한다고 주의를 주었다.

요한의 별명, 사랑의 사도

요한은 처음에는 급하고 과격한 기질을 타고났고 무엇보다 그런 환경에서 자랐다. 그가 예수를 만나 같이 살면서 그의 겸손하기 짝이 없는 삶과 생명까지 내주었던 희생을 보고 깨달았던 것은 '하나님의 사랑'이라는 기독교의 핵심 가치였다. 그는 예수와 같은 삶을 사는 것이 인생의 목표였고 그렇게 변해서 사랑의 사도가 되었다. 그는 마리아가 세상을 떠날 때까지 충실하게 예수의 유언을 사랑으로 지켰다. 그가 나이 들어 에베소 교회를 지도할 때 교회에서나 어디서나 "너희는 서로 사랑하라"는 말을 늘 입에 달고 다니며, 사랑을 강조하고 스스로 실천했던 사람이다. 후인들이 그를 '사랑의 사도'로 별명을 붙이고 그의 복음서를 '사랑'이라는 기독교의 위대한 테마 속에 읽고 연구했던 것이다.

셋째 편지

　요한 사도가 에베소를 중심으로 넓은 지역에 흩어진 성도들과 교회들을 지도할 때 많은 순회 전도자들을 양육해서 그 지역 그리스(이방인)인들에게 보내서 복음을 전했다. 요한은 지역 교회나 성도들이 아무 보수도 받지 않고 이방인(그리스인들)에게 복음을 전하는 이들 순회 전도자들을 영접하고 그들의 숙식을 즐거운 마음으로 제공하라고 격려할 필요가 있었다.

　당시 그 지역에는 이들 순회전도자들을 편안하게 영접하고 은혜를 베푼 가이오(Gaius) 같은 지도자가 있었지만, 반대로 그들을 맞아드리는 것은 고사하고 그들을 개인적으로 도우려는 성도를 금하고 교회에서 쫓아내었던 디오드레베(Diotrephes)같이 지독한 '개교회주의자'였던 악한 지도자도 있었다. 요한은 자신들의 영역을 정하고 다른 동역자들을 용납하지 않는 배타적 교회 지도자들을 질책했던 것이다. 선교는 많은 사람들이 협력할수록 크고 아름다운 열매를 맺는다는 진리를 강조했던 메시지였다.

초대교회 요한 사도의 역할

요한 사도가 없었다면 기독교는 신학이나 교리 면에서 초기 여러 혼란이 있었을 것이다. 그리고 신약 성경은 예수 그리스도의 삶과 말씀에 대한 중요한 기록을 잃을 뻔했다. 하나님의 아들로 이 땅에 오신 독생자의 신성과 온전한 인성에 대한 귀중한 산 증언이 빠진 단지 구약 성경의 후속으로 나타난 신약 성경이 되었을 위험이 있었다. 요한 사도의 존재와 성경의 중요성은 그만큼 기독교의 본질을 그 안에 감추고 있다.

우리는 기독교의 교리와 교회의 생명과 구조를 밝혔던 사도로 흔히 바울 사도를 꼽는다. 누구도 부정할 수 없는 사실이고 그가 기록했던 성경이 증명을 했던 일이다. 그러나 바울은 생전의 예수 그리스도를 만난 일이 없었던 사람이다. 그는 예수 그리스도에 관한 모든 증거와 자료를 구약 성경에 전적으로 의존했고 성령의 해석을 통해서 그가 구세주이고 하나님의 독생자임을 증거했다. 반면 요한 사도는 그가 늘 함께했던 예수 그리스도의 삶과 말씀 그리고 그가 겪었던 사건들 속에서 기독교의 중요한 교리를 깨닫고 밝혔던 것이다. 그는 예수 그리스도의 신성과 인성을 온전하게 증명했던 제자였다. 요한은 하나님이라는 창조주 안에 있던 삼위의 존재와 그들의 역할을 자세히 설파했고 십자가의 구원과 부활 사건을 통해서 하나님의 계획과 영생을 충분하게 증명했다. 그는 예수 그리스도를 선생으로 모시고 함께 살았고 그의 생모였던 마리아를 어머니로 모시고 반평생을 살았다. 요한은 그 속에서 예수 그리스도의 신성과 온전한 인성을 확실히 보고 깨달았던 제자였다.

요한의 만년

　　요한의 만년은 심한 박해로 고통스런 시간의 연속이었다. 로마 제국의 5대 황제로 등장했던 네로는 정신이 혼미한 가운데 불타는 로마 시와 아비규환에 빠져 허둥대는 사람들을 보면서 시를 지으며 즐겼던 폭군이었다. 그는 방화 책임을 기독교인들에게 엉뚱하게 돌리고 그들을 닥치는 대로 잡아들이기 시작했다. 본격적인 박해가 시작되었고 수많은 기독교인은 물론 그들을 지도하던 베드로와 바울 사도를 범죄 집단의 수뇌로 몰아 잔인한 방법으로 처형했다. 그는 로마 시의 대다수인 가난한 서민층을 대변하던 기독교를 뿌리째 뽑아내려고 나섰던 황제였다. 박해는 그가 죽고 나서도 계속했고 예루살렘성을 공격하고 멸망시킨 후 로마 제국의 11번째 황제로 등장했던 도미티안(Domitian)은 로마 시에서 기독교인과 유대인을 모두 추방하고 특히 기독교인을 박멸하려고 각처에서 기독교인을 색출해서 죽였다. 요한 사도는 이 무렵 체포되어 로마로 압송되어 황제의 재판을 받았고 서기 95/96년경 밧모(Patmos)라는 지중해의 무인도로 추방되었다. 그러나 역사는 또 한 번 반전했다. 그를 죽이려고 했던 도미티안 황제가 96년 9월 갑자기 암살당했다. 새로 황제가 되었던 네르바는 도미티안 황제의 모든 업적을 무효화하는 법령을 공표했고, 그 덕에 요한 사도는 곧 밧모섬에서 방면되어 에베소 시로 돌아왔다. 그가 다시 교회 앞에서 1세기가 끝나고 백 세 가까운 나이까지 예수 그리스도의 사랑을 전하며 살았다.

〈요한계시록〉의
소개

〈계시록〉의 경고,
현대 사회의 위기

　우리가 사는 세상이 급하게 바뀌고 있다. 빠른 변화를 보면서 대부분의 사람들이 느끼는 감정은 평온이나 안심과는 거리가 먼 막연한 걱정과 불안이다. 그 이유 가운데 가장 두드러진 것은 불안을 조성하는 빠른 변화의 정체를 잘 모르겠다는 것이다. 변화는 최근 눈부시게 발전하는 과학의 산물에서 시작했다. 특히 인공 지능이나 생명 공학은 대표적인 것인데 아무도 이들이 가는 방향을 지금 예측할 수가 없는 데다가 변화가 빠르다는 사실이다. 이들이 우리의 미래를 더 살기 편한 세상으로 이끌리라는 공감대는 있지만, 반드시 그렇지 않을 수도 있다는 것이 문제이다. 다른 걱정은 이들 과학의 산물들이 우리가 사는 세상을 전혀 딴 세상으로 바꾸고 있다는 사실이다.

　오늘날 사람들이 남녀나 노소를 가리지 않고 자신의 의견이나 감정을 자유롭게 'SNS'를 통해서 발표하고 있다. 10년 전에는 생각하지도 못했던 일이다. 한 나라의 국민이 그리고 세계인이 모두 '유튜브'나 '카톡' 혹은 '페이스북'을 통해서 서로 의견을 나누고 토론하는 눈에 보이지 않는 소통의 공간을 새로 만들었다. 좋은 뜻으로 사람이 사는 공간이 몇 차원 더 늘었다는 말이다. 그러나 사람들을 무더기로 상해할 수 있는 무서운 전쟁도 앞으로 는 눈에는 보이지 않는 새 차원의 공간에서 일어날 수 있다는 사실을 생각하면 이것에서도 일종의 불안을 떨쳐버릴 수가 없다.

과학적 진보가 세상에 몰고 온 다른 부산물이 하나 더 있다. 그들은 논리적 설득력을 가지고 인간의 삶을 온통 물질 세계로 몰아가고 있다는 것이다. 과학자들, 우주물리학이나 생명공학 그리고 인공지능(IT)을 연구하는 지도급 학자들이 입만 열면 우주와 생명의 비밀을 다 푼 듯, 또 미래의 세상을 다 가진 듯, 인본주의 사상이나 무신론을 주장하고 인간의 정신 세계나 어떤 형태의 초월적 창조주나 그의 존재를 부인하고 있다는 사실이다.

과학은 평범한 세상 사람들은 물론 그 지도자나 유력자들을 지금까지 없었던 사실을 동원해서 무신론 쪽으로 설득하고 있다. 갑자기 불어나기 시작한 세력은 지금까지 인류를 지탱해온 기독교라는 신본주의 사상을 지구라는 세상에서 몰아내기 위해서 엄청난 도전을 지금 감행하고 있다. 기독교는 서구 역사를 통해서 인류의 신본주의 사상을 대표하는 신앙이고 오랜세월 불신과 싸웠지만 지금은 강력한 과학적 무신론과 결탁한 불신 세력의 총공세를 앞에 두고 있다.

이들 불신 세력을 크게 나누면 부귀를 가진 세상 권세와 입만 열면 거짓말로 사람들을 유혹하고 충동질하는 강력한 영적 존재인 마귀 사탄이다. 그들은 역사라는 시간표에서 자신들에게 주어진 시간이 얼마 남지 않은 것을 알고 전력을 다해서 해묵은 숙적 교회와 기독 신자들을 이 땅에서 제거하고 세상 왕국을 건설하려고 한다.

우리는 과학과 철학 사상의 눈부신 발전을 보면서 교회가 이 땅에서 사라질 날이 올지도 모른다는 불안감을 느낀다. 요한 사도는 한세기를 지킨 믿음과 사랑의 사도였지만 당시 기독 신자들의 고통과 고도에 유배되었던 자신이 처했던 현실을 보면서 적지 않게 오늘 우리가 겪는 것과 같은 불안을 느꼈을 것이다.

〈요한계시록〉은 이런 인생의 불안에 대한 하나님의 응답이었다. 2천 년 전에 요한 사도가 터키 지중해에 있는 밧모섬(Patmos isle)에서 하나님의 계시를 받고 기록했던 〈요한계시록〉은 우리의 시대를 혼돈 가운데 몰아넣고 공격하는 불신 세력과 그의 동맹군에 대한 분명한 패배와 파멸을 예언하고 있다. 그리고 하나님은 요한에게 새 하늘과 새 땅을 보여주고 그곳에서 영원히 살아갈 완벽한 인류의 새 모습을 분명하게 그리고 자세히 보여주었다. 지구에 살고 있는 인류의 역사는 하나님의 장구한 계획 안에서는 사실 지극히 작은 시간이다. 예수 그리스도는 이런 까닭에 〈요한계시록〉 여러 곳에서 '곧 오리라'는 표현을 주저 없이 사용했다.

〈계시록〉의 주제와 해석의 한계

　〈계시록〉의 주제는 2천 년 전에 사도 요한에게 보인 지상 인류에 대한 하나님의 작정이었다. 요한은 처음 세기가 끝나는 97년경 예수 그리스도를 증거했다는 죄로 지중해에 있는 밧모섬에 갇혀서 언제 풀려날지 모르는 수감생활을 하고 있었다. 그가 '이후 마땅히 일어날 일들'을 네게 보이리라는 음성을 듣고 하늘나라에서 보았던 하늘과 지상에 일어날 여러 사건들을 책에 기록했다. 그는 광대한 하나님의 계획 가운데 있는 인간 세상 그리고 지구라는 행성에 대한 하나님 창조주의 예정과 그 끝날에 이루어질 아름다운 미래 사건을 보았고 그것을 두루마리 책에 기록했다. 그가 기록했던 책이 〈요한계시록〉이라는 성경이고 하나님의 계획이 바로 〈요한계시록〉의 주제였다.

　사람은 창조 이래로 지식과 인식의 범위를 끊임없이 넓혀 왔다. 그 덕에 사람들이 사는 세상도 시간이 지나면서 발전하고 변했다. 우리가 앞으로 맞을 먼 미래의 변화는 지금까지보다 더 클 것이다. 지구의 마지막 날까지를 기록한 〈계시록〉의 사건들 가운데는 우리가 현재의 지성과 과학으로 알지 못하는 많은 비밀들이 있는 이유이다. 하나님은 이런 까닭에 요한에게 모든 것을 비유와 신비한 영상으로 보여주었다.

지구라는 행성의 역사는 크게 보면 수십억 년이 넘는 긴 역사를 가졌고 앞으로 또 얼마의 시간이 지나야 그 종말이 올지 아무도 모르는 큰 우주에 떠 있는 셀 수 없는 많은 별 가운데 하나이고 광대한 우주에 비하면 지극히 작은 별이다. 그러나 지구상에 존재했던 현존 인류의 역사 기록은 5천 년도 안 되는 짧은 시간이고 여러 민족들이 흩어져 사는 지구는 사람들이 보기에는 넓은 땅이지만 우주라는 곳에서는 작은 땅에 불과하다. 지구의 창조와 그 역사를 연구하는 학자들은 현존 인류가 있기 전에 지구는 몇 번의 기후 변화로 모든 생물이 멸종했던 시대가 있었고, 성경도 노아의 홍수 때 지상의 모든 생물이 노아의 방주에 들어 갔던 생물 이외에는 멸종했었다는 사실을 기록하고 있다. 사실 지구는 아무도 모르는 우주적 변화에 오래 노출된 위험한 행성이 틀림이 없다.

　　〈계시록〉은 인류가 위험한 지구라는 땅을 떠나 창조주가 안전하게 만든 '새 하늘과 새 땅'에 옮겨져 살 것이라는 창조주 하나님의 계획을 기록한 책이다. 왜 떠나야 하는지, 언제가 그때인지, 누가 그곳으로 가서 살 것인지에 대한 많은 비밀이 담긴 예언의 책이다. 그 비밀이 한 겹 한 겹 벗겨질 날이 꼭 올 것이다. 그때까지 우리는 〈계시록〉의 완전한 해석을 유보할 수밖에는 없다. 누구도 이 수준을 넘어서 해석을 시도하기는 무리한 일이다. 〈계시록〉에는 사람들이 이해하지 못하는 많은 부분이 있고 아직도 풀어야 할 숙제가 여러 곳에 남아있다. 그런 가운데 의미가 있다면, 그것은 빠르게 변하는 세상에서 일어나는 특이한 징조나 사조를 〈계시록〉의 말씀에 조명해서 현재적 의미와 미래를 찾아보고 조심하고 경계하는 일일 것이다. 그리고 아무도 부정할 수 없는 하나님의 사랑을 믿고 밝은 소망을 가지고 현재를 열심히 사는 것이다.

〈계시록〉의 배경

지중해의 고도 밧모섬(Patmos Isle)

백발에 가냘프게 여윈 노년의 요한은 매일 세차게 불어오는 지중해의 험한 바람 소리를 듣고 깨어나서 그 바람 소리를 들으면서 잤다. 그는 날씨가 좋은 날은 온통 바위뿐인 돌산 주변의 해변 길을 걸었다. 그의 마음은 마지막 유월절 음식을 먹을 때 철없이 절반쯤 몸을 눕혀 예수의 가슴에 기대서 음식을 먹던 마가*의 다락방으로 가곤 했다. 그가 어린아이처럼 건네는 질문을 늘 하나도 빠뜨리지 않고 대답해주던 형님 같았던 예수의 따뜻한 가슴을 느꼈다. 그의 주름투성이 얼굴은 예수를 떠올리면 금방 함박 웃음으로 활짝 펴졌다. 요한은 훨씬 가벼워진 발길로 잡풀이 무릎까지 덮은 섬 주위를 걷는 일이 그가 즐기던 유일한 낙이었다.

그가 어느 날 꿈속에서 놀라운 이상을 보게 되었다. 그는 천사에게 이끌려 하늘나라의 어떤 곳으로 갔다. 그곳에서 언제 나타났는지 알 수 없는 예

---

* 마가 요한은 예수 일행이 마지막 유월절 음식을 먹었던 집의 어린 아들로 후일 〈마가복음〉이라
는 성경을 기록했던 사람이다

수 그리스도가 거룩한 모습으로 그에게 에베소 지역에 있던 일곱 교회에게 명령하는 말씀을 들었다. 그는 이어서 하나님의 보좌가 있는 천국으로 올라가 지구 마지막 날이 올 때까지 일어날 끔찍한 전쟁과 심판의 모습을 차례로 보게 되었다. 요한은 자신의 기록은 온전히 예수 그리스도의 계시(revelation)라고 〈계시록〉에 밝혔다.

계시라는 말은 영혼(Spirit)의 교감으로 하나님의 뜻이나 계획을 그리고 장차 일어날 사건을 사람들에게 미리 알린다는 뜻으로 기독교에서 흔히 사용하는 단어이다. 그는 계시 가운데서 하나님이 자신이 누구인지를 선언하는 말씀을 직접 들었고 또 장차 이 땅에 두 번째 오실 예수그리스도가 '만 왕의 왕, 최후의 재판관'으로 위엄과 거룩함으로 가득한 새 모습을 자신의 눈으로 보고 그의 말씀을 듣고 그것을 기록했다고 〈계시록〉의 근거를 전했다.

에베소 지역의 일곱 교회

당시 로마 제국은 새로운 황제들의 등극으로 세상이 온통 뒤바뀌고 있었다. 기독교인들에게 유례가 없는 박해를 가했던 네로 황제가 성난 군중들의 반란에 몰려서 드디어 서기 68년 자살함으로 로마 제국에서 기독교인에 대한 험악한 박해가 일단 끝나는 듯했다. 그러나 2년 후 70년에는 이스라엘 나라의 수도였던 예루살렘이 로마의 티투스 장군이 이끄는 군대에 의해서 완전하게 멸망당했다. 성전과 모든 것이 초토화했다. 베드로와 요한 사도가 세웠고 마지막으로 야고보 장로가 이끌던 그곳 초대교회마저 지상에서 사라진 후였다.

에베소 교회는 오래된 교회였다. 바울 사도가 서기 53년에 도착해서 거의 3년을 지내며 본격적으로 교회를 개척했던 곳이다. 바울이 에베소에 머물며 제자를 가르쳐서 주변 지역에 내보냈던 두란노 강당이 중심이 되어 이곳 교회는 전통적으로 바울의 가르침을 충실하게 따르고 주변 지역의 여러 교회에 모교회 같은 위치를 유지하며 예루살렘 초대교회에 이어서 기독교 교리의 새로운 산실이 되었다. 그러나 시간이 지나며 요한 사도를 빼고는 다른 사도들이나 디모데와 누가와 같은 바울 제자들이 다 순교했다.

요한 사도는 70년대 중반 시 중심에 있던 두란노 서원에서 조금 떨어진 아야소록 언덕(Ayasuluk Hill)이라고 부르는 산동네에 새 교회를 개척했다. 그는 산동네 주변 주민들에게 복음을 전했고 나아가 마지막 남은 사도로서 인근 도시에 있던 여러 교회들을 방문해서 어려운 시대에 신선한 생명의 말씀을 전했다. 젊은 기독교 지도자들이 자연스럽게 마지막 사도였던 요한을 찾아 그곳에 모여들었다. 이들이 요한을 중심으로 당시 기독교를 대표하는 유력한 주류(Johannine Circle)가 되었다.

이단 사상의 침투

바울과 그의 제자들이 떠난 후 시간이 지나며 각종 이단들이 일어나 전통 신앙을 위협했다. 그 가운데 니골라(Nicolas)라고 부르는 초대교회 일곱 집사 가운데 한 사람이던 자가 예수는 사람이 아닌 하나님의 아들로 이 땅에 온 것을 주장하며 예수의 인성을 부인하는 주장을 폈다. 많은 성도들이 그의 주장을 따랐다. 한편 초기 영지주의(Gnoticism) 사상이 교회에 침투해서 성도들의 신앙을 흔들었다. 그들은 인간을 영과 육으로 구별하며 영적 세계를 인정하면서도 육신의 욕구를 당연한 것으로 인정하는 이단 사상을 주장했다. 많은 무리가 이들의 주장을 따르고 세상의 풍조에 동조하며 이중적 신앙 생활에 빠져들었다. 교회가 급속도로 세속화의 위험에 빠졌던 것이다. 그들은 1세기를 지나며 기독교의 가장 큰 이단의 무리인 영지주의(Gnoticism)의 시초가 되었다.

도미티안(Domitian) 로마 황제의 박해

네로 황제의 뒤를 이어 티투스 장군 형제와 그의 아버지가 로마 제국의 새 황제로 아버지, 형 그리고 동생의 순서로 등극했다. 역사는 이들 세 황제 가문을 플라비안 왕조(Flavian dynasty)라고 이름을 불렀다. 그 가운데 마지막 황제인 도미티안(Domitian) 황제는 서기 81년 자신의 형인 황제가 죽자(일부에서는 독살설을 주장) 로마의 새 황제가 되었다. 그는 96년 부하들에 의해서 암살당하기까지 15년을 황제로 군림했고, 후반기에 가서는 황제의 권위를 높이고 통치력을 강화하기 위한 수단으로 황제 숭배와 무자비한 기독교 탄압 정책을 폈다.

그는 로마의 전통적인 신인 주피터를 로마의 주신으로 삼고 여러 신을 인정했다. 그리고 황제들의 신성을 주장하고 국민들에게 숭배를 강요했다. 90년경 그는 처음으로 황제 숭배를 시민들에게 강요하고 이를 거부하는 사람들은 시장에서 물건을 팔고 사는 매매 행위를 금지시키는 새 법률을 공포했다. 황제는 또 로마에 살던 모든 유대인과 기독교 교인을 추방하고 여러 곳에 살던 기독교 지도자들을 체포해서 죽이라는 명령을 내렸다.

무서운 박해는 로마뿐만 아니라 에베소 지역에서도 벌어졌고 요한은 로마 군사들에게 체포되어 황제의 재판을 받기 위해 95년경 로마로 끌려갔다. 그는 로마에서 황제의 사형 언도를 받고 극형인 펄펄 끓는 기름 가마에 던져졌다고 한다. 그러나 요한은 기름 가마에서 죽지 않고 살아났다. 화가 치민 황제는 로마 법에 따라서 사형 대신 그를 먼 섬으로 유배를 보내서 그곳에서 죽을 때까지 갇혀 사는 종신유배 명령을 내렸다. 요한이 밧모라는 섬에 갇히게 된 이유였다고 3세기경 기록된 〈요한 행전〉은 전했다.

저자 논란

〈계시록〉은 4번씩이나 저자가 요한이라고 밝혔고 그 후 많은 교부들에 의해서 세베대의 아들 사도 요한이 저자라고 확인했다. 그러나 3세기경 디오니시우스(Dionysius)라는 교부가 〈계시록〉의 표현이나 문체나 사상이 다른 요한 사도의 성경과는 다르다는 이유로 저자는 요한이 아니고 요한의 제자들(Johannine Circle)이 여러 차례에 걸쳐서 집필해서 완성했다는 의견을 피력했다. 사실 〈계시록〉은 여러 곳에서 이전에 나온 요한 성경들의 주장이나 표현과는 다른 면이 있는 것이 사실이다. 그럼에도 불구하고 요한 사도 이외에 다른 저자가 중요한 마지막 성경인 〈계시록〉을 기록했다는 증거는 없다. 단지 요한의 다른 성경들은 하나는 복음서 가운데 하나이고 〈서신서〉같은 경우는 목회 서신이라는 점과 〈요한계시록〉은 전적으로 하나님의 계시로 하나님의 우주적 계획과 인간 세상의 심판을 담은 것이라는 점에서 사상이나 필치가 서로 다를 수 있다는 점에서 사도 요한이 저자라고 지금까지 인정하고 있다.

〈요한행전(The Acts of John)〉

〈요한행전〉은 2세기부터 4세기에 걸쳐서 민간에 유포되던 요한 사도에 관한 설화나 전승을 수집해서 기록한 책이다. 저자와 내용이 다양하고 역사적 고증이 매우 어렵기 때문에 정경에서 누락한 많은 기독교 문헌들 가운데 하나이다. 학자들은 이를 외경 혹은 위경(New Testament Apocrypha)이라고 부르며 성경적 권위를 인정하지 않고 있으나 성경에 대한 참고 자료로 흔히 인용된다. 〈요한행전〉의 내용은 1) 에베소 지역에서 행했던 요한의 행적을 기록한 부분, 2) 예수 그리스도와 함께 지낸 경험과 십자가 사건을 회고하는 내용, 3) 요한 사도가 에베소에서 체포되었다가 로마로 가서 도미티안 황제의 재판을 받았던 기록 등으로 크게 세 가지 부분으로 나누어져 있다. 특히 로마의 재판 부분에서 요한 사도는 도미티안 황제가 내렸던 두 번의 사형 집행에서 살아난 후 밧모섬으로 종신 유배형을 받았다고 기록했다.

밧모섬의 요한 동굴 방문기

첫째 날(2018. 6. 6)

우리는 걸어서 요한이 이곳에 와서 1년에서 2년을 머무르며 기거했다는 동굴을 찾기로 했다. 우리는 산 정상에 있던 수도원에서 산길을 따라 내려갔다. 동굴이 나오기 전에 수도원에서 세웠다는 신학교가 그리스 전통의 하얀 벽회를 뒤집어 쓰고 산중턱에 있었다.

그곳에서 얼마 떨어지지 않은 곳에 동굴 입구가 나타났다. '성 요한의 동굴(The Holy Cave of St. John)'이라는 명패가 보였다. 동굴에 들어서면 후일 수도원이 건축했던 교회당과 부속 건물이 바위산 중턱에 뚫린 긴 동굴 속에 나타났다.

나이 많은 요한에게 보이는 것이라곤 오직 바다와 돌들이 널브러진 바위산뿐이었다. 그가 돌아앉아 집중했던 동굴 속의 기도 장소가 바로 그곳에 있었다. 눈이 어둠에 익고 나면 어스름한 방 모습이 드러났다. 밖으로 뚫린 작은 창에서 들어오는 흐릿한 빛과 컴컴한 기도 장소를 비추는 수수한 전구에서 나오는 빛이 전부였다. 11세기 수도원을 세웠던 사람들이 동굴 주변에 집을 지었고 지금까지 동굴을 보호하고 방문객들의 순례를 돕고 있었다. 동굴 안은 5, 6십 명이 한꺼번에 예배를 드릴 만큼 컸고 그곳에 이르기까지 입구에서부터 넓은 통로를 만들어 놓았다. 이곳 동굴 외에도 산에는 8개의 크고 작은 동굴이 있지만 이곳이 가장 큰 것이라고 했다. 따로 집을 짓기가 어려웠던 당시에 요한 일행이 강한 바닷 바람과 비와 추위를 피할 수 있는 동굴은 든든한 주거지였고 천연 요새인 셈이었다. 동굴 안 끝자리에는 요한의 체취를 느끼게 하는 두 곳이 있었다. 수많은 방문객들의 접근을 막는 철책을 그 주위에 둘렀다. 요한이 굴 안 바위에 남긴 흔적을 밀려드는 순례객들의 손길에서 보호하기 위해서 필요했던 것이다. 철책 안에는 요한이 기도할 때 바닥에 머리를 두었다고 하는 곳과 그리고 손을 짚고 일어섰다는 두 곳이 용도만큼 움푹 패여 있었다.

둘째 날

이른 아침인데도 동굴 안에는 미사가 한참 진행 중이었다. 이곳 동굴교회를 주관하는 그리스 정교회의 사제가 큰 소리로 성경을 낭독했고, 다른 쪽에서 책을 보면서 앉아 있던 성도들이 함께 응답하는 문답 형식이 오래 계속되었다. 마지막으로 사제가 분향 통을 휘두르면서 축도를 하고 미사가 끝났다. 우리는 말을 알아듣지는 못해도 얌전히 한쪽 구석에서 순서가 끝나길 기다리며 동굴 전면에 걸어놓은 여러 성화를 보고 또 보았다.

요한 사도를 그린 정면 성화는 이마가 툭 튀어나온 야윈 요한이 암벽 한쪽에 마치 강대상처럼 깎아놓은 돌판 위에 글을 쓰고 있는 젊은 제자 브로고로(Prochoros)에게 그가 보았던 천국의 모습을 구술하는 장면이었다. 브로고로는 사도행전(6:5)에 나타난 7집사 가운데 한 사람으로 후에는 요한 사도(혹은 베드로)가 비두니아(Bithynia)에 있는 니고메디아(Nicomedia)의 주교로 임명했고 시리아 안디옥에서 순교했다고 알려진 인물이다. 그가 밧모섬까지 요한을 수행해서 그곳에서 요한의 구술로 마지막 성경인 〈계시록〉을 기록했다고 한다. 바위 굴 끝에 있는 동굴 위에는 요한 사도가 계시를 받고 있는 중에 벼락을 맞아 동굴의 큰 바위 덩어리가 둘로 갈라진 굵은 틈새가 길게 보였다. 벼락이 크고 강해서 요한이 까무러쳤다고 했다.

이스라엘과 많은 선지자들

이스라엘은 지리적으로 중동과 아프리카 그리고 지중해를 통해서 아시아와 유럽을 잇는 지리적 요충지였기 때문에 주변 강대국들에 의해서 계속해서 침략과 통치를 받았다. 그들은 긴 민족 형성기를 지나서 통일 국가를 이룬 짧은 시기(BC 1000~750년)를 빼고는 계속 주변 강대국의 침략과 유린을 당하고 싸운 역사를 오늘까지 계속하고 있다. 그런 까닭으로 고통의 시기에 많은 선지자들이 나타나서 고난의 이유를 분석하고 회개를 외치며 하나님의 구원 소식으로 고통을 위로했다. 유대 선지자들의 특징은 그들이 하나님의 말씀을 먼저 듣고 좋은 소식이든 나쁜 소식이든 가감 없이 전하는 일이었다. 요한도 이런 유대 선지자들의 예언을 다른 유대인과 같이 어릴 때부터 배웠고 기억했다. 많은 학자들이 〈요한계시록〉을 해석하면서 이전에 있었던 유대 선지자들의 글을 요한이 인용했다는 주장을 하며 어려운 계시를 풀려고 시도했다. 그러나 사실은 요한 사도나 그 이전에 있었던 선지자들은 똑같이 장차 있을 지구의 종말이 나타날 때까지 이어지는 일련의 사건들을 보고 전했던 것이다. 그들의 시각과 초점과 원근법이 달랐을 뿐이다.

단지 선지자들의 첫 번째 초점은 성전 재건과 구세주로 이 땅에 탄생할 예수 그리스도의 초림 사건이었고 〈계시록〉은 예수의 재림 사건이 초점이었다. 이런 의미에서 〈요한계시록〉은 가장 정확하게 지구 마지막 날의 모습과 예수 그리스도의 재림을 보고 전했던 기록이고 이전의 예언들과 다른 점이다.

⟨요한계시록⟩의
구조와 개요

John the Apostle

〈계시록〉 1~3장의 주제
교회에 대한 책망과 경고

소아시아 지역에 흩어져 있던 일곱 교회에 보내는 예수의 책망과 회개 명령을 기록한 부분이다. 일곱 교회는 지상에 있는 모든 교회와 앞으로 나타날 미래의 교회를 다 포함하는 상징적 표현이다. 일곱(7)이라는 숫자는 성경에서 완전 수를 의미하는 것으로 모든 혹은 전부를 상징하는 단어이다. 2천 년 전 예수의 경고는 시간과 공간을 넘어 오늘과 내일 지구상에 있을 모든 교회에 대한 말씀이 분명하다.

소아시아 일곱 교회

요한은 바로 얼마 전까지 자신이 섬겼고 또 지도했던 당시 에베소 지역에 있던 일곱 교회에 전하는 예수 그리스도의 명령을 듣고 곧바로 두루마리 책에 기록했다. 에베소, 서머나, 버가모, 두아디라, 사데, 빌라델피아, 라오디게아 등 일곱 교회는 에베소 지역에 타원형으로 서로 넓게 떨어져 있던 교회였다. 이들 가운데 에베소 교회는 요한 사도가 바로 전까지 지도했던 교회였고 그들에 대한 예수의 명령은 장차 있을 재앙과 '지구 마지막 날'에 대한 계시에 앞서서 요한에게는 더 현실적인 문제로 두려운 경각심을 주기에 충분했다. 교회는 구세주로 이 땅에 온 예수 그리스도의 살아 있는 몸이다. 예수가 교회의 문제점을 먼저 지적했던 이유는 교회가 살아야 생명을 구원할 수 있기 때문이었다. 예수는 교회가 위기에 처한 현실을 보았고 회개할 것을 강력하게 경고했다.

예수 그리스도와 교회

요한이 주의 날에 성령에 감동되어 심판장으로 변한 예수 그리스도의 모습을 보고 그 모습을 자세하게 전했다. 그는 발에 끌리는 옷을 입고 가슴에 금띠를 띠고 있었다. 마치 하늘에서 내려온 심판장의 위엄이 넘치는 모습이었다. 요한이 볼 때 그가 일곱 금 촛대 사이에 서 있었고 그의 오른손에 일곱 별을 가지고 있었다. 그는 요한에게 일곱 금 촛대는 이 땅에 있는 일곱 교회이고 일곱 별은 일곱 교회의 사자(천사 혹은 목회자)라고 설명했다. 예수 그리스도는 교회를 섬기는 목회자들을 그의 오른손 안에 보호하고, 또 지상 교회들 사이를 오가며 항상 살핀다는 의미였다. 누구도 교회와 그 지도자의 중요성을 이보다 더 분명하게 설명하기는 어려울 것이다.

교회는 세상 사람들이 볼 수 있는 하나님 나라의 표적이다. 누구든지 하나님을 육신의 눈으로 볼 수는 없다. 사람들은 눈으로 볼 수 없는 하나님을 상대로 칭찬이나 반대나 어떤 시비도 걸지 않는다. 사람들이 평가하는 것은 교회에 속한 사람들의 모습이다. 그들이 깨끗하고 정직하고 신앙 원칙에서 벗어나지 않을 때 사람들이 하나님을 조건 없이 신뢰하고 따른다. 그렇지 않을 경우에는 사람들은 교회를 떠나고 하나님을 멀리한다.

첫 경고, '처음 사랑'을 잃은 교회

뜨거운 사랑은 모든 허물을 삼킨다. 사람이 성령의 도움으로 진리를 만날 때 먼저 자신의 어둠을 홀연히 깨닫고 회개의 빛으로 나간다. 그리고 밝은 빛과 함께 사랑이 안에서 솟아난다. 사랑은 굳게 닫혔던 마음을 허물고 사람들 사이의 벽과 간격을 사라지게 만든다. 교회는 서로 용서하며 따뜻한 형제로 변해서 동그란 원을 그리며 서로 사랑한다. 그리고 교회 밖으로 큰 원을 넓혀 간다.

〈사도행전〉 1장에서 12장까지 이어지는 성령의 역사는 바로 회개와 감격이었고, 예수 그리스도를 처음으로 믿고 체험했던 사람들의 감격은 '사랑'이었다. 누구든지 자신의 잘못이나 허물을 마음으로 깨달으면 세상에서는 낙심하기 쉽다. 그러나 하나님이 나 대신 예수 그리스도라는 아들의 몸을 십자가에서 죽이기까지 해서 나의 죄를 용서했고, 나를 다시 그의 거룩한 자녀로 불러주었다는 사실을 알고 나면 누구나 벅찬 감격으로 눈물을 흘린다. 그리스도인이면 누구나 예수 그리스도를 처음으로 만나는 날 고백하는 아름다운 '처음 사랑'의 고백이다.

에베소 교회는 바울 사도가 말씀을 가르치고 시작했던 교회였다. 교회가 오랜 신앙 전통과 사도들의 가르침을 따라 이단 사상을 가려내고 자칭 사도라는 자들의 거짓을 물리치고 신앙의 지조를 지켰다. 그러나 교회가 자랑스런 전통과 형식에 오래 집착하면서 그 속에 있던 뜨거운 알맹이인 '처음 사랑'이 사라지는 문제가 생겼다.

당시는 요한 사도를 빼고는 다른 사도들이 다 순교한 뒤였고 각 지역에 남은 2, 3세대 제자들이 교회를 이끌어가던 때였다. 그리스 철학에 빠진 각종 이단들이 일어나 따르는 무리를 이끌고 교회를 어지럽게 했다. 그 가운데 니골라(Nicolas)라는 초대교회에서 뽑은 일곱 집사 가운데 한 사람이던 자가 예수가 사람이 아닌 하나님의 아들로 이 땅에 온 것을 주장하며 문제를 일으켰다. 에베소 교회는 다행히 이들 이단 사상을 물리쳤다.

교회에 대한 첫 경고

당시 에베소 시는 경제적으로 풍성했다. 큰 도시에 사람들이 몰려왔고 지리적으로 소아시아 지역의 중심 도시였던 까닭으로 로마의 정책에 힘을 받아 경제적으로 풍성하게 살 수 있었다. 교회가 핍박으로 어려웠던 것은 사실이지만 그것이 문제가 된 것은 아니었다. 교회가 오히려 풍요나 안일에 빠져서 조직이나 전통에 더 의존하며 '처음 사랑'이라는 뜨거운 신앙의 동력을 잃어버렸고, 차츰 세속적 유혹에 빠지게 되었다. 급기야 교회는 생명을 잃은 종교 단체로 전락하고 있었다. 오늘날 우리가 사는 지구상의 교회들이 빠지는 가장 큰 유혹이다. 교회는 이 문제에서 떠나지 못하고 힘겨운 씨름을 지금도 하고 있다. 교인들의 수가 많은 큰 도시의 대형 교회일수록 뜨거운 '처음 사랑'이 식어져서, 교회 안에는 물론 교회가 속한 사회에 부정적 모습을 던져주고 있다.

둘째 경고, 이단과 인기주의를 용납하는 교회

일부 교회가 이단 사상을 구별하지 못하고 용납하는 현상이 나타났다. 니골라당이라는 이단 사상이 서서히 교회에 침투했고 대중적 인기를 끌던 이세벨이라는 자칭 선지자를 과감하게 내치지 못하고 부종하던 교회가 예수의 지적을 받았다. 당시 로마는 황제 숭배를 강요하던 때였다. 로마는 오래전부터 하나님을 유일한 신으로 믿는 유대인들에게는 그들의 전통을 존중하는 의미에서 이런 제약을 풀어주었다. 유대인들은 자신들의 신앙을 인정해준 로마 정부에 협력하는 의미로 오히려 같은 뿌리에서 나온 기독교는 그들과는 다른 종교로 황제숭배를 거부하는 대표적 세력으로 고발하며 핍박을 비켜갔다. 예수를 따르던 제자들은 이런 우상 숭배를 전적으로 거부하며 신앙의 순수성을 지켰고 요한은 그 괴수로 로마 정부의 표적이 되었다. 아시아 지역을 지배하는 로마의 중심 도시였던 에베소 시는 도미티안 황제를 비롯해서 로마 황제들을 숭배하는 거창한 신전을 세웠고 사람들은 그 앞에서 순종의 모습을 보여야 살 수 있었다.

오늘날 에베소 지역 유적지를 방문하는 사람들은 시 중심가에 세워졌던 거창한 '황제 신전' 터를 쉽게 찾을 수 있다. 당시 소아시아 지역에 살던 그리스 사람들은 그들이 신봉하던 신들의 나라가 데살로니카 부근에 있는 올림퍼스산에 있다고 믿었다. 그들은 그들이 믿던 신들보다 더 큰 권세를 자행하던 로마 황제를 신으로 떠받드는 일이 전혀 이상하지 않았다. 지혜와 지식을 숭상하던 그리스 철학자나 일반 사람들에게 그것은 당연한 세태였고 시대의 풍조(Trend)였다. 그런 가운데 오직 그리스도인들은 창조주 하나님과 그 독생자 예수 그리스도를 유일한 신으로 믿고 사람들이 억지로 만든 황제 숭배 정책에 복종하기를 거부했다.

셋째 경고, '살았다 하는 이름은 가졌으나 죽은' 교회, 겉은 살아 있지만 속은 죽은 교회

사데(Sardis)는 현재 사르트(Sart)라는 도시인데 옛 리디아(Lydia) 왕국의 수도로 오랫동안 매우 부유했던 도시였다. 이곳에 있던 교회가 그리스도의 교회라는 이름은 가졌으나 풍요한 세상 풍조에 빠져 예수의 교훈을 잊고 그리스도인의 선한 행위를 보이지 않았다. 예수는 이 교회를 겉으로 이름은 살아 있으나 안은 이미 죽은 교회라고 책망하고 다시 예수의 교훈에 돌아갈 것을 강력하게 경고했다.

넷째 경고, '뜨겁지도 차지도 않은' 교회, 형식적인 교회에 대한 경고

라오디게아는 지금의 터키 드니즈리(Denizli) 지방으로 당시 소아시아 지역에서 은행, 제약 관련 사업과 유명한 면직물로 부유했던 도시였다. 그곳은 부근 히에라폴리스(Hierapolis)의 산에서 흐르는 약수로 만든 안약이 유명했다. 당시 로마의 귀족들이 즐겨 입었던 흰 겉옷은 이곳에서 생산된 면포를 수입해서 만들었다. 라오디게아 시에 부족한 것이 하나 있었다면 식수와 목욕물이 부족해서 30여 리(5miles) 떨어진 히에라폴리스의 파묵칼레산에서 쏟아지는 뜨거운 온천수를 큰 토관을 연결해서 이곳으로 끌어들여 목욕이나 음료수로 썼다. 파묵칼레산의 온천에서 나오는 뜨거운 물이 긴 토관을 통해서 라오디게아에 이를 때에는 물이 식어서 미지근했다. 예수는 이런 라오디게아의 지리적 조건을 적절이 인용해서 그곳 교회의 문제점을 '뜨겁지도 차지도 않은' 교회라고 지적했다.

예수는 그들이 스스로 부요하다고 생각하지만 영적으로 가난한 사람들이고, 눈에 좋은 약을 생산한다고 하지만 영적 눈이 감긴 사람들이고, 좋은 옷감이 있다고 하지만 하늘에서 내리는 신령한 옷을 덧입지 못해서 벌거벗은 사람들이라고 지적했던 것이다. 결국 그들의 신앙과 행위가 긴 토관을 지나서 그곳에 도달하는 온천물처럼 뜨겁지도 차지도 않아서, 입에서 토할 것 같다고 그들의 성실치 못한 삶을 지적하고 꾸짖었던 것이다.

하얀 목화성, 파묵칼레(Pamukkale)산

라오디게아의 수원이었던 파묵칼레산의 온천은 멀리서 보면 마치 흰 면화 송이를 온 산에 뿌려놓은 듯 순백색 산으로 보였다. 파묵칼레는 터키 말로 면화 성(Cotton Castle)이라는 말이다. 터키 남서부 데니즐리(Denizli) 지방에 있는 이 지역은 면화밭이 유명했다. 큰 면화밭이 넓게 퍼져 있어서 철이 되면 하얀 면화꽃이 만발했다. 산 정상에서 흐르는 온천의 물이 석회를 다량 포함하고 있는데 오랜 세월이 지나면서 침적한 석회가 멀리서 보면 마치 흰 꽃이 만발한 면화밭 같아서 붙여진 별명이다. 광물질이 녹아있는 온천물은 피부병에 좋았고 특히 안질에 특효가 있다고 알려졌다. 그곳 파묵칼레산 옆으로 건축한 아크로폴리스 성에는 고대 로마의 거대한 원형 경기장과 병원과 유명한 안약을 만드는 제약공장이 있었다. 지금도 많은 관광객들이 찾는 거대한 로마 유적지이다

세속화에 대한 영원한 경고

예수의 처음이나 마지막 경고는 결국 교회의 세속화였다. 교회가 세상의 풍조에 빠지면, 교회는 영적 능력을 상실하고 세상 사람들의 사교 모임 가운데 하나로 전락한다는 문제였다. 겉으로는 번듯한 교회당이 있고 많은 사람들이 즐겁게 모이지만 그 가운데 영적 흐름은 사라지고 종교적 의식과 형식 그리고 여러 프로그램이 사람들의 마음을 지배하게 된다. '세속화'는 당시 번창하던 교회가 빠지기 시작했던 문제였지만 그것은 장차 오고 오는 모든 세대의 교회가 바르게 대처할 영원한 숙제였다. 교회가 회개하고 고치지 않으면, 예수가 그의 촛대를 그 자리에서 옮길 것이고 또 그의 입에서 토해버릴 것이라고 경고했다. 다른 문제가 이것에서 줄줄이 시작되었다. 교회가 차지도 뜨겁지도 못하게 되었고, 자신들은 신앙생활을 잘 하고 있다고 믿었지만 주님의 눈에는 영적으로 죽은 교회가 되었던 것이다.

교회가 영적 능력을 상실하고 경건의 모양만 남을 때는 제일 먼저 교회 밖에 있는 사람들이 알고 성도와 교회를 무시한다. 〈계시록〉 2장과 3장의 책망은 결국 '처음 사랑'이 사라진 교회의 미지근한 심장은 곧 생명이 끝난다는 위험한 신호였고 그리고 세속화로 영적 능력을 잃은 교회는 신앙의 알맹이가 빠진 세상 모임으로 변하기 때문에 미지근한 물이 구역질을 내듯 하나님이 버리겠다는 경고였다.

교회가 부유해지고 대형화로 팽창하는 물리적 성장이 나쁠 것은 없지만 스스로 깨어 있지 않으면 교회는 그 본질을 잃고, 세속화가 되고 형식적 교회로 떨어진다는 경고였다. 오늘 한국이나 미국 교회가 처한 심각한 문제점이고 사회적 영향력을 신속하게 잃어버리는 이유인 것이다.

칭찬을 받은 교회

그러나 예수는 두 교회를 칭찬했다. 서머나(Smyrna) 교회와 빌라델피아 (Philadelphia) 교회였다. 서머나 교회는 심한 박해를 받고 있었고 그 위에 가난했다. 유대인이라고 부르지만 사실은 사탄의 무리가 되어버린 자들이 황제숭배에 반대하던 성도들을 잡아 당국에 넘겨주었다. 그들은 언제 순교를 당할지 모르는 위험 속에 있었다. 빌라델피아 교회 역시 사탄의 무리가 되어버린 유대인들이 다수 몰려와 살았고 그곳에서 교회를 무섭게 핍박했다. 그러나 교회는 아주 적은 능력을 가지고도 시련과 핍박에 굴복하지 않고 말씀을 지키고 신앙을 굳게 지켰다. 예수는 두 교회가 물리적으로는 적은 능력을 가졌으나 영적으로는 큰 능력을 가지고 세상의 유혹과 핍박을 이겼다고 칭찬했다.

성도가 많이 모이고 풍부한 재정은 전혀 나쁠 수가 없는 큰 교회의 세상적인 능력이다. 그럼에도 불구하고 예수는 그와 같은 교회에 있는 문제점을 무섭게 지적했다. 반면 어려움을 겪는 시골 교회와 같이 교인 수가 적고 능력이 작은 교회가 심각한 박해와 탄압과 가난 속에서 끝까지 신앙 원칙을 지키는 것을 칭찬했다. 작은 능력이 큰 자랑이 될 것은 없다. 그러나 기도하며 영적 능력을 사모했던 작은 교회는 크지만 영적 능력을 상실한 대형교회보다 더 좋은 교회였고 그런 까닭에 예수의 칭찬을 받았다. 터키 서부 이즈미르라는 도시에 옛 교회를 기념하기 위해서 1천 6백 년 전에 새로 건축한 서머나 교회가 지금도 주일 예배를 드리고 있고, '빌라델피아'라는 이름은 세계 여러 곳에서 좋은 교회를 상징하는 이름으로 지금도 널리 쓰이고 있다.

예수는 교회의 주인이다. 교회의 건강은 크기와는 아무런 관련이 없는 이유라고 밝힌 주의 경고이고 약속이다. 오늘도 우리 주변에는 이렇게 예수 그리스도가 칭찬하는 좋은 교회들이 여러 곳에 있다.

에베소 교회의 중요성

베드로와 요한이 성령의 인도로 세우고 양육했던 예루살렘 초대교회가 서기 62년경 야고보 장로의 순교와 이어서 70년 예루살렘의 멸망으로 지상에서 사라졌다. 대신 바울과 그의 형제들이 43년경 시리아 안디옥에 세웠던 선교 교회가 터키, 그리스 쪽으로 서진을 계속해서 52/53년에는 소아시아 지역의 에베소에 이르러 교회와 신학교를 세웠다. 바울 사도가 떠난 후에는 그의 그림자 같은 제자 디모데가 이곳에 남아 교회를 인도했다. 바울은 로마 감옥에서 1차로 석방되어 곧 스페인으로 4차 선교 여행을 떠났고 그가 스페인에서 돌아온 직후인 63~65 사이에 디모데를 에베소 지역의 주교로 임명했다.(딤 1:3) 디모데는 바울이 순교했던 67/68년 이후에도 에베소 지역으로 돌아와 상당한 기간을 주교(Bishop)로서 그 지역 교회를 섬겼다. 디모데와 함께 바울을 그림자처럼 쫓았던 누가 역시 바울 사도의 순교 이후 에베소 지역으로 돌아온 후에 다른 지역으로 사역을 옮겼다. 누가는 그의 고향으로 알려진 안디옥에서 서기 87년 순교해서 지금 그의 무덤이 에베소에 있다. 이들 두 사람은 바울의 측근 제자들로 바울 순교 후에 에베소 지역에서 살면서 교회들을 돌보며 복음 전파의 일을 계속했다.

한편 요한 사도가 이곳에 온 때는 서기 50/60년경이었다. 그는 시리아 안디옥을 떠나서 예수의 생모였던 마리아를 모시고 서행을 계속해서 로마의 대도시 가운데 네 번째로 번성하던 에베소 시에 정착했다. 특히 70/80세 정도의 연로한 마리아의 건강이 그들에게는 더 이상 이동이 어려웠던 이유로 그들이 에베소 지역에 정착하게 되었다. 요한은 이곳에서 마리아가 죽을 때까지 철저하게 일행의 정체를 숨기고 살았다.

바울이나 그의 제자들과의 교류가 없었던 이유 가운데 하나일 것이다. 요한은 서기 100년 곧 2세기 초까지 이곳에 살면서 기독교의 신학을 완성하는 밑거름이 되었다. 많은 그의 제자들이 요한을 중심으로 바울의 제자들과는 다른 일단의 학구적 무리를 만들었다. 요한 학파(Johannine Circle)라고 후에 이름을 붙였던 그들이 예수 그리스도의 말씀과 증거를 함께 연구하며 요한이 주도했던 초기 기독교 신학을 완성했다.

칭찬받을 교회들도 많다

오늘날의 교회가 다 문제에 빠진 것은 아니다. 말씀을 실천하기 위해서 인내하며 움직이는 교회도 많이 있다. 이러한 교회는 늘 바쁘게 움직인다. 매달 두세 팀이 세계 여러 곳의 어려운 지역을 방문해서 선교사를 돕고 복음 전파를 한다. 안에서는 모든 교회 일을 성도들이 나누어서 책임을 지고 일한다. 교회는 10명 안팎의 성도들이 한 목장을 만들어서 그 안에서 서로 섬기는 초대교회의 사랑 나눔을 직접 체험한다. 모든 성도들이 목장에 참여해서 성경을 함께 읽으며 실천하려고 애쓴다. 강단에 서는 분들은 재미있는 세상 얘기나 웃기는 얘기는 피하며 직접 말씀을 순수하게 전하며 성령님이 역사해서 듣는 이들의 마음에 감동을 주려고 한다. 예배를 드리고 나면 모든 성도가 기쁜 마음으로 성도들이 준비한 음식을 나누며 잠시라도 함께 지내며 그리스도의 생명을 서로 나누기를 원한다. 이렇게 교회가 30~50년을 가까이 한 지역을 지키며 복음의 빛을 발하며 살고 있다.

〈요한계시록〉의 기록자 요한 사도

이제껏 아무도 하나님이 주도하는 우주적 변화를 그리고 그 총체적 진행을 보거나 들었던 사람은 없었다. 물론 바울도 천국(삼층천)에 올라가서 하나님의 말씀을 들었다고 고백했다. 일부 다른 사도들도 재림과 부활에 관한 부분적인 계시를 받았고, 또 그들보다 1천 년에서 4, 5백년 전에 살았던 여러 유대 선지자들이 이 세상의 종말에 관한 예언을 기록했지만, 요한처럼 체계적으로 일련의 사태를 처음부터 끝까지 영상으로 보고 그것에 대한 하나님의 말씀과 천사들의 설명을 들었던 일은 없었다. 하나님의 계시가 오늘날 희귀하고 실질적으로 멈추었다고 생각하는 사람들이 많은 가운데 이런 놀랄 만한 계시는 앞으로도 없을 것이다. 그의 증언은 이런 관점에서 독보적이고 또 그의 성경이 다른 성경과 크게 다른 이유이다. 성경 학자들은 〈요한계시록〉이 모든 신 구약 성경의 완결편이라고 말한다. 요한이 기록한 〈계시록〉에는 심판에 관한 무서운 사실도 기록되어 있고 그리고 우주적 질서의 부정적인 파괴도 있지만, 그는 흔들림 없이 인류의 미래를 긍정적으로 보고 모든 사람들에게 한없는 기쁨으로 그 시간을 기다리게 만들었던 사람이다. 그가 복음의 시작과 완성을 알렸다는 면에서 우리가 그에게 특별한 위치를 부여할 수밖에 없는 이유이다.

구약 성경, 〈대선지서〉와 〈소선지서〉

전쟁과 환란의 시기를 겪으며 이스라엘 민족은 언제나 한 목표를 바라보며 구원을 기다렸다. 특히 기원전 8세기경부터 북방에서 일어난 강국 앗시리아 제국과 바벨로니아 제국이 차례로 북이스라엘 그리고 남이스라엘(유다) 나라를 완전히 점령했고, 그 결과 수많은 이스라엘 사람들은 포로로 북방 여러 지역으로 끌려갔다. (B.C. 700~560년) 이스라엘 민족은 나라를 잃고 겹치는 환란 속에서 앞날이 보이지 않는 절망의 시기를 맞았다. 이런 때 남북 이스라엘에는 많은 선지자(Prophets)가 나타나 이스라엘 민족의 앞날과 팔레스타인 지역의 여러 나라와 민족의 장래를 예언했다. 이들 선지자들은 한결같이 '여호와 하나님'이 계시했던 이스라엘 민족과 주변 여러 나라들 그리고 이들을 침략했던 열강의 패망을 보고 이스라엘 민족에게 예언으로 전했다.

이들 선지자들의 예언은 철저히 파괴되었던 성전과 적국의 통치에 빠진 유대 나라의 회복과 재건이 가장 큰 주제였다. 절망적으로 보이던 성전 재건과 이스라엘 포로들의 예루살렘 귀환은 유다 나라의 멸망 후 70년이 지나서 예언과 같이 놀랍게 이루어졌다. 고통을 당했던 사람들에게는 긴 시간이었지만, 장구한 역사를 통해서 본다면 짧은 시간 안에 이루어진 하나님의 구원이었다.

구약 성경에 포함된 선지서는 모두 17권으로, 그 가운데 〈이사야〉, 〈예레미야〉, 〈예레미야 애가〉, 〈에스겔〉, 〈다니엘〉 등 예언서 5권을 〈대선지서〉, 그 외에 남은 12권을 〈소선지서〉라고 부른다.

〈계시록〉 4~18장의 예언
'이후에 일어날 환란과 재앙'에 대한 계시

요한이 보고 들었던 본격적인 계시의 내용이 전개되기 시작했다. 주요 내용으로는 우선 세상의 죄악을 심판하고 응징하는 하나님의 진노였다. 징벌은 세 가지로 중첩해서 일어남으로 여러 세대에 걸쳐서 하늘과 지상에 존재하던 악의 세력에 대한 하나님의 지속적인 응징을 보여주었다. 비밀에 쌓인 세 가지 계시는 첫째가 두루마리 책을 인봉한 일곱 인이었고 두 번째는 일곱 천사가 부는 일곱 나팔이고 세 번째는 일곱 천사가 땅에 쏟은 일곱 대접이었다. 인봉을 뗄 때와 나팔을 불 때 그리고 대접을 땅에 쏟을 때마다 무서운 재해와 살상이 땅과 바다 그리고 모든 하수에서 일어났다. 천사가 일곱째 대접을 땅에 쏟을 때에 하나님을 대적하던 바벨론이라는 세상 나라가 멸망하는 무서운 파멸의 모습이 나타났다. 요한은 바벨론을 따르던 불신 세상과 여러 종류의 사람들이 그 모습을 보고 애통하는 장면을 보았다.

마지막 때에 일어날 전쟁은 치열했다. 하늘에서 쫓겨난 옛 용이라고 부르는 마귀의 우두머리인 사탄과 그를 따르는 마귀들과 바다와 땅에서 올라온 하나님을 대적하는 짐승들이 연합군을 형성해서 지상의 교회와 의인들을 핍박하고 죽였다. 하나님이 아끼고 사랑하는 큰 종들도 이들에 의해서 죽었고 매장지를 찾지 못해서 시체가 거리에 방치되기도 했다. 하늘 나라에서 쫓겨난 사탄은 지상의 악한 세력을 이끌고 마지막으로 모든 지상 교회를 멸망시키고 사탄의 왕국을 세우려고 했다. 이들이 집결해서 최후의 전쟁을 준비한 곳은 메소포타미아 평야를 흐르는 큰 강가였다. 이들 무리의 거대한 숫자와 무서운 능력은 땅에 남은 의인의 무리를 두려움으로 떨게 하기에 충분했다.

4장
하늘나라의 영광스런 보좌와 아름다운 예배

요한은 성령에 이끌려서 하늘 문을 통과해서 하나님 나라의 중심부로 올라갔다. 하나님의 보좌가 있고 창조주 하나님이 그 위에서 온 세상을 다스리는 바로 하늘나라 중앙이었다. 요한의 앞에는 선명한 아름다움 속에 하나님의 현존을 나타내는 찬란한 영광의 보좌가 나타났고 그 둘레에는 보좌에 앉은 24명의 장로와 네 생물들 그리고 멀리 하나님이 부리는 수많은 천군 천사의 모습이 보였다. 지금까지 누구도 하나님의 모습을 본 사람은 없다. 모세와 다른 몇몇 믿음의 선조들도 하나님과 대화를 직접 나누었고 또 하나님이 보낸 천사를 만나 그분의 말씀은 들었지만, 누구도 하나님의 모습을 보았던 사람은 없다.

하나님은 영(Spirit)으로 존재하기 때문에 지상에서 그리고 하늘나라에서도 인간의 눈으로는 볼 수 없는 거룩한 존재이다. 요한이 볼 수 있었던 것은 보좌에 앉은 아름다운 형상이었다. 깨끗한 보좌와 그 위에 찬란하게 빛나는 영광과 위엄이었다. 그는 파란 벽옥(Jasper), 맑은 홍보석 그리고 무지개같이 보좌에 둘린 에메랄드(emerald)인 녹보석의 찬란한 아름다움이었다.

요한은 하나님의 보좌를 둘러싼 아름다운 24보좌와 그 보좌 위에 앉아 있는 흰옷을 입고 머리에 금관을 쓴 24명의 장로들을 보았다. 이들 보좌 앞에는 수정과 같은 유리 바다가 있고 보좌 가운데와 보좌 주위에 다른 네 생물이 있었다. 네 생물은 첫째는 사자 같고 둘째는 송아지 같고 그리고 셋째는 얼굴이 사람 같고 넷째는 날아가는 독수리 같았다. 이들 네 생물은 각각 여섯 날개를 가졌고 그 안과 주위에 눈들이 가득했다. 그들은 밤낮 쉬지 않고 보좌에 앉으신 하나님께 영광과 존귀와 감사를 드렸다. 보좌에서는 번개와 음성과 우렛소리가 나고 보좌 앞에는 하나님의 영을 나타내는 등불 일곱이 켜져 있었다.

네 생물이 가진 여섯 날개와 앞뒤로 가득한 많은 눈은 크고 민첩한 능력과 순식간에 보고 살피는 능력을 상징하는 외모였다. 여섯 날개는 영과 물질의 세계를 그리고 광활한 온 우주를 어느 때고 동시적으로 움직일 수 있는 능력이고 생물의 앞뒤로 가득한 눈은 온 세상을 빠짐 없이 살피고 투시하는 통찰력의 상징이었다. 24장로들은 모든 나라와 민족들을 대표하는 장로들이었다. 그들이 거룩하신 하나님께 찬양을 늘 드리며 경배하는 황홀한 광경이었다.

예수의 재림을 기다리며

로마 제국은 역사상 가장 큰 나라였고 그리고 가장 오래 지상에서 권력을 지켰던 나라였다. 2천 년 전 그곳에 살던 모든 그리스도인들은 예수 그리스도가 믿는 자들에게 약속했던 재림의 때를 애타게 기다렸다.

하나님은 자신의 독생자를 십자가에서 죽이기까지 하며 인류를 죄악에서 구원했지만, 그럴수록 세상은 더욱 교묘해졌고 악의 세력은 세상 권세를 쥐고 믿는 자들을 핍박했다. 예수가 가르치고 복음 전파를 맡겼던 사도들과 제자들이 모두 박해 끝에 순교를 당해 세상을 떠난 뒤였다. 창조주 하나님을 신뢰하는 선한 무리가 악한 세력에게 짓밟히는 부조리한 세상에서 사람들이 앞으로 무엇을 믿고 살 것인지 또 언제 악한 무리가 그리고 그들이 내린 부당한 요구가 사라질지 알리는 일이 시급했다.

요한 사도가 외로운 밧모섬에서 성령의 감동 가운데 보고 들었던 〈계시록〉 얘기는 창조주 하나님 그리고 그 독생자 예수 그리스도가 세상에 전하는 대답이고 위로였다. 천국에서는 짧은 시간이지만 지상에서는 긴 2천 년의 세월이 흐른 지금도 우리가 확실한 하나님의 뜻과 계획을 이곳에서 확인하고 끝까지 견디어야 하는 이유이다.

5장

일곱 봉인을 친 두루마리 책과 어린양, 예수 그리스도

요한은 다시 보좌에서 하나님의 오른손에 있는 두루마리 문서를 보았다. 두루마리를 쥐고 있는 오른손을 본 것이 그가 사람의 모습을 한 것이라고 말하기는 어렵지만 확실한 것은 하나님은 그가 지은 세상의 어떤 모습으로 또 필요한 어떤 형상으로도 나타나실 수 있는 분이라는 사실이다.

두루마리 책은 하나님을 거역한 인간과 인간 세상의 죄악을 심판하고 내리는 무서운 형벌이 시종 기록된 문서였다. 예수가 마지막으로 땅에 있는 모든 악한 세력과 싸워서 그 두목인 사탄을 영영 꺼지지 않는 지옥 불에 던져 넣고 부활한 성도들과 함께 재림하는 우주적(Cosmic) 사건을 그 끝에 아름다운 결론으로 기록한 문서였다.

요한은 그것을 빨리 보고 싶었다. 하나님의 아들 예수가 언제 다시 세상에 올지, 그때가 언제인지, 선과 악의 마지막 치열한 싸움에서 누가 살아 남는 자이고 누가 사탄과 함께 지옥 불에 떨어질지 궁금했고, 사람들은 그날을 애타게 기다리고 있는 때였다. 사탄이 이끄는 악한 무리가 하나님 나라에도 있었다. 이들은 어린양으로 묘사된 예수가 두루마리 책을 받기 위해서 하나님의 보좌 앞으로 나오는 것을 막고 있었다. 예수는 천사를 거느리고 이들 악한 세력과 하늘에서 싸워서 이겼고 하나님의 오른손에 있는 두루마리 책을 받았다.

그가 보좌에 앉으신 이의 오른손에서 두루마리를 취했을 때 네 생물과 24장로들이 그에게 엎드려 각각 거문고와 향이 가득한 금 대접을 올려드렸다. 금 대접 안에 가득한 향은 땅에 사는 성도들의 기도였다. 보좌 주위에 있던 모든 장로와 짐승이 새 하늘과 새 땅에서 영원히 다스릴 권세를 받은 예수 그리스도에게 새 노래로 찬양하며 경배를 드렸다.

요한은 하늘 나라와 이 땅에 존재하는 사탄이 대표하는 '악의 세력'에 대한 하나님의 진로와 징벌은 임의적인 순서나 판단으로 나타나는 대신 일정한 하나님의 계획과 시간표에 따라서 진행되었고, 그 마지막 날이 오고 있다는 사실을 〈계시록〉에서 확인하고 있다. 그는 하나님이 전한 그날은 모든 세상의 종말이고 멸망의 날이지만 하나님을 믿는 모든 자에게는 새로운 소망의 날이고 영원한 생명이 시작하는 밝고 찬란한 날이라고 전했다.

사탄의 정체

사탄이 대표하는 악의 세력은 하늘나라에서는 의로운 인간을 하나님께 모해하는 일을 했으며 땅에서는 사람들의 탐욕과 정욕을 자극해서 서로 미워하고 다투고 죽이게 하고 그들이 만든 모든 문명과 문화를 파괴하는 일을 했다. 사탄이 하늘나라에서 일하고 있었고, 예수 그리스도의 재림을 방해하다가 패했다는 얘기가 5장에서 밝혀졌다.

사탄이 처음으로 나타난 곳은 〈창세기〉라는 성경이다. 하나님이 처음 인간을 짓고 에덴 동산에 살게 했을 때 뱀의 형상을 한 사탄이 나타났다. 사탄은 첫 인간인 하와라는 여자를 속였고 여자는 또 남자에게 금단의 과일을 먹게 해서 죄가 인간 세상에 들어오게 되었다. 사탄은 하늘나라에서 하나님 주변에서 섬김의 일을 했었고 그리고 인간들이 사는 세상에도 내려와서 눈으로는 보이지 않는 무형으로 사람들의 마음과 생각 속에 들어가 하나님을 거역하는 일을 했다. 이들은 흔히 뱀이나 용이나 천사 같은 모습을 가장해서 성경 역사 속에 나타나기도 했다.

사탄이 하나님의 피조물로 어떻게 하나님을 대적하는 존재가 되었는지 또는 언제부터 하나님을 대적했는지 성경은 우리에게 그가 타락한 천사라고 그 존재만을 분명하게 알려주었을 뿐, 그 기원이나 이유에 대해서는 함구하고 있다. 학자들은 피조물의 불완전성이나 돌연변이를 통한 변종 생물이 세상에 나타났다는 생태적 이유나 또는 천사들 가운데 지혜와 능력이 뛰어난 천사장의 마음속에 있던 피조물의 반항 의식이나 항거 속성에서 그 기원을 찾기도 했다. 사탄은 또 영적 존재이다. 그리고 그의 정체는 원래부터 '속이는 자'라는 뜻이었다. 사탄은 하늘나라에서는 천사를 가장해서 의인을 모함했고, 땅에서는 인간의 영혼에 있는 혼(Psyche, Soul)적인 성질을 즐겨 활용해서 사람들을 속였다.

6장
일곱 봉인의 비밀

어린양 예수 그리스도가 보좌에 계신 하나님의 오른손에 있는 두루마리 책을 받아서 그 책을 묶었던 일곱 봉인을 차례로 떼는 장면이 6장에서 나타났다. 일곱 봉인은 이미 정해진 그래서 아무도 바꿀 수 없는 하나님의 비밀을 일곱이라는 완전한 숫자를 사용해서 그것이 완벽한 계획임을 상징했고, 처음 인봉에서 시작해서 다섯까지 인봉에서 나타난 사건은 앞으로 나타날 하나님의 징벌과 재앙들이었다. 6장 이후에도 연속 혹은 다른 징벌의 사건들이 계속되었는데 6장은 이런 시리즈 가운데 첫 번째였다. 특이한 것은 다섯 번째 인봉은 순교자들에 대한 하나님의 특별한 관심을 나타낸 것이며 여섯 번째 인봉은 징벌의 끝에 나타날 구원과 하나님 나라의 위로를 보여주고 있다.

봉인은 당시 중요한 문서를 끈이나 가죽으로 묶고 밀랍이든 진흙으로 그 매듭을 봉하고 그 위에 인장을 찍어서 수취인 이외에는 아무도 열지 못하게 했던 비밀 문서의 보관 방식이었다. 하나님이 이미 정한 그래서 아무도 바꿀 수 없는 계획이라는 것을 암시하고 있다. 봉인을 뗄 때마다 지상의 죄악을 상징하는 전쟁과 살육, 미움과 다툼, 기근과 질병 등 인재의 대표적 폐해가 나타났다.

'첫째 봉인' 흰 말, 정복자의 화신(6:1~2)

어린양으로 표현된 예수가 두루마리 책을 하나님의 손에서 받아 일곱 인 가운데 그 첫 봉인을 떼었다. 그때 하나님의 보좌를 둘러싼 네 생물 가운데 하나가 우렛소리같이 큰 목소리로 외쳤다. "오라(Come)!" 말이 그치기 전에 한 필의 흰 말이 부르르 흰 갈기를 털며 요한의 눈에 영화 속의 한 장면처럼 뛰어들었다. 말을 탄 자는 활을 가졌고 승리의 면류관을 받았다. 마치 온 땅을 정복하는 장군의 화신(Spirit)과 같이 그는 말을 타고 나가서 악한 세상을 이기고 이겼다. 끔찍한 전쟁과 살육은 전에도 있었지만 오늘날에도 계속되고 있는 하나님의 강력한 징계 수단이다.

'둘째 봉인' 붉은 말, 반목과 살육의 화신(6:3~4)

둘째 봉인을 떼자 다시 네 생물 가운데 하나가 "오라!" 외쳤다. 이번에는 붉은 말이 나오고, 그 말을 탄 자가 땅에서 화평을 제거했다. 사람들이 끝도 없이 서로 반목하고 죽였다. 화평이 사라지자 사람들이 어디서든 서로 반목하고 다투고 살육했다. 말 탄 자의 손에 있는 큰 칼은 다툼과 살육을 상징하는 무기였다.

하나님의 방법

하나님은 세상을 창조하고 자신의 뜻과 계획대로 그것을 운영하면서 어떤 때는 세상을 지배하는 악한 세력(사탄의 무리)을 잠시 사용하기도 했다. 그는 이스라엘 민족이 죄악에 빠졌을 때 그것을 징계하기 위해서 열국을 침략하고 병탄하던 이방 나라인 바벨론 제국을 들어서 이스라엘 나라를 멸망시켰고, 또 나라나 민족들의 불의나 죄악을 징계하기 위해서 전쟁이나 기근과 각종 병마라는 사탄을 사용했다. 많은 오해가 있을 수 있음에도 불구하고, 사실 하나님은 자신이 사랑하는 민족이나 사람이 뉘우치게 만들기 위해서는 더욱 혹독한 방법을 사용하는 것도 주저하지 않았다.

예수를 십자가에 못박아 죽였던 이스라엘 종교 지도자와 유대 민족을 징계하기 위해서 그는 로마의 강력한 군대를 동원해서 천 년 동안 하나님의 도성으로 화려했던 예루살렘성을 폐허로 만들었고 자신이 선택했던 민족과 그 이름을 이 땅에서 소멸시키기도 했다. 서기 70년에 일어났던 이스라엘 나라의 멸망이 바로 이런 하나님의 공의였다. 백만 명이 넘는 유대인들이 예루살렘성에서 한꺼번에 살해당했고 살아남은 자들은 다른 나라로 피신해서 간신히 목숨을 구했었다.

'셋째 봉인' 검은 말, 기근과 흉년(6:5~6)

셋째 봉인을 떼자 요한은 검은 말이 나오는 것을 보았다. 그 말을 탄 자가 손에 저울(Scale)을 가졌고 네 생물 사이에서 나는 듯한 음성을 들었다. "한 데나리온에 밀 한 되요 한 데나리온에 보리 석 되로다. 감람유와 포도주는 해치지 말라!" 그는 기근과 흉년을 알리는 자였다. 얼마나 기근이 심했던지 양식의 값이 평소보다 십 배, 백 배나 더 비쌌다. 계속된 흉년으로 사람들이 먹을 것이 없어서 무더기로 굶어 죽었다(한 데나리온은 남자의 하루 임금).

'넷째 봉인' 파리한 말, 사망과 음부의 화신(6: 7~8)

넷째 인을 뗄 때 다시 "오라!"는 소리가 들렸고, 청황색(pale)의 파리한 말이 나왔다. 그 말을 탄 자의 이름이 사망(Death)이고 그의 뒤를 지옥(Hades)이 따르고 있었다. 그들은 지구 온 땅의 사분의 일에서 사람들을 기근과 역병과 땅의 세균이나 바이러스로 죽일 권세를 받아서 살육을 자행했다.

'다섯째 봉인' 재단 아래 순교자의 호소(6:9~11)

다섯째 봉인을 뗄 때에 요한은 하나님의 제단 아래에서 큰 소리가 나는 것을 들었다. 하나님의 말씀과 그것을 증거하다가 죽임을 당한 많은 영혼들이 그 제단 아래에서 하나님께 호소하는 소리였다. "거룩하고 참 되신 대주재여! 땅에 거하는 자들을 심판하여 우리의 피를 갚아 주지 아니함을 언제까지 미루시겠습니까?" 요한은 순교자들의 호소에 대한 대답으로 곧 다른 영상을 보았다. 하늘에서 순교자들 한 사람 한 사람에게 흰 두루마기를 입혀 주었고 그들에게 땅에 있는 하나님의 종인 친구들과 형제들이 그들처럼 죽임을 당해서 하나님이 정한 '순교자의 숫자'가 차기까지 잠시 동안 쉬고 있으라는 음성을 들었다. 하나님의 심판은 일정한 조건의 성숙과 시간이 정해져 있다는 뜻의 말씀이었다. 예수가 재림하는 마지막 날은 정해진 '순교자의 숫자'가 다 차는 때임을 알려주는 말씀이었다.

'여섯째 봉인' 대지진, 지구 마지막 날의 예고 편(6:12~17)

여섯째 봉인을 뗄 때 요한의 눈앞에 상상을 초월하는 무서운 영상이 필름처럼 지나갔다. 하늘은 두루마리 종이가 말리는 것같이 말려서 떠나갔다. 갑자기 큰 지진이 일어나며 산과 섬이 요동치며 제자리를 떠나 멋대로 굴러다녔다. 해가 검은 털로 짠 상복같이 깜깜해졌고 달은 온통 피같이 변색이 되었고, 하늘에서 별들이 큰 바람에 무화과 나무의 설익은 열매가 떨어지는 것과 같이 땅에 쏟아졌다.

땅의 임금들과 왕족들과 장군들과 부자들과 강한 자들과 모든 종들과 자유인*들이 굴과 산 바위 틈에 숨어서 산과 바위에게 "우리 위에 떨어져 보좌에 앉으신 이의 얼굴에서 그리고 어린양의 진노에서 우리를 가리라! 진노의 큰 날이 이르렀으니 누가 능히 서리요?"라고 부르짖었다. 마지막 그때

---

* 로마는 국민을 크게 시민, 노예 그리고 자유인으로 구분했다. 유대인은 그 중에 자유인에 속했다.

는 믿지 않는 사람들에게는 죽음보다 더 큰 두려움과 공포의 시간이다. 그때가 이른 것이다.

요한은 예수가 일곱 봉인 가운데 여섯 봉인까지 떼는 장면을 보았고 그리고 봉인을 뗄 때마다 지상에서 하나님의 징벌로 나타난 무서운 재앙을 보았다. 단지 다섯째 인봉은 하나님이 보고 듣고 관심을 가지고 관리하는 사람들은 '순교자'들이라는 사실을 알리는 특이한 영상이었다.

그날은 언제인가?

〈계시록〉은 지구 종말의 때와 그전에 일어날 사건들이 언제 어떤 순서로 일어날지 정확하게 밝히지 않고 있다. 그러나 그 날이 올 때에 나타날 여러 징조에 대해서는 해석이 어렵다는 문제는 있지만, 일곱 두루마리 봉인, 일곱 나팔 소리, 일곱 대접 등 여러 가지 하나님의 징계를 통해서 더 이상 부연할 수 없을 만큼 자세하게 소개하고 있다. 다른 성경에서도 '그날'이 오기 전 징조에 대한 예언은 있지만 언제 어떤 순서로 지구 마지막 날이 올지에 대해서는 전혀 설명이 없다. 예수의 제자들이 예루살렘에서 마지막 날이 언제 올 것인지 그리고 그날이 이르기 전에 나타날 징조에 대해서 예수에게 질문을 했었다. 예수는 그날이 오기 전에 있을 여러 징조와 환란들을 자세하게 설명하고, 그 끝에 '그날과 그때'는 사람은 물론 하늘에 있는 천사나 어떤 존재도 모르는 미래의 시간이며 예수 본인도 모르는, 오직 하나님 한 분이 결정하는 시간이라고 직접 밝혔다.(마 24장)

지금까지 많은 사람들이 그때가 이르렀다고, 또 무슨 징조가 나타났다고, 지구 마지막 날이 언제 온다고, 종말이 곧 임박했다고 하면서 허튼소리를 하며 사람들을 미혹했다. 역사상 가장 큰 이단의 거짓 주장이 모두 마지막 날의 시기와 징조에 관한 문제였다. 성경에 나타난 마지막 그날은 '순교자의 숫자'가 다 찰 때와 복음이 땅끝까지 다 전파된 후라고 분명하게 밝혔다. 〈요한복음〉 14장은 예수 그리스도가 성도들을 위한 거처를 하늘 나라에서 준비하고 다시 오겠다는 말씀을 기록해서 역시 마지막 때의 한 조건을 밝히고 있다.

'지구 마지막 날'에 대한 신구약 성경의 기록과 차이

요한 사도보다 수백 년 전에 살았던 많은 유대 선지자들과 그 이전의 다윗 왕도 성령의 감동으로 '그날'에 있을 큰 환란의 모습을 보았다. 그들은 자신들이 이상 가운데서 보았던 '그날과 그때'의 모습을 여러 〈선지서〉에 예언의 말씀으로 기록했다. 그들이 보았던 '그때'의 모습은 6장에서 시작하는 요한 사도가 보았던 그것과 근본적으로 다를 수는 없다. 그러나 두 기록들은 다른 점도 있다. 우선 이전의 선지자들과 요한 시대의 사람들이 가졌던 관심의 차이와 원근에 따른 선명도의 차이가 있기 때문이다. 선지자들은 주전 586년 바벨론 제국에 의해서 멸망했던 이스라엘 나라의 국권 회복과 불탄 성전의 재건 시기가 우선적 관심사였다. 그들은 그 후에 일어날 '지구 마지막 날'의 모습도 먼 미래라는 시공을 넘어 그 끝에 보았다. 선지자들은 이 두 계시 사건 사이에 하나님의 독생자로 인류를 죄악에서 구원하기 위해서 하나님 나라를 버리고 지구촌에 올 예수 그리스도의 탄생과 수난 그리고 부활 사건도 연속선상에서 보았다. 구약의 모든 선지서는 이 세 가지 사건에 대한 예언을 기록한 성경이다. 반면에 요한 사도가 계시 가운데 보았던 것은 '지구의 마지막 날'까지 이루어질 하나님의 계획과 예수 그리스도의 재림과 아름다운 천국의 모습이었다. '4복음서'의 하나인 〈마태 복음〉도 예수 그리스도가 제자들에게 직접 설명한 '지구 마지막 날'에 대한 때와 징조의 모습을 무려 한 장(24장)을 할애해서 자세하게 기록했다.

'마지막 때'의 시작에 관한 두 가지 신학적 주장

시기와 관련해서, 요한이 보고 기록해서 남긴 〈요한계시록〉이 증거하고 있는 '지구의 마지막 때'가 이미 예수의 승천으로 시작했다는 주장과 마지막 종말의 시기가 장차 오리라는 주장이 오래전 초대교회 때부터 존재했다. 그날의 시작에 관한 대표적인 두 주장은 내용적으로는 차이가 없는 듯하지만 형식 면에서 〈요한계시록〉을 어떻게 보고 해석하는 것이 옳은가를 놓고 서로 상당한 차이가 있다. 그래서 일부 학자들은 두 주장의 중간 지점에서 절충한 주장을 또 내놓기도 했다. 역사를 돌이켜보면, 강력한 세력이나 영특한 지도자에 의한 지상 나라의 정복과 전쟁은 지상에서 끊임없이 일어났다. 기근과 지진이나 홍수 같은 자연 재앙도 지금까지의 인류가 이미 여러 번 경험했던 재앙들이다. 지구는 오래된 행성이다. 역사 시대 이전에도 지구는 많은 생물이 살았던 땅이었다. 수십억 년에 이르는 오랜 선사 시대에 지상의 모든 생물이 멸종했던 시대가 있었고 여러 우주적 큰 사건을 겪었던 사실을 고대 지질연구와 과학은 증명하고 있다. 그러나 성경은 물론 〈계시록〉은 이런 선사 시대의 사건들과는 다르게 현재 지구의 마지막 종말에 대한 예언을 다루고 있을 뿐이다. 이런 관점에서 종말의 시기가 이미 시작했다는 주장과 장차 일어날 것이라는 주장은 인류의 역사관이나 존재 이유 등을 따지는 문제에서 큰 관점의 차이가 생긴다. 그럼에도 불구하고 성경은 인류에게 지구상에 있을 마지막 재앙에서 구원과 새로운 세상의 시작을 제시하고 가르친 유일한 하나님의 음성이다.

7장

하나님의 종들의 구별과 재앙 연기

세상 사람들은 진리를 따라 사는 것보다 자신의 욕망과 정욕을 따라 즐기며 사는 것을 더 좋아했다. 하나님은 이를 가장 큰 죄악으로 규정했다. 사람들은 하잘것없는 세상적 우상과 공허한 철학을 신봉하며 세상적인 삶을 그럴듯하게 포장하고 합리화했다. 하늘의 징계와 경고는 그동안 계속되었지만 뿌리 깊은 인간의 욕심은 그치지 않았고 결국은 하나님의 진로와 형벌을 불렀다. 그런 가운데도 많은 사람들이 예수 그리스도를 믿는 신앙에서 떠나지 않고 살았다. 여러 곳에서 핍박을 받고 죽기까지 했다. 하나님은 이들을 가려내고 구별했다. 그리고 이들을 구별하고 살리기 위해서 세상에 대한 징벌을 늦추고 지구촌의 무서운 자연 재해를 미루며 일반적인 재앙에서 일정 기간 구원했다.

위험한 지구를 보호하는 하나님의 종들

인간이 살고 있는 지구라는 곳은 광대한 우주 가운데 있는 한 작은 행성이다. 우주는 늘 변하고 팽창한다. 그래서 위험한 우주적 사건이 언제 일어날지 모르는 장소이다. 지구는 이런 태양계의 변화와 지구 주변의 여러 위험에 노출된 땅이다. 신비한 균형이 깨어지면 곧 무서운 재앙이 닥치는 땅이다. 여섯째 봉인을 떼고 나서 일곱째 봉인을 떼기 전에 갑자기 요한의 눈에 지금까지 나타난 영상과는 다른 것이 나타났다. 땅의 네 모퉁이에 네 명의 천사가 서서 사방에서 불어오는 거센 바람을 막아 바람이 땅이나 바다나 각종 나무에 불지 못하도록 버티고 있는 모습이었다. 이때에 다른 천사가 살아계신 하나님의 인장을 가지고 해 돋는 데서 올라와 땅과 바다에 큰 피해를 줄 권세를 받은 네 천사에게 큰 소리로 외쳤다. "우리가 하나님의 종들의 이마에 인장을 찍기까지 땅이나 바다나 나무들을 해치지 말라."

여기에서 몇 가지 설명이 필요한 말이 등장한다. '땅 네 모퉁이'에서 넷은 사방 온 땅을 의미하는 말이었다. '바람'은 각종 천재 지변을 상징했고 '천사'는 하나님이 자신의 뜻을 관철하기 위해서 부리는 종들로, 그 가운데는 하나님의 허락을 받고 사람들이 사는 세상에 불행과 재난을 일으키는 일도 했다. '하나님의 종들'은 예수를 믿고 구원을 얻은 무리를 말했다.

요한은 땅에서 구원을 얻은 유다 지파의 숫자가 모두 144,000명이라는 말을 천사에게서 들었고, 그들은 이스라엘 민족을 구성하는 12지파에서 선택된 사람들이었다. 요한의 가정은 전형적인 바리새파 유대인이었다. 유대인들은 자신들의 민족을 구성하는 12지파가 그들이 사는 세상에서 구원받을 사람의 전부라고 전통적으로 생각했다. 각 지파에서 선택한 12,000명은 유대식으로 완전한 숫자를 상징하는 말이었다. 이 숫자는 문자적인 숫자의 의미를 넘어서 바로 하나님이 정한 완전한 숫자를 상징한다고 학자들은 해석했다. 그러나 다른 해석을 하는 사람들도 있다. 세계 여러 나라에 흩어진 유대 민족은 상당한 숫자가 있지만 그 가운데 144,400명은 확실히 적은 숫자로 극히 제한적이라는 의미가 있다는 것이다.

하나님은 구약 시대와 신약 시대를 연결하는 강력한 고리로서 유대 민족과 그들 가운데 인침을 받은 극히 적은 숫자의 성도를 이곳에서 먼저 보였고, 그다음 요한은 환난을 이기고 예수의 보혈로 옷을 씻은 수많은 성도들이 흰옷을 입고 손에 종려나무(Olive) 가지를 들고 하나님의 보좌와 어린양 앞에 서서 찬양과 경배를 드리는 모습을 보았다. 그들은 세계 모든 민족과 나라에서 구원을 얻은 사람들로서 그 숫자가 커서 아무도 셀 수 없는 큰 무리라고 했다. 요한은 이렇게 두 무리의 성도들을 하늘 나라에서 각각 보았다. 그때에 보좌 주위에 있는 24장로 가운데 한 사람이 하나님의 보좌와 예수 앞에 나온 수많은 성도들이 누릴 축복을 지상의 성도들에게 전하는 말씀을 들었다. "보좌 가운데 계신 어린양이 그들의 목자가 되사 생명수 샘으로 인도하시고 하나님께서 그들의 눈에서 모든 눈물을 씻어주실 것이라"고 천국의 밝고 아름다운 삶을 약속했던 것이다.

6, 7장의 주제는 오늘을 사는 우리에게 한 중요한 질문을 던지고 있다. 우리는 참혹한 지구의 멸망을 믿음으로 막고 있는 자들인지 혹은 지구의 멸망을 죄악으로 재촉하는 사람들 편에 속해서 사는 자들인지 물어보고 있는 것이다. 하나님의 무한한 사랑의 속성과 사람들의 무지가 평행선을 그리며 비교가 되었다.

8~11장
일곱 나팔의 재앙 등

'긴 침묵과 금 향로'(8:1~5)

요한이 일곱 째 봉인을 떼었을 때 '반 시간쯤' 고요했다고 전했다. 천국에서 반 시간은 분명 땅에서는 상당한 시간이었을 것이다. 하나님의 시간과 피조물인 이 땅의 시간은 일치할 수가 없다. 갑자기 요한의 앞에 나팔을 가진 일곱 천사가 나타났다. 그때 다른 천사가 번쩍거리는 금 향로를 가지고 와서 보좌 앞에 있는 제단 곁에 섰다. 그가 성도들의 기도와 함께 제단에 드릴 많은 향을 받았다. 성도들의 기도는 순교자들의 호소와 함께 하나님의 마음을 움직이는 결정적인 원인이 된다. 그가 향로와 함께 많은 향을 보좌 앞 금 제단에 드렸다. 짙은 향연이 천사의 손에서 하나님의 앞으로 올라갔다. 그 후에 천사가 향로를 가지고 제단의 불을 담아다가 땅에 쏟을 때에 한 차례 큰 우레와 음성(rumblings)과 번개와 지진이 일어나서 큰 천재지변을 예고했다. 일곱 천사가 일곱 나팔을 가지고 소리를 준비했다.

- 첫째 천사가 나팔을 불었다.(8:6~7) 피 섞인 우박과 불이 나와서 땅에 무섭게 쏟아질 때 땅의 삼 분의 일이 타버리고 수목의 삼 분의 일도 타버리고 각종 푸른 풀도 타버렸다.

- 둘째 천사가 나팔을 불었다.(8:6~9) 불 붙는 큰 산과 같은 것이 바다에 던져졌고 바다의 삼 분의 일이 피가 되고, 바다 가운데 생명을 가진 피조물들 가운데 삼 분의 일이 죽고 배들의 삼분의 일이 깨졌다.

- 셋째 천사가 나팔을 불었다.(8:10~11) 횃불같이 타는 큰 별이 하늘에서 떨어져 강들의 삼 분의 일과 여러 샘물 (springs of water)에 떨어졌다. 큰 별의 이름이 '쓴 쑥(Wormwood)'이라고 했고 물들이 쓰게 변했다. 많은 사람이 쓴물 때문에 죽었다.

- 넷째 천사가 나팔을 불었다.(8:12~13) 해의 삼 분의 일과 달의 3분의 일과 별들의 삼 분의 일이 타격을 받아 그 삼 분의 일이 검게 어두워졌다. 낮의 삼 분의 일은 빛이 없었고 달도 삼 분의 일이 그러했다. 요한은 또

공중에 날아 가는 독수리를 보고 그것이 말하는 소리를 들었다.

"땅에 사는 자들에게 화(Woe), 화(Woe), 화(Woe)가 있을 것이니, 이는 아직도 세 천사들이 불어야 할 나팔 소리가 남아 있기 때문이로다."

하나님의 속성, 노하기를 더디하는 오랜 참음

하나님은 사람들이 하나님을 떠나 다른 신이나 돈이나 권력이나 세상의 강력한 것들을 더 의존하는 것을 보면 질투하고 진노하고 행동으로 응답했던 하나님이다. 그러나 하나님은 노하기를 '더디하시는' 영원한 하나님이다. '더디다'는 표현은 인간 세상의 시간적인 의미보다는 '천천히 자신의 계획에 따라'라는 뜻이 강하다. 우리가 지구의 마지막 날에 관한 얘기를 살피면서 꼭 기억해야 할 하나님의 큰 속성이다. 많은 이단들이 성급하게 그날이 속히 이를 것을 예단했고, 진실한 주의 종들도 그 시간을 인간적인 의미로 풀다가 여러 사람들을 실망시켰다. 하나님이 이 세상 끝에는 사람들의 마음속에 깊이 들어가 결코 떠나지 않는 마귀 사탄의 괴수를 땅에서 결정적으로 패배시키고 온 세상에 '정의와 공의'를 천명할 것이다. 하나님은 이런 필연적인 싸움의 결국을 눈에 보이는 영상으로 요한에게 보였고 우리는 그 가운데 얼마를 지금까지 본 것이다.

- 다섯째 천사가 나팔을 불었다.(9:1~12) 그때 하늘에서 떨어진 별(능력이 큰 천사)이 무저갱이라는 지옥 문을 열었다. 그러자 큰 화덕에서 나는 짙은 연기 같은 것이 지옥 문에서 올라와 해와 땅의 공기를 막아 온 세상이 어두워졌다. 또 큰 떼의 황충이 구멍에서 나와서 하나님의 인침을 받지 못한 사람들을 무자비하게 공격했다. 사람들은 아픔을 이기지 못해서 죽기를 원했어도 죽지도 못하고 계속 말할 수 없는 큰 고통을 느끼

고 신음했다. 황충의 모습은 전쟁을 위하여 준비한 말들 같고 그 머리에 금같은 관 비슷한 것을 썼으며, 그 얼굴은 사람의 얼굴 같고, 또 여자의 머리털같은 긴 털이 머리에 있고, 그 이빨은 사자의 이 같으며, 또 가슴에는 강철 호심경(Iron breastplate)을 찼다고 묘사했다. 황충은 또 날개를 가지고 있고 그 날개들의 소리는 전쟁터로 달려가는 전차 소리 같으며, 또 전갈과 같은 꼬리와 쏘는 살이 있어 그 꼬리에는 다섯 달 동안 사람들을 해칠 권세(기계를 움직이는 전원의 유효기간?)가 있었다. 또 황충에게 왕이 있었고 그 왕에게 붙인 이름이 '무저갱의 사자'라고 전했다.(우리 말로는 '파멸의 화신'이라는 뜻이었다.)

우주 전쟁에 등장하는 현대 무기들

요한의 표현에서 등장한 황충이나 황충의 우두머리인 왕과 마병대는 요즘 우리가 재미있게 보는 우주 과학 영화에 나오는 전쟁과 그곳에서 무자비하게 적을 살상하는 유사 인간 혹은 인간 모습을 한 병기(various weapons)를 보는 듯하다. 영화 제작자들이 〈계시록〉의 얘기를 참조해서 만들었을 수도 있지만 인류가 지금까지 개발한 인공지능과 과학 지식으로 충분히 만들 수 있는 무기들이다. 당시 사람들은 이해할 수가 없어서 경원하고 멀리 했을 수도 있지만 오늘날에는 사람들의 지성이 전적으로 거부하는 생소한 짐승 혹은 무기가 아니다. 그들은 하늘과 땅을 기막히게 빨리 날고 신속하게 움직였다. 그리고 그들의 행동을 조절하는 최신의 인공지능이 짐승 모습을 한 괴물을 움직였다. 짐승들이나 짐승의 일부가 '다섯 달 동안 사람들을 해칠 권세'를 가졌다는 말은 흡사 기계를 작동시키는 전원(Source of power)이 다섯 달이나 일정 기간 지속한다는 의미로도 해석이 가능하다. 이들은 과학의 눈부신 발전에 따라 인류가 개발한 현대식 혹은 미래의 가공할 병기일 것이다.

요한은 미래의 인공지능이 개발한 탁월한 기능을 가진 짐승이나 무기를 계시 가운데 보았는데 그가 늘 알고 있던 모세의 〈출애굽기〉에 등장했던 열 가지 기적들 가운데 한 가지인 황충을 기억하고 지옥에서 쏟아진 흉악한 동물과 그들이 가진 무기를 묘사했던 것 같다.

땅에 사는 자들에게 퍼붓는 화, 화, 화(Woe)(8:13)

요한은 공중에 날아가는 독수리가 큰 소리로 "땅에 사는 자들에게 화, 화, 화가 있으리니 이는 세 천사들이 불어야 할 나팔 소리가 남아 있음이로다"라고 외치는 것을 들었다. 세 가지의 화(고통스런 큰 재난)는 특별히 하나님을 거역한 땅의 사람들에게 임하는 재난이었다. 이들은 첫째가 요 9:1절, 둘째가 11:14절 그리고 셋째는 15~16장에 나타난 일곱 대접의 큰 재난을 의미했다.

- 여섯째 천사가 나팔을 불었다.(9:13~21) 하나님 앞에 있는 금 제단의 네 모퉁이 뿔에서 한 음성이 나팔을 가진 여섯째 천사에게 명령하는 말이 들렸다.
  "큰 강 유프라데스(Euphrates)에 결박한 네 천사를 놓아 주라!"

유프라테스 강은 메소포타미아(이라크와 이란) 평야를 동서로 가로질러 흐르는 큰 강이다. 이 강은 당시 북방 세력인 바벨론 제국이나 파사(Persia) 제국과 그리스, 로마 제국을 대표하던 남방 세력의 분기점에 있던 큰 강이다. 그곳에서 네 천사가 결박을 풀고 나왔다. 그들은 이 땅의 사람들 가운데 삼 분의 일을 하나님이 정한 시간에 살해하기로 준비되었던 자들이었다. 그들을 따라서 큰 무리의 마병대가 나타났다. 마병대의 수는 이만 만 (20,000×10,000 = 2억 명)이라고 요한은 정확한 숫자를 들었다. 이들 마병대는 붉은 색으로 번쩍거리는 강철 호심경(Iron breastplate)을 가슴에 둘렀고 또 이들이 탄 말들의 머리는 사자 머리 같고 그 입에서 불과 연기와 유황을 뿜어냈다. 이곳에서 요한이 기록했던 시간과 숫자는 정확한 하나님의 작정과 준비를 강조하는 표현이었다. 마병들이 불과 연기와 유황이라는 강력한 무기로 사람들 가운데 삼 분의 일을 살해했다. '불과 연기와 유황'을 토하는 말들은 마치 현대적 우주 살상 무기를 연상케 한다.

그러나 이런 큰 재앙과 징계에도 불구하고 살아남은 사람들은 세상에서 행했던 악한 일을 회개하지 않고 세상에 만연한 권세나 재미를 따르고, 여러 귀신과 금이나 은, 동과 목석과 같은 우상에게 절하고, 살인과 점술과 음행과 도둑질을 계속했다고 기록했다.

바로 이들의 모습이 현대인의 특징과 정확하게 부합하는 것이 놀라울 정도다. 이웃 나라에서 무더기로 사람들이 재앙으로 죽어가도 회개는커녕, 사람들은 갈수록 탐욕과 정욕에 빠져 세상 권력을 쫓고 이웃의 고통을 잊으려는 듯 재미에 중독이 되어가고 있다. 이들의 정신 세계를 지배하는 것은 오직 금이나 은, 그리고 눈에 보이는 물질적 가치이고 세상적 성공이다. 이런 것들이 사람들의 우상이 되고 있는 것이다.

무저갱(Abyss)이나 황충(locusts), 전갈의 권세(power of scorpions) 등의 단어가 계속 등장해서 독자의 이해력을 시험한다. 분명한 것은 이들은 지금 우리들의 통상적인 사고 영역에서 벗어난 존재들이고 이들을 묘사하는 용어라는 점이다. 시간의 개념 역시 잘 이해할 필요가 있다. 요한이 계시를 보고 또 성령의 인도를 받아 갔던 하나님 나라는 우리가 지상에서 사용하는 시간이나 장소 개념과는 다를 수 있다. 그가 표현했던 '다섯 달 동안' 혹은 '반 시간쯤'라는 표현은 지상의 시간 개념과는 역시 다를 것이다. 독자들은 이상한 말이나 존재가 분명치 않는 괴물이나 생물이 등장할 때, 또 그것들을 설명하는 알기 어려운 단어나 비유적 표현을 접할 때 성급하게 판단함으로 해석이 잘못될 수도 있다. 중요한 것은 우리가 참을성을 가지고 성경을 묵상하고 이해하려고 할 때 비로소 성령의 역사로 진실이 보이고 저자(하나님)의 의도를 이해하는 데 이른다는 사실이다.

10장

힘센 천사와 작은 두루마리 책

10장은 요한이 힘센 다른 천사가 나타나는 것을 보면서 시작했다. 그 천사는 구름으로 지은 옷을 입고 머리 위에 무지개가 있고 그 얼굴은 해 같고 그 발은 불기둥 같으며 그 손에 작은 두루마리를 들고 나타났다. 마치 5장에 나타났던 하나님의 모습과 비슷했다. 그의 대리 역할을 하는 큰 천사라는 뜻이다. 그가 그 오른발은 바다를 밟고 왼발은 땅을 밟고, 사자가 부르짖는 것같이 큰 소리로 외치자 일곱 우레가 큰 소리를 내어 말했다. 온 천하가 울릴 정도로 큰 소리였다. 요한은 분명 천사가 전했던 중요한 메시지의 말씀을 듣고 기록하려고 했다. 그러나 요한이 일곱 우레가 말하는 것을 기록하려고 할 때에 다른 소리가 요한을 막았다. 그가 요한에게 "일곱 우레가 말한 것을 인봉하고 기록하지 말라"는 명령을 내렸던 것이다. 말씀의 기록 혹은 선포가 시간적으로 하나님의 시간과 맞지 않아서 잠시 공포를 중단시켰던 것 같다. 그러나 천사는 마지막 그날의 심판이 속히 이루어질 것을 오른손을 들고 약속했다.

- 지체하지 아니하리니, 일곱째 천사가 소리 내는 날 그의 나팔을 불려고 할 때에 하나님이 그의 종 선지자들에게 전한 복음과 같이 하나님*의 비밀이 이루어지리라.

10장에 나타난 비유와 상징

- 힘센 다른 천사: 5장 2절에서 나타난 천사와 같이 힘이 있는 천사로 중요한 하나님의 계획을 알리거나 공포하는 천사이다. 그 모습이 마치 하나님과 같고 그를 대신해서 말하는 신적 존재를 비유적으로 표현한 말이다.
- 무지개: 〈창세기〉 9장 말씀과 같이 물로는 세상을 다시 징계하지 않겠다는 하나님의 약속을 상징하는 말로서, 하나님의 아름다운 약속과 실존을 상징하는 말이다.
- 발은 불기둥 같으며: 〈출애굽기〉 13장에서 하나님의 임재(Presence)를 상징하는 구름기둥(낮)과 불기둥(밤)과 유사한 표현이다.
- 오른발은 바다를 왼발은 땅을 밟고: 크고 엄청난 존재가 온 세상을 밟고 서 있는 상징적 모습이다

- 일곱 우레: 일곱은 충족함, 완전함 혹은 완성을 상징하는 숫자, 우레는 하나님의 진로나 징계의 말씀을 나타내는 언어이다.
- 세세토록 살아계신 이: 살아계신 하나님을 지칭했다. 성도가 땅에서 환난을 당하고 죽임을 당하지만 하나님이 계시지 않아서 당하는 것이 아니고 잠시 정해진 시간까지 참으시는 하나님을 상기시킨 위로의 표현이다.
- 지체하지 아니하리니: 마지막 심판의 날, 예수가 재림하는 날이 꼭 올 것이라는 표현이다.
- 하나님의 비밀: 비밀은 마지막 주님의 재림을 말한다. (참조, 〈다니엘 서〉 12:1)
- 열린 두루마리 책: 5장의 하나님의 징벌에 관한 일정과 일어날 일들을 기록했던 인봉된 두루마리 책과는 다른 하나님의 말씀이 적힌 성경책, 열려 있다는 것은 살아서 운동력이 있다는 비유이다.
- 네 배에는 쓰나 네 입에는 꿀 같이 달리라: 말씀을 읽고 받을 때는 감미롭지만, 그것을 소화해서 실행할 때는 쓴 약처럼 고통과 환란이 있고 어려울 것이라는 비유적 표현이다.
- 네가 많은 백성과 나라와 방언과 임금에게: 〈계시록〉의 첫 3장이 소아시아 터키 지방에 있던 일곱 교회에 대한 계시라면, 이번 '백성과 나라와 방언과 임금'은 로마 제국과 지도자는 물론, 앞으로 온 세상에 있을 모든 민족과 나라와 언어가 다른 많은 사람들을 상징적으로 지적한 말이다.

목회자들과 교회에 내린 명령

하늘에서 들리던 음성이 다시 요한을 불렀다. 그리고 바다와 땅을 밟고 서 있는 천사의 손에서 작은 두루마리 책을 갖다 먹으라는 말씀이 들렸다. 천사는 그것이 배에서는 쓰나 입에서는 꿀같이 달리라고 두루마리 책의 특징을 설명했다. 많은 학자들은 사람들이 복음을 듣고 영접할 때는 꿀처럼 달지만 그것을 꾸준히 실천하는 일은 어려운 일이라는 뜻으로 천사의 표현을 해석했다. 천사가 말했던 "네가 많은 백성과 나라와 방언과 임금에게 다시 예언하여야 하리라"라는 명령은 요한을 포함해서 미래의 모든 교회와 목회자들에게 마지막 심판의 날이 오기 전에 복음을 열심히 전하라는 하나님의 명령이었다. 교회는 구세주로 이 땅에 왔던 예수 그리스도의 살아 있는 몸이고 성도는 그 몸의 지체들이다. 예수가 선포했던 복음은 몸과 영혼을 살리는 생명이다. 그래서 예수가 요한에게 보여주고 기록하게 했던 〈계시록〉의 첫 3장의 내용이 지상에 있는 교회에 대한 경고와 권면으로 시작했고 〈계시록〉의 중반을 넘긴 지점에서 다시 목회자와 교회에 내리는 예수의 명령을 기록하게 했다.

한편 요한은 일곱째 나팔을 불기 전에 하늘에서 내려온 큰 천사가 전했던 엄청난 비밀을 듣고 기록하려고 했다. 그러나 하나님의 제지를 곧 받았다. 하늘의 비밀 가운데는 시기적으로 우리가 알아서 유익하지 않고 오히려 불안이나 다른 오해를 만들 소지도 있었다.

기독교적 철학과 이성

〈계시록〉은 처음 3장을 빼고는 다른 성경처럼 읽어서 바로 이해가 되는 성경이 아니다. 그래서 많은 사람들이 〈계시록〉이 난해한 책이라고 경원한다. 맞는 말이다. 독자가 우선 생소한 단어나 이상한 표현으로 그 뜻을 이해하기 어려운 것이 사실이고 또 성경에는 수많은 비유적 표현이나 상징적 단어를 쓰고 있는 까닭으로 독자는 당연히 이해에 어려움을 겪는다. 비유나 상징은 그것이 말하고자 하는 대상을 찾지 못하면 바른 해석이나 이해가 나올 수 없다. 〈계시록〉은 이런 어려운 비유나 상징이 도처에 깔려 있는 책이다. 잘못해서 땅에 묻은 지뢰를 밟아서 큰 사고가 나는 것과 같이, 〈계시록〉에 포함된 이런 비유나 상징적 표현을 잘못 해석해서 큰 문제가 터졌었고, 앞으로도 이런 위험이 언제나 있기 때문에 많은 사람들이 〈계시록〉을 공개적으로 설교하거나 강해하기를 꺼린다.

그러나 과거 어느 시대이건 적지 않은 신학자나 설교자들이 〈계시록〉을 치우치지 않고 균형을 유지하며 해석하고 강해하는 것을 계속했다. 학자들이 이런 해석과 강해를 모아서 〈계시록〉의 의미를 어느 정도 파악했다고 생각했지만, 그 뒤에 새로운 시대가 오고 세상의 모습이 완전히 바뀌고 다른 상황이 벌어지면서 새로운 패러다임으로 〈계시록〉을 해석하고 강해해야 하는 사태가 생겼다. 비유나 상징의 대상이 시대에 따라서 달라질 수는 없지만 독자에게 전해지는 의미는 달라질 경우가 생겼던 것이다.

성경은 살아 있는 책이기 때문에 시대와 상황이 변하면 그에 맞는 해석과 강해가 새롭게 나오게 마련이다. 오늘 〈계시록〉을 읽는 독자들이 이해에 어려움을 겪는 이유 가운데 하나는 이런 도움을 적절히 받지 못하고 있다는 점이다. 여러 이견을 극복하고 새로운 시대에 맞는 해석을 제시할 기독교 철학이나 이성이 필요한 이유이다. 21세기를 시작하면서 과학 발전이 눈부시고 생물학 분야의 새로운 발견으로 이런 해석을 한 번 더 종합적으로 내려야 할 때인 것이다.

11장

두 증인과 일곱째 나팔

〈계시록〉의 해석상 주의할 점

요한이 올라가 보고 들었던 하나님 나라는 인간이 살고 있는 우주라는 공간과 시간 세계를 넘어서 존재하는 차원이 다른 세계 혹은 장소였다. 그곳에는 성도나 장로나 천사와 같은 인간 세계에 살고 있는 존재도 있고 보좌 주위에 있는 네 생물이나 하나님이 부리는 영과 천군 천사와 같이 전혀 다른 동식물도 살고 있는 곳이다. 그곳은 보좌에서 흐르는 생명수 강이 있고 그 강가에는 계절을 따라 아름다운 과실을 맺는 나무들도 있다.

그러므로 아무도 〈계시록〉의 사건이나 인물 그리고 하늘에서 나타난 여러 현상을 오늘의 현존 세계의 물체로 설명하거나 혹은 특정한 미래의 어떤 시간이나 존재로 단정한다는 것은 매우 어려운 일이고 위험한 일이다. 하나님은 계시 중에 나타났던 놀라운 사태나 말씀 가운데 일부를 요한에게 세상에 공포하지 못하게 명령했던 까닭이 아닌가 추측할 수도 있다.

〈계시록〉의 일부가 과거 어느 시점부터 이미 시작되었고, 현재에도 진행되고 있으며, 미래의 어느 날 어느 때에 예수의 재림이 이 땅에 온전히 이루어진다고 주장하는 사람들이 있다. 그들은 마지막 날에 휴거가 일어나고 사람들이 사는 세상 그리고 지구 혹은 우주에 큰 변혁이 일어나 〈계시록〉이 완결된다고 생각한다. 그들은 〈계시록〉에 나타난 일부 사건이나 변혁을 로마 제국의 흥망 성쇠와 같이 그동안 인류가 겪었던 시대나 나라의 흥망과 비교하며 이미 이루어졌다고 주장했다. 이런 시도는 상당한 근거도 있는 것 같지만 늘 위험한 함정들도 있는 것이 사실이다.

> 〈계시록〉의 주된 내용이 마지막 날의 재앙과 심판이고 그때까지 이루어질 여러
> 사건은 상당한 역사를 통해서 오랫동안 진행되는 긴 시간에 일어날 사건들이다.
> 말 그대로 미래의 사건이기 때문에 문자적 해석에 조심하고 절제하며 앞에 있을
> 큰 사건에 집중하는 것이 오류를 피하는 길이다.

교회가 당할 시련

우리는 이미 〈계시록〉의 중간 부분에 와 있다. 지금부터는 〈계시록〉의
난해한 부분이 본격적으로 등장하기 시작하는 때이다. 요한은 성전과 제
단 그리고 그 안에 있던 자들을 측량하고 판단할 나무 자(갈대)를 받았다. 자
(Rule)는 무엇을 측량하고 검사하고 그리고 정한 법에 따라서 심판할 때 필
요한 도구이다.

요한을 비롯해서 오늘날 교회의 지도자들은 모두 예수 그리스도가 세운
지상 교회를 위해서 '나무 자'를 받은 사람들이다. 이들이 잘 섬기고 이끌
어야 한다. 특히 성전(교회) 바깥 마당은 이방인 군대에 의해서 완전히 점령
당했다는 사실이다. 다른 종교를 믿는 사람들 그리고 사탄의 유혹에 빠진
사람들이 예부터 지금까지 교회를 에워싸고 비방이나 창조주 하나님의 존
재를 부인하는 불신이나 무신론을 전파하고 있다. 또 인본주의가 지금까지
개발한 여러 과학적 방법이나 철학 사상을 선전하고 인간의 이성에 호소
하며 사람들을 유혹하고 있다. 그들은 교회가 그리고 성도들이 실족하기를
기다리며 적극적으로 유혹의 손짓을 하고 있다. 사탄의 세력이 그들과 동
조해서 온 교회를 공격하고 있는 것이다.

오늘 11장에서 거룩한 성(지상교회)이 이방인(타 종교집단이나 사탄의 세력)에 의
해서 짓밟힐 기간이 마흔두 달(42개월, 3년 반) 동안이라고 말했다. 아무도 '마

흔 두' 달이 어느 정도의 시간인지 또 언제 시작할지 알지 못하지만 그것이 아무리 긴 시간이라도 일시적인 것이라는 의미는 분명하다. 또 요한에게 주어진 잣대는 교회를 보살피는 일이라고 해석할 수 있고 요한의 때부터 '마지막 그 날'이 올 때까지 요한 이후 미래의 모든 교회 지도자들에게 이런 막중한 책임이 주어진 것이다.

예루살렘성과 초대교회

요한이 〈계시록〉을 쓸 당시인 서기 90/100년경에는 이미 성전이 있던 예루살렘성은 로마 군대에 의해서 완전히 파괴되었고 유다 나라는 로마 제국에 흡수되어 지구상에서 없어진 후였다. 그 사이에 하나님의 교회는 작은 예루살렘성을 벗어나서 전 세계에 놀라운 속도로 전파되었고 그 때문에 당황한 세상 지도자와 제국의 권위를 상징하는 황제들의 모진 핍박을 당하고 있는 중이었다.

두 증인 얘기

하나님이 엄청난 권세를 주고 예언을 하게 했던 두 증인 얘기가 등장한다. 그들은 주 앞에 있는 이 땅의 두 감람나무와 두 촛대라고 그들의 정체를 부분적으로 밝혔다. 앞에서 설명했던 것같이 촛대는 교회를 상징하는 말이었다. 감람나무는 더운 지방에서 자라는 가장 보편적인 나무로 그 열매는 모든 사람들이 먹는 주식 가운데 하나였다. 두 증인은 분명히 말씀으로 사람들을 먹이고 살리는 교회의 어떤 탁월한 지도자를 지칭했고, 그들이 굵은 베옷을 입었다는 것은 마치 세례 요한의 낙타 가죽 옷과 같이 거친 옷을 비유하는 소박한 삶이나 시대에 필요했던 회개를 상징한다고 볼 수도 있다. 분명한 것은 결코 큰 교회의 높은 자리나 화려한 신분의 사람은 아니었다.

두 감람나무는 하나님의 선지자였다. 그러나 그들이 누구인지에 대해서 지금까지 많은 해석이 있었다. 아무도 상징적인 하나님의 언어를 정확하게 해석하는 것은 어려운 일이다. 대신 그들이 무슨 일을 했고 누구에게 살해당했고 그리고 사후의 처리나 하나님의 처분을 생각하면서 그들의 정체를 어느 정도는 유추할 수 있다.

1) 그들은 큰 권능을 가지고 예수 그리스도를 증언하고 예언했던 선지 자들이다.
2) 그들은 무저갱에서 올라온 짐승(사탄)의 공격을 받고 여러 민족이 사는 대도시에서 공개적으로 살해되었다.
3) 두 선지자의 죽음을 주민들이 즐거워하고 기뻐했다. 그 이유는 그들의 증언이나 예언이 우상 숭배나 극단적인 인본주의 사상과 물질 만능주의에 빠진 세상 사람들의 부패한 정서를 진리의 말씀으로 괴롭게 했던 까닭이다.
4) 그들은 부활해서 하나님 나라로 구름을 타고 올라갔다.

두 증인의 삶과 죽음은 예수 그리스도의 삶과 죽음을 닮았다. 부활과 승천도 같았다. 단지 무저갱에서 올라온 사탄이 그들과 전쟁을 벌여서 두 증인을 죽였다. 예수는 유대교 지도자와 로마 제국의 연합 세력에 의해서 십자가에서 죽었다. 결국 사탄은 맹목적인 종교와 강력한 국가 권력을 동원해서 예수의 두 증인을 죽인다고 볼 수 있다. 현재 이 땅에서 벌어지고 있는 여러 사태들을 볼 때 일부 종교의 근본주의적 태도와 무자비한 폭행이 현저하게 늘어나고 있다. 지금까지 기독교를 가장 잔혹하게 박해했던 지역은 이슬람 근본주의가 지배하는 지역과 극단적인 힌두 종교를 따르는 인도의 일부 지역이다. 또 무신론을 주장하는 공산주의 나라였다. 앞으로도 수많은 기독교인들이 이런 지역에서 진리의 복음을 전하며 참혹한 순교를 당할 것이다. 두 증인은 이런 극단적인 종교에 의해서 살해당하는 주의 신실한 종들을 상징적으로 표현했다고 볼 수 있다.

또 다른 해석도 있다. 두 증인은 화려한 세상, 탐욕과 정욕이 넘쳐나는 지도층 그리고 먹고 자는 것이 확보된 사람들의 관심인 세상 재미나 오락에 빠진 대중에게 쓴 소리를 전했던 것이다. 두 증인은 그런 먹고 즐기는 세상에서 그리고 그곳에서 필연적으로 발생하는 차별, 불만, 다툼을 멀리할 것과 모든 사람이 자유롭게 평등한 자리에서 살아계신 하나님을 높이고 영원한 세상을 바라보며 '서로 사랑하는' 삶을 가르쳤던 것이다. 교회 공동체가 바로 그런 촛대였다. 두 증인은 구약에서 이스라엘 민족을 이끌었던 두 지도자인 모세와 엘리야같이 '천이백육십 일'을 예언하며 대적하는 무리를 하나님의 능력으로 물리치고 제압했다. 그러나 마지막 때가 가까울수록 세상은 더욱 사납게 변하고 폭력 지향적인 사회로 변할 것이다. 그들이 증언을 마칠 무렵 사탄이라는 짐승(사탄)이 무저갱(지옥)에서 올라와 이 두 증인과 싸움을 벌이고 그들을 살해했다.

11장의 사건은 오늘날 세상에서 일어나는 평화적인(?) 핍박과 겉은 달라도 내용은 똑같은 것이다. 세상 지도자들은 지금 자유와 평등 그리고 인권이라는 그럴듯한 인본주의의 미명 아래서 학교나 공공 장소나 집회에서 하나님과 기독교 이름을 법으로 금지하고 무신론적 주장을 사람들에게 강요하고 있다. 세계의 선진국이라고 자부하는 미국에서 현재 진행되고 있는 기독교 신앙 탄압에 나선 정치나 사회의 큰 흐름과 유사한 사건이다. 요한이 보았던 큰 성은 예수를 십자가에 메달아 죽였던 예루살렘성과 죄악으로 멸망한 소돔이나 불신자들의 소굴이 되어버린 오늘날 세계의 대도시 같은 곳을 비유적으로 지적한 말이었다.

장면이 바뀌고 하늘에서 또 소리가 났다.

- 둘째 화는 지나갔으나 보라 셋째 화가 속히 이르는도다.

비유적 표현에 대한 세상적 비판

첫째 화는 9장에서 보였던 다섯째 천사가 나팔을 불 때 일어났던 사건이고, 둘째 화는 바로 여섯째 천사가 나팔을 불 때에 나타났던 재앙이었다. 〈계시록〉에서 천사들이 나팔을 불고 이 땅에 큰 재앙들이 나타난 얘기가 하나에서 다음으로 곧 이어지지만, 이것 역시 현실 세계에서는 상당한 시차를 두고 일어나는 사건들이다. 하나님 나라는 영원한 나라이고 영겁의 시간을 포함하는 상상하기 어려울 정도의 광대한 영역이다. 성경에서, 특히 〈창세기〉나 〈계시록〉에서 나타난 시간을 우리가 사는 현실 세계의 시간과 맞지 않는다는 이유로 일부 지식인이나 과학자가 기독교 진리를 부인 혹은 폄하하려고 하지만 차원이 다른 세계를 비교하는 것처럼 의미가 없는 일이다.

일곱째 나팔, 큰 음성과 합창, 심판과 상급

일곱째 천사가 나팔을 불었다. 하늘에서 큰 음성이 들렸다. "세상 나라가 우리 주와 그의 그리스도의 나라가 되어 그가 세세토록 왕 노릇 하리로다." 하나님 앞에서 보좌에 앉아 있던 24장로가 엎드려 얼굴을 땅에 대고 하나님께 경배하며 합창했다. 그리고 하나님이 선지자들과 성도들과 또 작은 자든지 큰 자든지 주의 이름을 경외하는 자들에게 상을 주시고 또 땅을 망하게 하는 자들을 멸망시킬 때가 왔다고 노래했다. 곧 이어서 하늘에 있는 성전이 열리며 성전 안에 하나님의 언약궤가 보이며 또 번개와 음성들과 우레와 지진과 큰 우박이 보였다. 언약궤는 유대인 조상들이 40년 동안 광야를 배회할 때 꼭 가지고 다녔던 나무 상자로 그 안에 모세의 지팡이와 하나님이 유대인들을 먹였던 만나를 그릇에 담아 증거로 넣어 두었던 궤였다.

지난 6장에서 두루마리 문서를 봉했던 일곱 봉인 가운데 여섯째 인을 뗄 때는 예수가 재림할 '마지막 그날'에 지구에 나타날 무서운 우주의 변화와 함께 땅의 임금들과 왕족들과 장군들과 부자들과 강한 자들과 모든 종과 자유인이 굴과 바위 틈에 숨어 하나님과 어린양의 진로를 가려달라고 외치는 모습이 나타났었다. 이곳 11장에서 일곱째 천사가 나팔을 불 때는 '마지막 그날'에 믿음을 지킨 사람들에게 내리는 하나님의 상급을 보여주었다. 하나님이 그날에 두 종류의 사람들에게 내릴 최후의 징벌과 아름다운 상급을 요한을 통해서 보여주고 경고했던 것이다.

12~14장
일곱 대접 재앙 전에 있을 여러 사건들

12장 얘기, 고귀한 여자와 용의 대결

큰 이상이 하늘에서 나타나 요한에게 보였다. 머리에는 열두 별이 번쩍이는 찬란한 관을 쓴 여자가 해처럼 밝은 옷을 입고 나타났다. 그의 발 아래에는 아름다운 달의 모습이 은은했다. 광대한 하늘나라에서 우주의 일부분인 밝은 해와 아름다운 달로 치장을 할 만큼 높임을 받는 고귀한 신분의 여인이었다. 갑자기 그녀가 아이를 낳으려고 신음하며 심한 산고를 겪으며 아픔으로 부르짖고 있었다. 보배로운 생명을 알리는 전주곡이었다. 그때 하늘에서 무서운 짐승 하나가 나타났다. 머리가 일곱이고 뿔이 열 개나 달린 크고 무시무시한 용이 나타나서 해산하려는 여자 앞에서 아이를 낳으면 그 아이를 삼키려고 웅크리고 있었다. 큰 용이 가진 일곱 머리에는 역시 권능을 상징하는 일곱 왕관이 있었다. 그 용은 얼마 전에 악어의 꼬리같이 강력한 꼬리를 휘둘러서 하늘에 있는 별 삼 분의 일을 끌어다가 땅에 던졌을 만큼 누구도 감당하기 어려운 큰 힘을 가진 짐승이었다.

시간이 조금 지났을 때 고귀한 여자가 아들을 낳았고, 그 아이는 장차 철장(Iron scepter)으로 만국을 다스릴 남자였다. 그 아이가 곧 하나님 앞과 그 보좌 앞으로 올려졌다. 그 여자는 무서운 용을 피해서 광야로 도망을 갔고, 그곳에는 천이백육십 일 동안 살 수 있도록 하나님이 예비한 곳이 있었다.

요한이 보았던 이상 속에는 두 인물(여자와 아이)과 악한 무리의 대표 격인 사탄을 상징하는 큰 용이 있었다. 고귀한 여자는 하나님이 예비한 신비한 여자로 세상을 다스릴 구세주를 잉태해서 낳은 구원의 산모였다. 그녀는 지상 교회를 상징하는 인물로 해석할 수 있는데 여자가 낳은 아들은 하나님의 독생자로 이 땅에 온 예수 그리스도였다.

창조와 마지막 심판의 주인

하나님은 인류의 창조주다. 하나님은 사탄인 뱀의 꼬임에 빠져서 죄악의 삶을 사는 인류를 구속하기 위해서 아들을 보냈고 그의 십자가 죽음을 통해서 구속 사역을 완성했다. 옛 뱀이라고도 하고 사탄이라고도 하는 큰 용은 여자가 아이를 낳으면 지체 없이 아이를 삼키려고 했다. 그러나 하나님의 간섭으로 아이는 용의 처음 공격을 피했고, 이 땅에 온 목적인 인류의 모든 죄를 대신 짊어지고 십자가에서 죽었다. 요한이 보았던 일련의 영상(Spectacles)을 시작부터 끝까지 연결하면, 〈창세기〉에 나타난 우주와 인간 세상의 창조부터 시작해서 뱀의 유혹으로 인간 세계에 들어온 죄와 예수 그리스도가 인간의 모든 죄를 대신 지고 십자가에서 죽었다가 사흘 만에 부활해서 하나님 나라에 있는 보좌 앞으로 올라갔던 중요한 사건들의 역사였다. 이 사건들이 상징하는 인류의 긴 역사는 두 부분으로 구성되어 있다. 전반부는 창조에서 예수가 이 땅에 탄생할 때까지의 인류 역사이고, 후반부는 용이 대표했던 사탄의 공격에서 장차 있을 마지막 심판 때까지의 인류 역사다.

사탄의 무서운 능력

옛 뱀 혹은 사탄이라는 큰 용의 모습과 변형 그리고 그 세력이 만만치 않았다. 용이 가진 일곱 머리는 충족한 지혜를 가졌다는 표현이고 열 뿔은 세상 어떤 능력도 제압하기에 완전할 정도의 강력한 힘을 상징하는 표시였다. 용은 전설 속에 존재하던 무섭고 강력한 짐승이다. 그를 따르는 수많은 무리를 거느렸고, 바다에서 그리고 땅에서 나온 다른 괴상한 동물들의 집중적인 도움을 받아서 하나님의 군사를 대적하고 지상 교회를 공격해서 없애려고 했다.

12장도 우리가 알기 어려운 내용이 여럿이 있다. 용의 힘이 크다는 것을 나타내기 위해서 사용한 "그 꼬리가 하늘의 별 삼 분의 일을 끌어다가 땅에 던졌다"라는 문장이 단순히 용의 괴력을 표현하기 위해서 쓰인 것인지 혹은 지상(땅)에 있는 성도들과 교회에 행한 무서운 재난과 핍박을 형용하는 표현인지 정확한 의미를 판단하기 어렵다. 또한 여인이 아이를 낳고 피한 '광야'는 마치 이스라엘 민족이 애굽 왕 바로와 그 군대를 피해서 광야로 나가서 40년을 방황했던 〈출애굽기〉 얘기와 비슷한 비유를 던지고 있지만, 세상 어디에 사탄의 공격을 피할 장소는 없는 것이다. 오직 하나님의 보호 아래에 있는 교회와 믿음의 공동체는 언제나 하나님의 강력한 보호를 받는 신령한 모임이고 장소이다. 또 여인이 피란처에서 환란을 피해서 산 기간인 '일천이백육십 일'이라는 숫자도 재림 때까지의 긴 시간을 상징하는 것으로 우리의 지혜로는 도저히 짐작할 수 없는 기간이다. 단지 '속히' 혹은 '곧'이라는 시간보다는 구체적으로 정해진 긴 시간이라는 의미가 있다.

우리가 이미 10장에서 〈계시록〉에서 사용한 언어나 용어의 해석상 어려움에 대해서 잠시 언급을 한 데 이어서 〈계시록〉은 여러 곳에서 우리가 지금 해석하기 어려운 사건들을 기록하고 있다. 앞으로 많은 연구와 검토가 빠른 인류의 문화 발전을 감안해서 진행되어야 함을 알려주고 있다. 우선 그 출발점이 성경의 원전들을 바탕으로 고대에 사용했던 다양한 언어의 해석이다. 따라서 오늘날 성경을 읽는 독자들이 어떤 성경을 읽느냐가 중요하다. 각계의 전문가들이 성령의 인도 속에 해석하고 연구하고 번역한 보편적 성경을 선택해서 읽는 것이 무엇보다 필수적이다.

하늘 나라의 전쟁과 땅으로 내쫓긴 사탄

장면이 또 바뀌었다. 하나님의 강력한 천사장인 미가엘이 큰 용을 하늘 나라에서 쫓아낸 천상의 전쟁 얘기가 전개되었다. 우선 용의 정체가 이곳에서 자세히 밝혀졌다. 큰 용은 옛 뱀 곧 마귀 혹은 사탄이라 부르는 자로,

원래는 온 천하(만민)를 유혹하는 자였다. 그는 하나님 앞에서 밤낮으로 땅에 살고 있는 사람들, 특히 믿음의 형제들을 참소하던 자였다. 참소라는 말은 '남을 헐뜯어 없는 죄를 있는 것처럼 꾸며서 고해 바침'이라는 말이다. 영어 성경은 'Acusers 혹은 Who leads the whole world astray,'라고 'NIV'는 번역했다. 좋은 예로 사탄은 구약에 나타난 의인 욥을 하나님 앞에서 헐뜯어 비난한 끝에 욥으로 하여금 세상에 둘도 없는 비극과 고통을 당하게 했다. 그리고 〈창세기〉에 나타난 최초의 여자이고 인류의 조상인 하와를 꾀어서 하나님이 금했던 사과를 따먹게 해서 이후 끔찍한 죄가 처음으로 인류(인간성) 안에 들어오게 했던 원흉이었다.

하나님의 천사장인 미가엘은 천군 천사를 이끌고 큰 용과 그를 따르는 다른 실족한 천사들의 무리와 우주에서 전쟁을 벌였고 끝내 용과 추종자들을 하늘나라에서 쫓아냈다. 용은 하나님 보좌 앞에서 더 이상 설 자리를 잃었고 땅으로 내쫓긴 뒤로는 악한 세력을 규합해서 하나님과 구세주(메시아)인 예수를 따르는 교회와 성도들을 더욱 핍박하고 그 가운데 많은 사람들을 죽였고 악행을 계속하고 있다. 그러나 교회와 성도들은 예수의 보혈과 예수가 전했던 복음과 말씀의 증거로 사탄을 정신적으로 이겼고 죽기까지 자기들의 생명을 아끼지 아니했다. 이런 영상이 마치 영화 필름처럼 요한의 앞에서 전개되었고, 하늘에서 큰 음성이 나서 영상들의 내용과 뜻을 요한에게 설명했다. 그리고 다가올 무서운 지상에서의 전쟁과 재난을 예언했다.

두 종류의 사람들

'하늘과 그 가운데 거하는 자들'은 예수 그리스도를 구주로 영접하고 믿음으로 구원을 받은 자들이다. 그들은 순교자들과 같이 예수를 위해서 생명을 내놓았던 사람들과 또 세상의 핍박을 끝까지 견디고 승리했던 성도들이다. 그들은 이 땅에서는 거룩한 교회에 속해서 충성했고 죽어서는 하나님 나라에 거하는 특권을 받았다. 반면 '땅과 바다에 거하는 자들'이라는 말은 하나님을 떠나 다른 잡신을 섬기든지 혹은 그리스도를 반대하는 불신 세력에 부동해서 사는 사람들을 지적하는 말로 죽어서는 어둠 속에 갇혔다가 예수가 재림하는 날 심판을 받고 두 번째 죽음을 당해서 불 못에 떨어질 사람들이다.

요한의 눈 앞에 진행 중이던 영상이 다시 아이를 낳고 하나님이 준비한 광야로 도망을 갔던 여자에게로 옮겨졌다. 독수리는 날짐승 가운데 가장 빠른 동물이다. 여자가 큰 독수리 날개(마치 과학 영화에 등장하는 빠른 개인용 비행체)를 받고 뱀의 낯을 피하여 광야로 가서 '한 때와 두 때와 반 때'를 '양육' 받았다고 했다. 여자의 뒤에서 뱀이 그 입으로 엄청난 물을 토하여 여자를 물에 떠내려 보내려고 했다. 그러나 땅이 입을 벌려 용의 입에서 토한 강물을 삼키는 바람에 뜻을 이루지 못했다.

용이 화를 내고 돌아가서 그 여자의 남은 자손 곧 하나님의 계명을 지키며 예수의 증거를 가진 자들과 더불어 싸우려고 바다와 모래 위에 서 있었다. 광야는 우리가 사는 이 세상이다. 여자가 그곳에서 지내는 '세 때 반'의 시간이 얼마나 되는 기간인지 아무도 모른다. 용이 여자의 남은 자손인 하나님의 계명을 지키고 예수의 증거를 가진 자들인 성도들을 공격하기 위해 싸우려고 바다 모래 위에 서 있었다. '바다 모래'는 지구의 온 땅을 둘러싼 바다와 해변을 의미하는 것으로 전 지구상에 있을 전면전을 상징적으로 나타내고 있다.

두 짐승

바다에서 나온 짐승

다시 장면이 바뀌고 바다에서 한 엄청난 짐승이 나오는 것을 요한이 보았다. 짐승은 강한 뿔이 열 개나 달렸고 머리를 일곱이나 가진 무시무시한 짐승이었다. 열 뿔에는 모두 왕관이 있었고 여러 머리에는 머리마다 하나님을 거역하는 이름이 붙어 있었다. 짐승은 마치 표범 같으나 그 발은 곰의 발 같고 그 입은 사자의 입 같이 크고 사납게 생겼다. 하늘에서 내쫓긴 용이 짐승에게 자기의 능력과 보좌와 큰 권세를 주었다. 장면이 바뀌고 갑자기 짐승의 여러 머리 가운데 하나가 상하여 죽게 된 것 같더니 그 죽게 되었던 상처가 신기하게 나았다. 온 땅의 사람들이 이를 놀랍게 여기고 짐승을 높이고 따랐다. 용이 짐승에게 권세를 주었으므로 사람들이 용에게 경배했고 또 짐승에게 경배하며 "누가 능히 이와 더불어 싸우리요?"라고 찬양하는 소리가 들렸다. 짐승이 마흔두 달 동안 입을 벌려 하나님을 비방했고 하나님의 이름과 그의 장막 곧 하늘에 사는 자들을 비방했다. 짐승이 성도들과 싸워 이겼고 각 족속과 백성과 방언과 나라를 다스리는 권세를 받았다고 큰소리를 쳤다.

비유적 의미

계시는 흔히 하나님의 비밀을 세상에 알리기 위해서 사용되었다. 하나님은 사람들이 잘 이해할 수 없는 사건이나 사고를 당할 때 의심하고 스스로 절망하는 사태를 방지하기 위해서 적당한 때가 되면 그의 뜻을 공개했던 것이다. 당시 로마 정부는 황제숭배 사상을 방대한 영토를 다스리는 강력한 통치수단으로 활용하기 시작했다. 네로가 시작해서 도미티안 황제 때가 되면 로마 황제는 정식으로 신의 이름(Dominus et Deus noster)을 가지고 자신의 신전을 세우고 사람들로 하여금 다른 신들에게 하는 것 같이 황제의 신상 앞에서 경배하도록 강제했다. 불응하는 자들에게는 사형과 같은 강력한 징계가 내렸고, 어느 지역에서는 팔고 사는 생업이 금지당하기도 했다.

요한의 눈앞에 나타난 짐승은 바로 로마 황제나 후대의 절대 권력자들, 유물론을 주장하는 공산주의 정권들을 상징한다고 볼 수 있고 그들은 이런 불법과 박해를 일정 기간인 마흔두 달 동안 하늘의 허락을 받고 행한다는 의미였다. 마흔두 달이라는 기간은 예수의 초림과 재림 사이의 기간 혹은 그 사이에 있을 어느 특정한 기간을 상징했다.

하나님의 계획

요한은 의롭지 못한 절대 권력자들의 폭거가 하나님의 허락을 받고 이 땅에서 행해지는 것이 궁금하고 답답했을 것이다. 그때 하늘에서 나는 소리가 그에게 들렸다. 불변의 하나님이 선포하는 그의 영원한 다스림과 결정을 선포하는 소리였다.

- 누구든지 귀가 있거든 들을지어다!

- 사로 잡힐 자는 사로잡혀 갈 것이요, 칼에 죽을 자는 마땅히 칼에 죽을 것이니 성도들의 인내와 믿음이 여기 필요한 것이니라.

죽음에 대한 요한의 철학적 변증
세상에서 죽음은 모든 것이 끝나는 종점이지만, 하나님이 선택한 사람들에게 죽음은 새로운 시작이고 영화롭게 변하는 출발점이다. 이 진리는 세상 사람들에게는 대단한 역설같이 들리지만, 그리스도인들에게는 너무나 당연하다. 요한이 힘들여 변증했던 사실이다.

땅에서 올라온 짐승

장면이 다시 바뀌고 이번에는 어린양같이 두 뿔을 가진 순한 짐승이 땅에서 올라왔다. 그가 먼저 나왔던 짐승의 모든 권세를 그 앞에서 행하고 땅과 땅에 사는 모든 자들을 처음 짐승 곧 죽게 되었던 상처가 나은 짐승에게 경배하게 했다. 그가 큰 이적을 행했는데 심지어 사람들 앞에서 불이 하늘로부터 땅에 내려오게 하는 큰 이적을 행함으로 땅에 사는 자들을 미혹했다. 그는 또 칼에 상하였다가 살아난 짐승을 위하여 우상(Image)을 만들 것을 강요했다.

짐승의 우상이 세워졌다. 땅에서 올라온 짐승이 첫째 짐승의 우상에게 생기를 주어 그 우상으로 하여금 말을 하게 만들었고, 또 누구든지 우상에게 경배하지 않는 자는 다 고통을 주고 죽였다. 그가 모든 자 곧 작은 자나 큰 자나 부자나 가난한 자나 자유인이나 종들에게 그 오른손에나 이마에 표를 받게 했다. 누구든지 이 표를 가진 자 외에는 매매를 못하게 했다. 그 표는 곧 땅에서 올라온 짐승의 이름을 숫자로 풀이한 것이라고 했다. 바로

'사람의 수'라고 하는 '666'(육백육십육)이었다.

큰 용은 옛 뱀이라고 하는 사탄의 괴수이다. 바다에서 올라온 짐승과 땅에서 올라온 짐승이 이들 사탄의 삼인방(trinity of Satan)이 되어, 드디어 땅에 사는 모든 사람을 이적과 기사로 미혹하고 믿고 따르게 만들었다. 사람들은 그들의 엄청난 힘과 이적과 생명의 능력을 보고 복종했다. 그들은 오른손이나 이마에 짐승의 이름인 '666'이란 표를 자랑스럽게 받았다.

비유적 의미

땅에서 올라온 짐승은 지혜가 무궁무진했고 불덩어리를 하늘에서 땅에 떨어뜨리는 이적과 큰 능력을 가진 짐승이었다. 인류가 지금까지 개발한 인본주의 사상이나 철학을 대표하는 사회 또는 국가와 같은 집단으로 하나님을 대적하는 무리였다. 창조주 하나님을 불신할 뿐만 아니라 인류의 구원자로 온 예수 그리스도의 신성을 거부하는 정치 사회 종교 지도자들이었다. 그들의 출생은 땅에서 태어나고 일어난 세력으로 사람들이 그동안 발전시키고 유용하게 가꾼 물질 문명이나 정신적 유산인 문화를 상징한다고 볼 수 있다. 이들 인본주의적 문명과 문화는 지금까지 인류의 역사를 이끌어 온 기독교 문화를 진실이 아니라는 이유로 점차 제거하고 자신들의 강력한 주장을 진리라고 속여서 세상에 전파하고 있다.

속이는 자, 사탄의 최종 목표

사탄은 이들 두 세력을 규합해서 이 땅의 교회와 성도들을 제압하고 그들의 나라를 완성하려고 마지막 결전을 준비하고 있다. 사탄은 영적 존재이다. 그는 온갖 모습으로 변장을 하고 세상 권력들과 사람들의 사상이나 철학 속에 숨어 들어가 거짓 영으로 그들을 속이고 있다. 깨어 있지 않으면 이들의 음흉한 목적을 알 수가 없는 것이다. 특히 이들 인본주의가 인류의 복지 증진과 발전에 눈에 띄게(?) 기여하고 있다는 사실 때문에 사람들이 더욱 속기 쉬운 것이 문제이다. 그러나 아무리 속임수에 능한 사탄이나 악한 무리의 책동이 교묘해도 사람들은 속일 수 있을지언정 창조주 하나님과 성령의 눈은 피할 수 없는 것이다.

욕망이 이끈 인류 문화

성경은 인간이 죄악에 빠지는 가장 큰 이유를 육신적 '탐욕과 정욕'에 두고 있다. 그러나 인간의 육신적 탐욕이나 정욕이 다 나쁜 것은 아니다. 인간의 정상적인 욕망은 인류 문명을 이끌어 온 견인차의 한 궤도 역할도 했던 것이 사실이다. 인간의 정신적 활동을 자세하게 들여다보면 그 가운데는 인간의 이성과 판단으로 사회를 발전시키고 평화롭게 살아가기 위한 노력이 좋은 결과를 가져왔던 사실을 부인하기 어렵다.

많은 사람들이 이런 인간의 정신 활동에서 삶의 가치를 찾으려고 했다. 그들은 하나님과 예수 그리스도를 믿는 신앙을 가지고 인본주의적 철학과 사상을 발전시켜 사람들의 정신 세계를 넓혔고, 일정한 사회적 제도와 윤리를 정해서 그것으로 세상 질서를 유지하고 더 나은 사회를 만들려고 했다. 이들은 철학이나 과학이나 예술 정치 등 각 방면에서 인간들의 자유로운 정신 활동을 통해서 사회를 변화시켰고 역사의 여러 고비를 지나면서 눈부신 성과를 거두기도 했다. 고대 그리스 철학이 시작되었던 배경이고 중세를 끝내는 르네상스 운동으로 찬란했던 그리스 문화를 다시 개화시켰던 사람들이 바로 이런 사람들이었다. 이들 가운데는 과학이나 생물학의 눈부신 발전을 이끈 여러 과학자들이 있었다. 그리고 민주 정치의 교과서가 된 미국의 헌법을 기초했던 사람들이 이런 사람들이었다.

그러나 사탄은 인간의 정상적인 욕망과 정욕을 이용했고 하나님을 떠나 죄악을 짓고 스스로의 파멸을 자초케 만들었다. 사탄은 속이는 자이다. 탐욕과 정욕이라는 달리는 전차에 제동장치를 슬그머니 제거하고 오히려 그 자리에 화려한 세상 권력과 부귀 그리고 명예를 놓고 사람들을 유혹했다.

〈창세기〉 성경 속의 인간(Humanity in Bible)

구약의 〈창세기〉는 우주와 인간 세상이 어떻게 창조되었는지를 설명한 서양 역사 책이며 유대교와 기독교가 같이 믿는 성경책이다. 〈창세기〉 1장에서 3장은 창조주라는 이름의 하나님이 어떻게 우주와 첫 인류의 조상을 창조했나를 설명한 내용이다. 독자가 〈창세기〉의 창조 일화를 읽다 보면 우주를 창조한 하나님의 의중 혹은 원칙을 알 수가 있다. 그의 창조 원칙은 철저한 인간 중심의 우주를 만들었다는 사실이다. 인간은 다른 생물과는 다르게 창조주의 형상(인격)대로 만들었을 뿐만 아니라 그들에게 하나님이 창조했던 세상 모든 것을 관리하고 지키는 일을 맡겼다. 하나님이 창조한 온 세상은 당연히 그의 통치 아래에 있지만, 현실적으로는 그를 대신해서 하나님의 인격을 가진 인간에게 모든 관리를 맡겼던 것이다. 이는 사람은 하나님과 뗄 수 없는 인격을 가지고 태어났다는 점이고, 지상에서 그를 대신하는 임무를 가지고 태어났다는 점이다. 단지 인간의 맘에 죄가 들어간 후에는 인간들은 하나님의 뜻을 어겼지만 그의 근본적인 창조원칙은 그대로 남아 있다는 것을 하나님은 그 후에도 수시로 인간들에게 상기시킨 사실이 성경에 기록되어 있다.

필연적 충돌

인류의 모든 죄를 자신의 생명으로 대속한 독생자 예수 그리스도가 완전한 심판장으로 이 땅에 다시 오는 날은 사탄이 우두머리인 이들 악한 세력이 멸망하는 '마지막 날'이다. '마지막 그날'이 가까이 올수록 악한 세력은 세상의 지식과 지혜를 무서운 속도로 축적하며 자신의 능력을 키웠다.

사탄은 영적, 지적 존재이다. 그들은 자신들의 시간이 얼마 남지 않은 것을 알고 땅의 모든 세력을 세상에 있는 온갖 권력과 풍요라는 미끼를 제공하며 설득하고 규합해서 이 땅의 교회와 성도들에 대한 마지막 결전을 준비했다. 그들은 우선 불신 사상이나 무신론을 주장하며, 이 땅의 교회와 성도들을 제압해서 세상 왕국을 건설하려고 했다. 그들이 갖춘 고도의 지능과 문명의 이기들은 막강했고 지상에서 어떤 사람이나 집단도 짓밟기에 충분할 정도가 되었다. 교회와 성도들은 심각한 핍박을 당하고 멸망의 위기에 빠졌다. 〈계시록〉의 마지막 종반부는 예수 그리스도가 구름을 타고 내려와 그 입의 말씀으로 악한 세력을 멸하는 얘기를 전하고 있다.

짐승의 표, 666

사람의 오른손이나 이마는 신체 여러 부분 가운데서 가장 잘 눈에 띄는 부분이다. 당시 얼굴이나 귀 등에 낙인을 찍어 노예들이나 특수 범행자들을 일반 사람들이 알도록 강제하던 관습이 남아 있던 때였다. 막강한 권세를 자랑하던 사탄의 무리는 자기를 따르는 사람들을 다른 사람들과 구분하는 짐승의 표식을 주어 우대했다. 정확하게 그것이 어떤 표식인지 또 '666'은 무슨 암호인지 아무도 정확하게 설명하기는 어렵다. 사람들은 지금도 자신의 신분이나 자격을 자랑하기 위해서 여러 가지 명찰이나 배지 등 표식을 만들어 다른 사람들이 알아보기 쉽게 차고 다닌다. 짐승의 표식은 분명히 세상이 인정하는 성공지수를 나타내는 표식일 것이다. 당원증, 특별 회원권이나 우대권 등이 악한 자들의 손아귀에서 마귀가 주는 표식이 될 수 있다.

악의 세력

하나님을 대적하는 악한 세력이 세 가지 짐승의 모습으로 이 땅에 나타났다. 첫째가 땅으로 쫓겨났던 '옛 뱀' 혹은 '큰 용'이라고 부르는 사탄 혹은 마귀의 우두머리였다.(12:7~9) 그다음은 바다에서 올라온 짐승으로 뿔이 10개에 머리가 7개나 달린 능력(뿔)과 지혜(머리)가 뛰어난 동물이었다. 열 뿔에는 빛나는 왕관이 있고 일곱 머리에는 하나님을 대적하는 이름들이 가득했다.(13:1) 셋째 짐승은 땅에서 올라왔다. 모습이 어린양 같고 머리에는 두 뿔이 있고 용처럼 담대하게 말을 하는 짐승이었다.(13:11) 셋째 짐승은 마치 신과 같이 큰 이적을 행하는 능력이 있어서 불덩어리를 하늘에서 땅에 던져서 사람들을 놀라게 했다. 그는 둘째 짐승의 우상을 만들고 사람들이 그에게 경배하게 만들었다.

학자들에 따라서 세 짐승의 해석이 다르지만, 다수의 학자들은 '큰 용'이라고 부르는 첫 짐승은 〈창세기〉 3장에서 하와를 유혹해서 금단의 열매를 따먹게 했던 옛 뱀이라고 인정했다. 둘째 짐승은 당시 큰 제국이던 로마 제국 혹은 후에 나타날 여러 강대국들 또는 군사, 정치, 경제적 세력을 의미한다고 해석했고 적 그리스도(Antichrist)*라고도 해석했다. 셋째 동물은 세상 권부를 섬기는 종교 세력 혹은 거짓 선지자 또는 인간 중심의 철학이나 사상을 대변하는 무신론자들이나 불신세력이라고 해석할 수도 있다.

---

* 적 그리스도는 요한 사도가 그의 서신서에서 처음 사용했던 말로 예수 그리스도를 거부하는 세력이다

13장의 교훈과 현대 사회

위험한 세상

인류는 이미 개발한 정교한 미사일을 발사해서 세계 어느 곳에나 '하늘에서 떨어지는 불덩어리' 또는 '물 속에서 튀어나온 괴물' 같은 강력한 핵폭탄을 언제든지 보내 공격할 수 있고 또 지구라는 땅을 몇 번이고 파괴할 수 있는 양의 핵폭탄을 가지고 있다. 문제는 인류는 지역과 민족이나 시대를 가리지 않고 늘 서로 다투며 산다는 것이다. 동서양이 경쟁을 하고 있고 기독교와 이슬람이나 불교가 다투고 있다. 한 지붕 아래에 사는 사회마저 가진 자와 그렇지 못한 자로 나뉘고, 서로 다른 목표를 추구하는 이익 집단들이 폭발 직전까지 다투고 있다. 그들이 결정적인 전쟁을 감행하지 못하는 이유는 승리에 대한 결정적 확신이 없기 때문이다. 인류는 승리가 확실하면 언제나 싸울 준비를 하고 살아 왔다.

오늘 우리가 사는 세상은 위험이 도처에 깔린 위태로운 곳이 점점 되고 있다. 이런 면에서 〈계시록〉(13장)의 여러 현상이 먼 미래의 사건이 아니고 우리가 살고 있는 세상이고 우리가 그때를 지내고 있다는 느낌을 준다. 현대 문명의 특징 가운데 하나로 인류문화를 지탱해온 기독교적 가치와 정신 문화가 무신론적 유물 사상이나 과학주의의 공격 앞에 힘 없이 노출되어 있고 이미 큰 상처를 받았다. 하나님의 계획이 아니면 자칫 문명의 몰락과 지구 종말이 일어날 것이라는 어둡고 답답한 전망이 나오고 있는 이유이다.

인본주의의 눈부신 발전

인본주의는 19, 20세기 격동적인 사회 변혁을 맞으면서 고삐 풀린 말처럼 정치 사회 그리고 경제 과학 분야에서 인류의 삶을 크게 변화시킬 여러 '사상이나 제도'를 개발하고 발전시켰다. 1789년 프랑스 혁명으로 태동했던 '인간의 자유, 평등 사상', 1776년 미국의 독립 선언으로 세상에 선포한 '다수에 의한 민주주의와 권력의 분산', 1760~1820년 사이에 일어났던 산업혁명으로 등장한 '대량 생산과 자본주의 사상'과 1848년 발표했던 공산당 선언으로 나타났던 '복지와 유토피아 사상' 등은 인류의 미래를 크게 변화시킨 사상이고 철학이었다.

기독교의 위기와 인본주의의 부패

기독교는 16세기 마르틴 루터에 의한 종교 개혁을 통해서 '개신교'라는 새로운 신앙으로 거듭났다. 개신교는 이후 역사적 변화와 격동기를 거치면서 인생의 중요한 '사상과 철학'을 외면하고 오직 신앙 세계에 집중했다. 그 결과 기독교는 인류에게 꼭 필요하고 하나님의 진심이기도 했던 자유, 평등, 사랑, 인권, 박애 등 고상한 사상이나 철학의 구체적 실천을 인본주의를 신봉하는 사람들과 권력 추구가 본심인 정치가들에게 대부분 넘겨주고 말았다.

한편 인본주의자들이 또 부패하기 시작했다. 그들은 이런 사상이나 생각들을 발전시켜 이익 집단의 목적이나 혹은 정권을 잡고 유지하기 위한 방편으로 부풀리고 변질시켰다. 아무리 좋은 사상이라도 변질되면 장점보다는 부정적인 모습이 나타나 사회를 어둡게 만든다. 오늘 사회의 혼란은 이런 고상한 '사상이나 철학'의 부패에서 시작되었다. 혼란의 중심에는 우리의 사회를 오랫동안 지켜온 기독교적 질서와 절제의 무분별한 파기에도 있다. 동성애와 같은 일부 부패한(지나친) 인권이나 자유나 평등에 대한 부풀린 개념이 오히려 기독교 안으로 역류해서 우리들의 신앙 세계마저 혼잡하게 만들고 있는 것이 오늘날의 문제이다.

14장

아름다운 소식

어린양과 함께 한 십사만 사천의 노래

요한은 장면이 바뀌고 하나님의 처소를 상징하는 예루살렘성의 시온산에 어린양이 섰고 그와 함께한 십사만 사천 명(144,000)의 순결한 성도들을 보았다. 성도들의 이마에는 어린양의 이름과 그 아버지의 이름을 쓴 것이 있었다. 요한은 이 때에 두 가지 소리를 들었다. 하나는 많은 물 소리와 같고 큰 우렛소리와도 같았고, 다른 소리는 거문고 타는 자들이 내는 아름다운 음악 소리 같았다. 어린양과 함께한 거룩한 성도들이 네 생물과 장로들 앞에서 새 노래를 불렀다. 땅에서 죄사함을 받은 십사만 사천밖에는 능히 이 노래를 배울 자가 없었다. 이들은 여자와 결혼하지 않은 순결한 사람들이라 어린양이 어디로 인도하든지 따라가는 사람들이었다.

요한은 또 세 천사가 모든 민족과 종족과 백성에게 전할 영원한 복음 (eternal gospel, good news)을 가지고 공중에 날아가는 모습을 보았다.

첫 천사가 좋은 소식(복음)을 큰 음성으로 전했다.

－ 하나님을 두려워하며 그에게 영광을 돌리라. 이는 그의 심판의 시간이 이르렀음이니, 하늘과 땅과 바다와 물들의 근원을 만드신 이를 경

배하라!

또 다른 천사 곧 둘째가 그 뒤를 따라가며 말했다. 지상의 악한 세력이 망했음을 알리는 소리였다.

- 무너졌도다. 무너졌도다. 큰 성 바벨론이여, 모든 나라에게 그의 음행*으로 말미암아 진노의 포도주를 먹이던 자로다.

셋째 천사가 그 뒤를 따라 가며 큰 음성으로 땅에 사는 사람들에게 경고의 목소리를 외쳤다.

- 만일 누구든지 짐승과 그의 우상에게 경배하고 이마에나 손에 표를 받으면, 그도 하나님의 진로의 잔에 부은 포도주라, 거룩한 천사들의 앞과 어린양 앞에서 불과 유황으로 고난을 받을 것이니, 그 고난의 연기가 세세토록 올라갈 것이니라. 짐승과 그의 우상에게 경배하고 그의 이름 표를 받는 자는 누구든지 밤낮 쉼을 얻지 못하리라. 성도들의 인내가 여기 있나니 그들은 하나님의 계명과 예수에 대한 믿음을 지키는 자니라.

심판과 결과
악한 세력을 대표하는 사탄의 강력한 세 지도자가 뭉쳐서 이 땅에서 예

---

* 음행은 악한 행동을 상징하는 언어로 쓰여졌고, 바벨론은 당시에는 로마 제국을, 현재로 보면 세계 모든 번성하는 나라나 도시를 상징한다고 볼 수 있다.

수를 믿는 모든 성도와 교회를 핍박하고 진멸하려고 준비하는 동안 하늘에서 세 천사들이 나서서 하늘의 군사가 이들 땅의 세력을 완전히 멸하고 예수 재림의 영광스런 날이 곧 이를 것을 모든 사람들이 듣고 알 수 있도록 큰 소리로 선포했다. 그리고 예수 그리스도와 다른 천사가 각각 낫을 가지고 이 날에 거두어드릴 두 가지 대조적인 추수(심판)를 그림처럼 보여주었다. 요한은 먼저 흰 구름이 있고 구름 위에 인자와 같은 이가 앉은 모습을 보았다. 그 머리에는 금 면류관이 있고 그 손에는 예리한 낫을 가졌다. 천사가 성전으로부터 나와 구름 위에 앉은 이를 향하여 큰 음성으로 외쳤다.

- 당신의 낫을 휘둘러 거두소서! 땅의 곡식이 다 익어 거둘 때가 이르렀습니다.

구름 위에 앉으신 이, 예수가 낫을 땅에 휘두를 때에 땅의 곡식이 거두어졌다. 예수를 믿고 하나님의 자녀들이 된 성도들이 거두는 손길에 잡혀서 차곡차곡 쌓이는 모습을, 추수 때 낫을 휘두르는 농부를 비유로 표현한 영상이었다.

또 다른 천사가 하늘에 있는 성전에서 예리한 낫을 가지고 나왔다. 불을 다스리는 다른 천사가 제단에서 나와 낫을 가진 자를 향하여 큰 음성으로 말했다.

- 네 예리한 낫을 휘둘러 땅의 포도 송이를 거두라! 그 포도가 익었느니라.

천사가 낫을 땅에 휘둘러 땅의 포도를 거두어 하나님의 진노의 큰 포도주 틀에 던졌다. 성 밖에서 틀이 밟히니 틀에서 피가 나서 말 굴레에까지 닿았고 시온성을 덮을 만큼 길고 넓은 지역에 퍼졌다. 악인들이 흘리는 피를 포도주 틀에서 흐르는 포도주로 비유했고, 죄악이 만연한 상태를 '포도가 익었다'는 표현으로 대신했고, 피가 흥건한 포도주 틀을 마지막 심판 때 악한 세력이 당할 고통스런 죽음을 상징하는 말로 표현했다.

15~16장

일곱 대접 재앙 곧 마지막 재앙,
독수리(8:13)가 예언했던 세 번째 화

15장 얘기

일곱 천사와 일곱 대접

또 시간이 흘렀다. 예수가 천군 천사의 옹위를 받으며 이 땅에 재림해서 상과 벌을 내리는 마지막 날이 임박한 때였다. 요한이 일곱 천사가 세상과 악한 세력에게 내릴 무서운 일곱 재앙을 가진 모습을 보았다. 그날의 일곱째 재앙으로 하나님의 모든 재앙은 끝난다는 소리가 그에게 들렸다.

사탄과 두 짐승이 세상에 엄청난 이적을 행하고 또 나라와 사람들에게 큰 번영을 이루도록 지혜와 총명을 주었다. 모든 사람들이 그들을 따랐고, 그들은 순종의 의미로 세상의 표식인 '666'을 받고 승승장구하며 예수를 믿고 따르는 성도와 교회를 핍박하고 하나님의 거룩한 이름을 모독했다. 하나님은 그들을 위해 준비한 일곱 대접에 담긴 '진노'를 그들과 그들이 사는 지상과 소굴에 쏟아붓는 무서운 영상을 요한에게 보여줄 차례였다.

요한은 먼저 불이 섞인 유리 바다 같은 것이 있고, 짐승과 그 이름의 수를 받지 않은 수많은 자들이 유리 바닷가에서 서서 '하나님의 거문고'를 가지고 '하나님의 종 모세의 노래'와 '어린양의 노래'를 부르는 소리를 들었다.

- 주 하나님 곧 전능하신 이시여, 하시는 일이 크고 놀랍도다. 만국의 왕이시여, 주의 길이 의롭고 참되도다.
- 주여, 누가 주의 이름을 두려워 아니하며 영화롭게 아니하오리까? 오직 주만 거룩합니다. 주의 의로우신 일이 나타났으므로 만국이 와서 주께 경배할 것입니다.

유리 바다는 하나님의 보좌 아래에 흐르는 생명수 강물이다. 요한이 이번에는 징벌을 상징하는 불이 섞인 바다같이 큰 물가에서 수많은 성도와 교회가 서서 성전의 악기를 가지고 하나님과 어린양을 노래하는 아름다운 대 합창 소리를 들었다. 요한이 다른 영상을 보았다. 하늘에 있는 '증거 장막' 곧 성전이 열리며 일곱 재앙을 내릴 일곱 천사가 성전에서 나와 깨끗하고 빛나는 세마포 옷을 입고 가슴에 금띠를 띠고 서 있었고, 그때 보좌 주위에 있던 네 생물 중의 하나가 영원토록 살아계신 하나님의 진노를 가득 담은 금대접 일곱을 그 일곱 천사들에게 주었다.

하나님의 보좌가 있고 거룩한 존재가 있는 성전에서 금대접을 들고 나왔다는 것은 '하나님의 진노'를 담은 그릇이라는 점을 강조한 말이었다. 요한은 하나님의 영광과 능력으로 성전에 연기가 가득 찼고 일곱 재앙을 마치기까지는 아무도 성전에 들어 갈 수가 없었다고 기록했다.

일곱 천사가 입은 세마포는 당시 왕이나 귀족이 입던 비단 옷으로 가슴에 두른 금띠와 함께 천사들의 높은 위상을 표현하는 말이다. 하늘 성전과 그 가운데 있는 하나님의 보좌는 하나님의 현존을, 네 생물과 일곱 천사는 모두 하나님의 영광과 존귀를 상징하는 짐승과 천사들로 하나님 곁을 지키는 종들이다.

16장 얘기
마지막 진노의 일곱 대접
성전에서 큰 음성이 났다.

- 너희는 가서 하나님의 진노의 일곱 대접을 땅에 쏟으라.
- 첫째 천사가 나가서 그 대접을 땅에 쏟았다. 짐승의 표를 받은 사람들과 그 우상에게 경배하는 자들에게 악하고 독한 종기가 났다.
- 둘째 천사가 대접을 바다에 쏟았다. 바다가 곧 죽은 자의 피같이 변해서 바다 가운데 사는 모든 생물이 죽었다.
- 셋째 천사가 그 대접을 강과 물 근원에 쏟았다. 그것들이 모두 피로 변했다.

요한이 이때에 물을 관리하는 천사가 말하는 소리를 들었다.

- 전에도 계셨고 지금도 계신 거룩하신 이여, 이렇게 심판하심이 의롭도다. 그들이 성도들과 선지자들의 피를 흘렸으므로 그들에게 피를 마시게 하신 것이 합당하나이다.

성전에 있는 제단(순교자들)에서 호응하는 소리가 들렸다.

- 그러합니다! 주 하나님 곧 전능하신 이시여, 심판하시는 것이 참되고 의롭습니다.
- 넷째 천사가 그 대접을 해에 쏟았다. 해가 권세를 받아 불로 사람들을 태웠다. 사람들이 불에 타 죽었다. 참혹한 징벌 속에도 이들이 회개하지 아니하고 재앙을 행하는 권세를 가진 하나님의 이름을 비방했다.

끝까지 항거하는 악의 사나운 속성이 드러났다. 일곱 대접 재앙은 죄인들에 대한 회개를 위해서 내려진 것이 아니고 죄악에 대한 하나님의 '최후 심판'과 이에 따른 파멸이었다.

- 다섯째 천사가 또 대접을 짐승의 왕좌에 쏟았다. 그 나라가 곧 어두워지며 사람들이 아파서 자기 혀를 깨물고, 아픈 것과 종기로 말미암아 하늘의 하나님을 비방하고 그들의 행위를 회개하지 않았다.

'짐승의 왕좌'는 사탄과 짐승이 악한 무리의 괴수로 지상에 만든 높은 왕좌였다. 이들이 무서운 사탄이지만 겉모습은 당당한 국가 권력을 상징하는 사람들, 재물이 있는 거부들, 권세가 있는 왕족들 그리고 보좌를 가진 왕과 황제들이라는 사실을 상징했다.

- 여섯째 천사가 그의 대접을 큰 강 유브라데스 하수에 쏟았다. 시퍼렇게 흐르던 강물이 말랐다. 물이 마른 큰 강은 마치 큰 길로 변해서 동방에서 오는 세상 왕들을 위한 대로로 변했다.

유브라데스강의 비유적 의미

유브라데스강은 당시 동·서양 세계를 구분하는 경계선이었다. 로마 제국은 서방 세계를 대표하는 제국이었고 동방 세계의 맹주는 페르시아 제국(파티아, Patia, 현 이란)이었다. 긴 강에 강물이 말랐다. 악한 세력을 상징하는 동방 세력이 모든 성도와 교회를 상징하는 남방 시온성을 공격하기 위해 남진하는 큰 길로 변했다는 말이었다.

개구리 같은 더러운 세 영

요한은 장면이 바뀌고 다른 영상이 나타나는 것을 보았다. 개구리 같은 더러운 세 영이 용의 입과 짐승의 입과 거짓 선지자의 입에서 나왔다. 그들은 귀신의 영으로 여러 큰 이적을 행하며 온 천하 왕들에게 가서 하나님 곧 전능하신 이의 마지막 심판의 날에 있을 최후 결전을 위하여 그들을 설득해서 자신들의 세력으로 끌어 모았다. 세 영이 히브리어로 아마겟돈이라 하는 곳으로 왕들을 집합시켰다(거짓 선지자는 악의 세력에 부종했던 종교 지도자 혹은 목회자로 해석할 수 있다).

개구리는 원래 성경에서 더러운 동물을 대표하는 미물이었다. 개구리 같이 추악한 세 더러운 영은 속이는 영 곧 사탄의 영을 상징했다. 세 더러운 영이 용과 짐승과 거짓 선지자들의 입에서 나와서 온 천하에 있는 나라의 사람들과 지도자들에게 가서 물질적 번영과 행복 그리고 큰 권세를 약속하며 온갖 거짓말로 설득해서 자신들의 진영으로 불러들였다. 그리고 결전을 벌이는 아마겟돈이라는 곳으로 그들의 모든 군사를 집결하도록 했다. 아마겟돈은 원래 '무깃도의 산'이라는 히브리 말이다. 무깃도(Megiddo)는 구약에서 이집트 바로 왕의 군대와 앗수르와 바벨론 나라가 전쟁을 하기 위해서 오가는 전략적 통로로 사용했던 유대 나라 남쪽 변방에 있는 땅 이름이다. 하늘에서 또 소리가 들렸다.

- 보라 내가 도둑같이 오리니 누구든지 깨어 자기 옷을 지켜 벌거벗고 다니지 아니하며 자기의 부끄러움을 보이지 아니하는 자는 복이 있도다.

성도들이 마지막 때에 깨어 기도하며 자신의 신앙을 끝까지 지켜서 하나님 앞에서 부끄러움을 보이지 아니하는 자는 복이 있으리라는 천상의 격려였다.

- 일곱째 천사가 마지막 심판이 담긴 그의 대접을 공중에 쏟았다. 큰 음성이 하늘 보좌로부터 나서 "되었다(It's done)"라고 선언했다. 곧 번개와 음성들과 우렛소리가 있었고 큰 지진이 일어났다. 지진이 얼마나 큰지 사람이 땅에 살아 온 이래로 이같이 큰 지진은 없었다. 갑자기 바벨론 큰 성이 세 갈래로 갈라지고 그 안에 있던 사람들이 죽었다. 그리고 만국의 도시들이 힘없이 무너졌다. 하나님 앞에서 거룩한 이름을 비방하던 큰 성 바벨론이 그의 맹렬한 진노의 포도주 잔을 받았던 것이다. 모든 섬도 없어지고 산악도 간 데 없이 살아졌다. 또 무게가 한 달란트나 되는 큰 우박이 하늘로부터 사람들의 머리 위에 떨어졌다. 사람들이 그 우박의 재앙이 너무 심했기 때문에 큰 고통 속에 또 하나님을 비방했다.

바벨론성의 비유적 의미

바벨론성은 태고 때의 바벨 탑 사건과 같이 사람들이 큰 능력과 부귀와 물질적 번영을 집단적으로 과시하기 위해서 이 땅에 건설하는 거대한 나라와 사회를 상징하는 말이었다. 하나님을 대적하는 악한 영의 세력이 이들 지상의 인간 집단과 결탁해서 하나님과 예수 그리스도를 섬기는 '지상 교회'에 대한 총 공격을 감행했던 것이다. 악의 세력은 그들의 숫자가 많고 그들이 개발한 놀라운 각종 무기를 가진 막강한 집단이었다. 하나님 나라를 대신한 '지상 교회'의 세력은 이들을 대적하기에는 물리적으로 크게 부족했다. 그래서 두려워 떨었다. 그러나 이 전쟁의 특징은 사람과 마귀의 전쟁이 아니고 예수 그리스도가 교회를 대신해서 나선 거룩한 전쟁이었다. 공중에서 들린 큰 음성은 하나님의 분노의 음성이었고 큰 성 바벨론은 세 갈래로 갈라져 멸망하고 말았다.

16장의 교훈

세계의 종말은 반드시 온다. 그전에 하나님의 존재를 거부하고 인류를 죄에서 구원하기 위해서 이 땅에 온 하나님의 독생자인 예수 그리스도를 부정하는 악한 세력을 섬멸하기 위한 마지막 전쟁이 있을 것이다. 요한은 일곱째 대접을 쏟기 전에 세 사탄의 수뇌들이 토하는 개구리 같은 더러운 영을 보았다. 요한이 보았던 더러운 영은 사실은 속이는 영이다. 세상을 거짓으로 채우고 권력자들의 정신을 혼미하게 만들고 부자들을 그리고 가난한 사람들까지 다 속이는 천의 얼굴을 가진 거짓 영이다. 이들이 세상 곳곳에 숨어 세상과 인간의 정신 세계를 무력화시키고 하나님의 창조 질서를 전복하려고 할 때 일곱째 대접이 부어졌고 '마지막 그날'이 왔다. 환한 햇살이 이들 어둠의 세력 위에 비추었다. 강렬한 빛이 그들의 본질과 악한 마음을 다 들춰내고 심판대에 올리는 때였던 것이다.

17장

큰 음녀라는 바벨론의 정체와 심판

큰 음녀라는 세상에 대한 심판

장면이 바뀌었다. 일곱 대접을 가진 일곱 천사 중 하나가 요한에게 와서 말했다.

- 이리로 오라! 많은 물 위에 앉은 큰 음녀(the great prostitute)가 받을 심판을 네게 보이리라. 땅의 임금들도 그와 더불어 음행(adultery)하였고 땅에 사는 자들도 그 음행의 포도주에 취하였다.

이곳에 기록한 '음녀(prostitute)'라는 단어는 성경에서 늘 악한 사탄이나 세력을 대표하는 말로 사용되었고, 오늘 본문에서 그 앞에 '큰(great)'라는 말을 덧붙여서 사탄의 '영특한' 두목 혹은 그들이 다스리는 '거대한' 나라나 도시를 상징했다고 볼 수 있다. 역사적으로 보면 로마 제국이나 이어지는 유럽이나 동양의 강대국들을 의미한다고 일부 학자들은 보고 있다. '많은 물(many waters)'이란 말은 대륙을 관통하거나 육지를 둘러싼 여러 큰 강이나 바다를 뜻하는 말로 우리가 사는 곳인 온 세상을 말하고, 그 '위에 앉은'이란 표현은 세상을 다스리는 것을 비유적으로 나타내는 말이다. '음행'이란 말은 하나님을 거역하는 죄를 상징하는 단어이다.

말씀은 당시 로마 제국을 지배하던 황제들 그리고 권력과 세력을 잡은 자들이 받을 심판을 소개하는 서론으로, 시대가 지나고 오늘날 그리고 미래에 있을 세상 권력자들 그리고 많은 재물을 모으고도 그 의미나 용도를 깨닫지 못한 부자들이 받을 심판의 전주곡이 틀림없다. 그들은 지상에 있는 강력한 나라나 지도자와 영합해서 세상과 사람들을 지배하려고 했다. 큰 기업가나 각종 기관들의 지도자가 이런 시대적 조류나 유행 사조에 물들어 정상적인 판단을 잃고 헤매는 허탈한 모습을 전하고 있다. 오늘 우리도 이들처럼 부귀 영화만 좇아 살면서, 유행 사조인 재미와 오락에 빠지고 개중에는 술과 마약 등에 빠져 판단력을 잃고 비틀거리며 살고 있는 것도 사실이다.

이번에는 성령이 요한을 데리고 광야로 가서 '여자'로 표현된 음녀가 붉은빛 짐승을 타고 있는 영상을 보여 주었다. 그 짐승의 몸에 하나님을 모독하는 이름들이 가득했고 일곱 머리와 열 뿔이 있었다. 일곱 머리는 지혜가 심히 많다는 뜻이고 열 뿔은 짐승의 강력한 능력을 상징하는 모습이다. 그 여자는 자주빛과 붉은빛 옷을 입고 금과 보석과 진주로 단장을 했고 손에 가증한 물건과 음행의 더러운 것들이 가득한 번쩍이는 금잔을 들고 있었다. 영화와 사치가 넘치는 최상의 번영과 부귀와 영광을 상징하는 모습이었다.

그녀가 들고 있는 화려한 금잔에는 하나님을 부정하고 깨끗하지 못한 자신의 권세와 영광을 나타내는 것들이 가득했다. 음녀와 그녀가 쥐고 있는 금잔은 21세기 자본주의의 부산물인 사치와 향락 그리고 괄목할 첨단 과학의 놀라운 이기들과 사람들이 빠져들고 있는 재미와 오락 위주의 현대 문명에서 멀리 떨어져 있지 않다. 요한이 보았던 영상은 우리들의 먼 미래 모습이 아니고 과거에 이미 시작했고 우리가 사는 현재의 모습인 것이다.

음녀의 이름

음녀의 이마에 이름이 기록되었으나 세상에 알려지지 않은 이름들이었다. 천사가 음녀의 이름이 큰 바벨론(당시 모든 사람들이 알고 있는 큰 도시, 나라 이름)이고 땅의 음녀들과 가증한 것들의 산모라고 말했다. 제국이나 나라의 이름은 시대의 변화에 따라 바뀌는 것이다. 당시 세상을 지배하는 세력은 바벨론 제국을 이은 로마 제국이었다. 그들은 모든 세상 나라나 지도자들을 협력자로 모았고, 하나님을 부정하는 가증한 것들의 산실이 되었다. 오늘날 거대한 자본주의 나라의 부패한 모습이나 독재 국가의 횡포를 나타내는 상징적 표현이다. 또 과학계나 인문 분야의 지도자라는 사람들이 한결같이 하나님을 비방하는 주장들을 발표하고 있는 것과 일맥상통하는 모습이다.

또 요한은 음녀가 성도들이 흘린 피와 예수의 증인들이 흘린 피에 취했다고 그가 보았던 현장을 기록했다. 요한이 이를 보고 놀랍게 여기고 크게 경악했던 것은 물론이다. 요한을 이끌고 이곳에 온 천사가 요한에게 설명했다.

- 왜 놀랍게 여기느냐? 내가 여자와 그가 탄 일곱 머리와 열 뿔을 가진 짐승의 비밀을 네게 말할 것이다. 네가 본 짐승은 전에 있었다가 지금은 없으나 장차 무저갱에서 올라와 멸망으로 들어갈 자니 땅에 사는 자들로서 창세 이후로 그 이름이 생명책에 기록되지 못한 자들이 이전에 있었다가 지금은 없으나 장차 나올 짐승을 보고 놀랍게 여기리라.

천사가 이어서 말했다.

- 이곳에 지혜로운 마음이 필요하다. 그 일곱 머리는 여자가 앉은 일곱 산이요, 또 일곱 왕이라, 다섯은 망하였고 하나는 있고 다른 하나는 아직 이르지 아니했으나 이르면 반드시 잠시 동안 머무를 것이다. 전에 있었다가 지금 없어진 짐승(13:3)은 여덟째 왕(Antichrist)이니 일곱 중에 속한 자라, 그가 멸망으로 들어가리라.
- 네가 보던 열 뿔은 열 왕이니 아직 나라를 얻지 못했으나 다만 짐승과 더불어 임금처럼 한동안 권세를 받으리라. 그들이 한뜻을 가지고 자기의 능력과 권세를 짐승에게 주었도다.
- 그들이 어린양과 더불어 싸우려니와 어린양은 만주의 주시요 만왕의 왕이시므로 그들을 이기실 것이요 또 그와 함께 있는 자들 곧 부르심을 받고 택하심을 받은 진실한 자들도 이길 것이니라.

천사가 계속 요한에게 말했다.

- 네가 보았던 음녀가 앉아 있는 물은 백성과 무리와 열국과 방언들이니라. 네가 보았던 이 열 뿔과 짐승은 음녀를 미워하여 망하게 하고 벌거벗게 하고 그의 살을 먹고 불로 아주 사르리라. 이는 하나님이 자기 뜻을 이루기 위해서 그럴 마음을 그들에게 주시고 그들의 나라를 그 짐승에게 주는 것을 허락해서, 하나님의 말씀이 온전히 응하기까지 허락하심이니라. 또 네가 본 그 여자는 땅의 왕들을 다스리는 큰 성이니라.

마귀 사탄의 특징 가운데 하나는 '서로 미워하고 싸우는' 성질이다. 음녀와 짐승 사이에 이런 불화가 생겨 자중지란이 벌어졌고 짐승(antichrist)과 그를 지지하는 무리가 음녀를 미워하고 살해해서 깨끗하게 불살라 없앴다.

18장

바벨론의 멸망과 세상 열국들의 멸망

세상 열국들의 멸망

다른 천사가 하늘에서 내려왔다. 그가 큰 권세를 가졌기 때문에 그의 영광으로 땅이 환해졌고 곧 힘찬 음성으로 바벨론의 패망을 선언했다.

- 무너졌도다, 무너졌도다. 큰 성 바벨론이여! 귀신의 처소와 각종 더러운 영이 모이는 곳과 각종 더럽고 가증한 새들이 모이는 소굴이 되었도다. 미치게 만드는 타락의 포도주로 말미암아 만국이 무너졌으며 또 땅의 왕들이 그와 더불어 벗하였으며 땅의 상인들도 그의 엄청난 사치의 덕분으로 치부하였도다.

큰 음녀의 멸망 소식

요한이 앞에서 보았던 큰 음녀는 바벨론(제국) 이후에 나타난 로마 제국이었다. 세상을 강력한 권세로 다스리는 제국이나 큰 나라를 지칭하며 로마 제국이 망하고 나서도 큰 나라나 제국은 계속 나타나서 세상을 지배했다. 경제나 군사 혹은 종교적으로 세상에 큰 영향을 미치며 또한 강력한 영향력으로 세계 도처에서 시대적 사조를 선도하고 세상을 지배하는 나라들이 오늘날에도 여전히 존재한다. 다른 나라들이 이들을 따르며 함께 부패에 빠져가는 현상은 심해져갈 뿐이다.

그러나 하늘에서 내려온 힘 있는 천사가 이런 마귀 사탄의 세력이 무너졌다고 외쳤던 것이다. 사람들이 아직도 깨닫지 못하는 이유는 하늘의 선언을 들을 영적 귀가 닫혀 있기 때문이다. 교회는 사람들에게 언제나 이런 영적 각성을 공급하는 신령한 곳이고 죄와 허물을 씻는 생명의 샘물이 흐르는 모임이다.

또 요한이 하늘로부터 다른 큰 음성이 말하는 소리를 듣고 기록했다.

- 내 백성아, 거기서 나와 그의 죄에 참여하지 말고 그가 받을 재앙들을 받지 말라. 그의 죄는 하늘에 사무쳤으며 하나님은 그의 불의한 일을 기억하신지라, 그가 준 그대로 그에게 주고 그의 행위대로 갑절을 갚아주고 그가 섞은 잔에도 갑절이나 섞어 그에게 주리라. 그가 얼마나 자기를 영화롭게 하였으며 사치하였든지 그만큼 고통과 애통함으로 갚아주리라. 그가 마음에 말하기를 나는 여왕으로 앉은 자요 과부가 아니라 결단코 애통함을 당하지 아니하리라 생각하나, 하루 동안에 그 재앙들이 이를 것이니 곧 사망과 애통함과 흉년이라. 그가 또한 불에 살라지리니 그를 심판하는 주 하나님은 강하신 자시니라.
- 그와 함께 음행하고 사치하던 땅의 왕들이 그가 불타는 연기를 보고 위하여 울고 가슴을 치며 그의 고통을 무서워하며 멀리 서서 말하기를 '화 있도다 화 있도다 큰 성, 견고한 성 바벨론이여, 한 시간에 네 심판이 이르렀다' 하리로다.
- 땅의 상인들이 그를 위하여 울고 애통하는 것은 다시 그들의 상품을 사는 자가 없음이라. 그 상품은 금과 은과 보석과 진주와 세마포와 자주 옷감과 비단과 붉은 옷감이요 각종 향목과 각종 상아 그릇이요 값진 나

무와 구리와 철과 대리석으로 만든 각종 그릇이요, 계피와 향료와 향과 향유와 유황과 포도주와 감람유와 고운 밀가루와 밀이요, 소와 양과 말과 수레와 종들과 사람의 영혼들이라. 바벨론아 네 영혼이 탐하던 과일이 네게서 떠났으며 맛있는 것들과 빛난 것들이 다 없어졌으니 사람들이 결코 이것들을 다시 보지 못하리라.

바벨론으로 말미암아 치부했던 상인들이 그의 고통을 무서워하며 멀리 서서 울고 애통하며 말했다. 모든 배의 선장과 선원들과 바다에서 일하는 자들이 또 멀리 서서 성이 불타는 연기를 보고 외쳐 말했다. 그들이 티끌을 자기 머리에 뿌리고 울며 애통하여 외쳐 말했다.

- 이 큰 성과 같은 성이 어디 있느냐? 화 있도다, 화 있도다. 이 큰 성이여, 바다에서 배 부리는 모든 자들이 너의 보배로운 상품으로 치부하였더니 한 시간에 망하였도다. 하늘과 성도들과 사도들과 선지자들아, 그로 말미암아 즐거워하라! 하나님이 너희를 위하여 그에게 심판을 행하셨음이라.

이어서 한 힘 센 천사가 큰 맷돌 같은 돌을 들어 바다에 던지며 말했다.

- 큰 성 바벨론이 이같이 비참하게 던져져 결코 다시 보이지 아니하리라. 또 거문고 타는 자와 풍류 하는 자와 퉁소 부는 자와 나팔 부는 자들의 소리가 결코 다시 네 안에서 들리지 아니하고 어떠한 세공업자든지 결코 다시 네 안에서 보이지 아니하며, 또 맷돌 소리가 결코 다시 네 안에

서 들리지 아니하고, 등불 빛이 결코 다시 네 안에서 비치지 아니하고, 신랑과 신부의 음성이 결코 다시 네 안에서 들리지 아니하리라. 너의 상인들은 땅의 왕족들이라, 네 복술(상술)로 말미암아 만국이 미혹되었도다. 선지자들과 성도들과 및 땅 위에서 죽임을 당한 모든 자의 피가 그 성 중에서 발견되었느니라.

인간의 죄성과 세상의 부패

바벨론이라는 이름으로 등장했던 세상 나라가 하나님의 심판으로 패망했다. 〈계시록〉은 그 패망의 모습을 보고 애통하는 여러 종류의 사람들을 등장시켜 그들이 애통하고 무서워하는 이유를 설명했다. 요한은 세상의 모습을 당시 로마 제국에 살면서 대제국 혹은 대도시의 장점을 이용해서 권세를 휘둘렀던 왕이나 귀족들, 그들의 값비싼 옷과 장식품 그리고 고급 상품을 사고 팔던 상인들, 비싼 고급 상품을 만들어서 공급하던 제조 업자들, 그런 물품을 운송하던 선주나 선원들이 도시의 패망을 보고 자신들의 일자리가 하루 아침에 사라지고 망하게 되었던 것을 보고 애통하는 모습을 자세히 소개했다.

놀라운 사실은 요한이 보았던 나라나 도시가 바로 우리가 살고 있는 오늘의 도시이고, 그 화려한 부패와 부정이 똑 같고 그 속에서 선량한 사람들을 유혹하는 특권층의 사치나 젊은 세대를 미혹하는 광적 스포츠나 게임 등을 용납하는 점쟁이나 거짓 선지자(종교 지도자)들이 가득하다는 사실이다. 역사가 몇천 년이 지나도 변치 않는 사람들의 모습이다. 겉 사람은 거룩할 수 있어도, 탐욕과 정욕이 사람의 마음속에 자리잡고 있는 한 좀처럼 바뀌지 않는 인간의 적나라한 모습이다. 창조주 하나님이 사람들에게 그들이 바르고 아름다운 인생을 살도록 길을 보였고 지금까지 여러 교훈을 주고 가르쳤다. 그뿐만 아니라 하나님은 그의 인도를 거부했던 민족이나 사람들에게 심한 형벌까지 내렸지만 사람들은 고집스럽게 죄악에서 떠나려 하지 않고 있는 것이 현실이다. 18장 얘기는 바로 이런 인간의 죄성(Sinful Character)을 크게 클로즈업했다. 그 죄악의 결과가 여러 다양한 형태나 모양을 가지고 세상에 등장했다. 〈계시록〉은 이 모든 것을 '음녀'나 '바벨론'으로 형상화했고 그것이 영적 존재인 사탄과 그를 추종하는 거짓 선지자들과 함께 멸망하는 참혹한 모습을 전했던 것이다.

큰 바벨론 성에서 거룩한 선지자들과 성도들과 땅 위에서 죽임을 당한 모든 자의 피가 발견되었다. 〈창세기〉에 나타난 세 번째 인간이었던 가인(Cain)이 네 번째 인간이었던 동생 아벨(Abel)을 죽여서 땅에 흘렸던 피의 호소를 들었던 하나님이 이 땅의 선지자들과 성도들이 흘렸던 피의 호소를 듣고 마지막 응징을 내렸던 것이다.

18장이 오늘 우리에게 주는 경고

영적 세계의 부인

인간이 동물과 다른 것은 인간은 동물이 갖지 못한 고유한 정신 세계를 가지고 있다는 점이다. 인간은 생태적으로 '영의 세계'라고 부르는 인간 특유의 정신적 영역을 가지고 산다. 사람의 영혼은 끊임 없이 자신이 누구인지 그리고 무엇을 위해 살고 있는지를 반문하며 존재의 의미를 추구했고, 사람은 이런 과정을 통해서 자신들이 살고 있는 유형적 세상을 지배하는 초월적 존재를 인정하지 않을 수 없었다. 인간의 정신 속에 있는 영(Spirit)은 자신의 존재와 실존의 의미를 찾으면서 우주를 창조한 초월적 존재를 인정했고 그가 어떤 목적을 가지고 세상을 창조했는지를 찾아냈다. 또 사람들은 자신들 안에 존재하는 독특한 영(Spirit)이라는 정신적 교량을 통해서 눈으로는 볼 수 없는 창조주 하나님을 만나거나 그의 현존을 느낄 수 있었다.

고대 철학자들도 사람에게 신비한 초이성적 영적 활동이 있다는 것을 찾아냈다. 그들은 영적 몰두를 위해서 세속을 떠나서 묵상이나 기도에 전념하며 진실을 찾았다. 그러나 세상을 떠나서 추구한 그들의 영적 활동은 신비주의나 종교적 몰입을 넘어서는 어떤 보편적 진실에 도달할 수가 없었다. 기독교는 그 반대 방향에서 창조주를 만났다. 하나님이 먼저 사람을 찾아와 만났던 것이다(구약 시대). 또 인간의 몸을 입은 예수 그리스도가 인간 세상에 태어나 사람들에게 직접 복음을 전했다. 사람들은 그가 하나님의 독생자임을 영으로 믿고 구세주로 인정했다(신약 시대). 기독교는 크게 보면 이 두 가지 하나님의 역사를 믿는 종교이다.

영적 세계의 성경적 증거

〈요한계시록〉과 같은 성경은 하나님의 계시나 예언을 통해서 영적 세계에 대한 수많은 증거를 가지고 영의 존재와 영적 능력을 전하고 있다. 그리고 이런 인간의 영적 능력은 초대교회에서부터 지금까지 2천 년이 지나도, 그리고 과학과 인간의 지성이 발전했어도 결코 감소하지 않았고 사람들이 직면했던 문제가 클수록 더 크게 역사했던 것이 사실이다.

기독교는 전통적으로 인간의 구조를 영혼과 육신으로 구분한다. 그리고 영혼을 다시 영과 혼으로 구분하고 그중에 영은 하나님 나라에 속한 신령한 생명으로 그리고 혼은 생기라고도 불렸으며(겔 37:9, 14) 오히려 육신적인 본능의 일부로 보았다. 그러나 많은 사람들은 둘을 구분하지 않고 영을 보통 영혼이라고 불렀다.

인간의 영은 창조주 하나님과 메시아로 온 예수 그리스도를 믿는 인간의 모든 정신활동을 주장하는 신령한 존재로 이 땅에서 몸의 한 부분으로 있다가 사람이 죽을 때는 몸을 떠나 하나님이 정한 평화로운 곳으로 가서 쉰다고 한다. 영혼은 그곳에서 안식하며 살다가 예수의 재림 때가 되면 예수와 함께 썩지 않는 영화로운 육신을 다시 갖추고 부활해서 예수와 함께 재림에 동참한다. 기독교는 누구든지 신앙을 갖고 있다고 하면서 하나님과의 소통인 정상적인 영적 활동을 하지 못하면 몸은 살았다고 하지만 영은 죽은 것이나 다름이 없다고 주장했다. 또 기독교는 하나님과의 영적 소통의 도구를 기도라고 부르고 그 주체를 영이라고 특별한 이름을 주어 사용하고 있다(에스겔, 바울 사도, 워치만 니).

현대과학과 이성

현대 과학이나 이성은 아무리 찾으려고 해도 눈에 보이지 않는 영의 존재를 오래전부터 의심하고 만만찮은 반론을 펴왔다. 시대가 지나며, 특히 오늘날 이들의 반론이 심상치 않은 설득력을 가지고 다시 살아나고 있다. 인간의 영적 세계는 금세기에 들어서 여러 가지 측면에서 심각한 도전을 받고 있는 것이 사실이다.

최근 들어 식자들의 화제가 되고 있는 인공지능의 눈부신 발전은 지금까지 통설로 인정한 인간의 영적 세계에 대해서 큰 의구심을 던지고 있다. 인공지능은 원래 과학과 인본주의의 산물이지만 현대판 자본주의와 연합한 인공지능의 본격적인 개발은 지금까지의 인간적인 가치의 몰락과 함께 영적 세계의 강력한 부정을 예고하고 있다.

다른 부분에서 성취한 과학의 발전은 인류가 지금까지 애지중지했던 모든 가치를 근원부터 부정하고 있다. 그들은 생명체를 인공적으로 만들 수 있다고 주장하며, 새로운 종의 인간 탄생을 부산물로 예고하고 있다. '새로운 인간'은 사람의 여러 부분에 탁월한 인공지능을 이식해서 탄생한 '초인적, 슈퍼 인간'이다. 일부 앞서가는 과학자나 철학자들은 이런' 슈퍼 인간'이나 인공지능의 복합체가 인류를 지배하는 날이 올 것이라고 예측하고 있다. 그들은 인공지능의 인간 지배까지 염두에 두고 인간의 어두운 미래를 여러 가지로 예측하고 있다.

이런 새로운 환경은 사람의 정신적 세계에 심각한 도전을 주고 있고, 많은 사람들이 19세기 철학자 니체가 선언했던 '신은 죽었다'는 선언에 묵시적 동의를 하고 교회를 떠나고 있는 것이다. 일부 사람들은 진실이나 미래 같은 골치 아픈 제목을 피해서 오직 현재를 즐기는 삶을 선호하고 그 속에서 스스로 만족하고 있다.

새로운 인식과 철학의 필요성

17세기 이태리의 과학자 갈릴레오(Galileo Gallilei)는 지구는 둥글고 쉬지 않고 움직인다는 당시에는 청천벽력 같은 새로운 과학 지식을 발표했지만 그에게 돌아갔던 것은 신성모독이란 죄명의 사형언도였다. 지금은 아무도 보편적 이성이 증명하는 새로운 학설이나 과학적 사실을 성경적 사실과 일

---

* 하라리의 《신적 인간, Homo Deus》과 김재인의 《인공지능 시대, 인간을 다시 묻는다》에서

치하지 않는다고 거부하거나 금지하지 않는다. 반대로 사람들이 〈창세기〉에 나타난 우주의 기원이나 첫 인류를 포함한 생물의 창조 등 신비한 하나님의 역사를 너무 문자적으로 해석해서 성경의 과학적 오류를 들춰내고 있다. 기독교는 이런 불신이나 무신론에 대항하는 새로운 해석을 지금부터 새롭게 내놓을 때가 온 것이다. 문자적인 해석을 넘어 오히려 넉넉한 주석과 설명을 더해서 성경의 정확한 해석을 세상에 내놓아야 한다. 성령이 인도하는 '기독교적 이성'과 '철학'이 필요한 이유이다. 기독교 지도자들은 불신자들을 포함해서 모든 사람들에게 인간의 무한한 영적 세계를 소개하는 끝없는 책임과 임무를 가진 자들이다.

'신적 인간'과 역사학자 '유바 노아 하라리(Yuba Noah Harari)'

1976년생으로 예루살렘 히브리 대학교(Hebrew University of Jerusalem)의 역사학과 교수로 있으면서《Sapiens, A brief history of Humankind》의 저자로 그리고 최근에는《Homo Deus, A brief history of Tomorrow》라는 책을 발표해서 일약 세계적 명성을 얻은 신진 학자이다. 그가 예고한 'Homo Deus' '신적 인간'은 인류의 미래에 나타날 새로운 사이버 인간으로 신의 영역에 있는 일을 할 수 있는 만능 인간을 상징했다. 20세기 초 '신은 죽었다'라고 주장하며 세상을 놀라게 했던 독일의 철학자 니체에 이어서 하라리와 같은 무신론적 실존주의 철학의 등장은 무엇보다 과학의 눈부신 발전에서 기인했다

인간 대 인공지능(AI)의 대결

구글(Google, Inc)이 개발했고 현재까지 세상에 등장한 여러 종류의 인공지능을 대변하는 알파고(AlphaGo)와 바둑계의 정상 이세돌 9단과의 바둑 대결이 2018년 3월 세계의 이목을 끌며 서울에서 열렸다. 5회에 걸친 대결에서 이세돌 9단은 4번째 경기에서 한 차례만 이겼고 대결은 4대 1로 인공지능인 알파고가 승리했다. 결국 세상의 중론은 인공지능이 인간 지능을 이겼다고 재빨리 평가했다. 바둑이 인간지능을 온전히 대표한다고 볼 수는 없지만 인간이 개발한 인공지능이 인간지능을 상징하는 바둑 세계의 정상을 큰 차이로 꺾었다는 사실은 사람들을 경악시키기에 충분했고 그것만으로도 금세기의 역사적 변화를 예고하는 사건이었다. 그리고 조금 더 나가서 인공지능인 생각하는 기계가 인간의 육신과 결합해서 새로운 인종인 사이보그(cyborg) 인간의 출현을 현실로 예고하는 사건이다. 사이보그라는 인간은 지금까지 신의 영역에 속했던 여러 기적 같은 일도 해낼 괴물 인간이 될 것이다. 분명히 새로운 종의 인간이다.

인공지능

인공지능은 고속 컴퓨터 여러 개를 묶어서 인간 두뇌보다 훨씬 많은 자료를 저장하고 이들 자료를 근거로 어려운 문제들을 인간이 개발한 최고의 논리와 이성으로 분석하고 빠르게 종합 판단하는 기계적 지능을 통칭하는 말이다. 컴퓨터의 기억 용량을 늘리고 또 사용할 컴퓨터의 숫자를 늘리면 그 기억 능력은 엄청나게 커져서 이론적으로는 인간의 지능보다 훨씬 막강한 능력을 가진 지능을 조합할 수가 있다. 인간이 지금까지 발전시킨 모든 학문과 지성의 결과는 어느 날 이런 인공 지능에게 압도당할 것이 분명하다. 이런 인공지능은 언젠가는 이 땅에서 가장 새로운 이지적 존재가 될 수도 있다. 그리고 사람들은 지금부터 그것이 인간 세계를 지배할 것이라고 걱정하기 시작했다.

스티븐 호킹 박사(Dr. Stephen Hawking)

　금세기 최고의 과학자를 꼽으라면 우선 아인슈타인 박사이다. 그다음으로 꼽는 물리학자는 스티븐 호킹이라는 영국의 우주 물리학자라고 해도 과언이 아닐 것이다. 그가 76세의 나이로 지난 (2018년) 3월14일, 바로 선배인 아인슈타인의 생일날에 타계했다. 그는 '블랙홀'과 '빅뱅' 연구로 세상을 놀라게 했던 출중한 천재 과학자로, 물리학이나 수학보다는 우주의 기원이나 구조를 연구하는 것이 더 흥미롭다고 해서 일생을 드넓은 우주를 배회하며 살았던 사람이다. 그는 젊은 날부터 치료가 불가능한 근육 마비(루게릭) 병에 걸려 몇 년을 넘기지 못한다는 의사의 사망진단을 받고서도 76세까지 살았다. 마비된 육신을 가지고 시달렸지만 그의 마음은 누구보다 자유롭게 그리고 더 깊이 우주를 배회하며 예상을 깨고 반세기를 넘어 살았다. 그는 이런 면에서 용기와 집념의 사람이었다. 천재적 재능과 타의 추종을 불허하는 호기심으로 우주의 비밀을 추적해서 상당한 비밀을 찾아냈다. 그의 이름은 자주 언론에 노출되었고, 그의 과학적 내용에 못지않게 많은 사람들의 관심을 받았던 것은 그의 무신론적 신념이었다. 다음에 소개하는 두 발언을 중심으로 그의 주장을 살펴본다.

• 우주의 기원

"It is not necessary to invoke God to light the blue touch paper and set the universe going" 한국 말로 의역하면 "우주의 기원을 밝히기 위해서 신의 도움을 요청할 필요는 없다" 그가 2011년 'Leonard Mlodinow'와 공저로 출판했던 《The grand design》이라는 책에서 주장했던, 우주의 창조가 하나님의 작품이었음을 부인하는 무신론적 발언이었다. 그는 우주 어딘가에 숨어 있는 블랙홀(Black Hole)이 알 수 없는 내부의 변화로 우연히 폭발하며 튕겨져 나간 조각들이 무수한 별들이 되고 우주가 생겨났다는 대폭발(Big Bang) 이론을 제시하며 우주의 기원을 신의 도움 없이도 사람들이 스스로 풀 수 있다는 주장을 내놓았다.

• 삶과 죽음, 인간은 무엇인가?

"I regard the brain as a computer which will stop working when its components fail. There is no heaven or afterlife for broken down computer; that is a fairy story for people afraid of the dark." "나는 사람의 두뇌를 일종의 컴퓨터로 본다. 어떤 부품이 고장이 나서 기능을 잃으면 컴퓨터는 작동을 하지 않는다. 고장이 난 컴퓨터 (죽은 인간)에게 천국이나 사후 인생은 없다. 그것은 어둠(암흑 세계)을 두려워하는 사람들을 위한 하나의 동화에 지나지 않는다" 스티븐 호킹 박사가 2011년 영국의 유명한 《가디언》지에 기고한 글의 일부이다. 그는 인간의 생명을 인간의 두뇌로 대신했고, 살아 있는 두뇌를 컴퓨터에 비유했다. 컴퓨터의 어느 부품이 고장이 나서 기능을 못하면 컴퓨터는 작동하지 않는 것과 같이, 인간의 두뇌 가운데 일부가 살아 있지 않으면 두뇌는 기능을 잃게 되고 그러면 산 생명이 아니라고 단정했다. 사람이 죽어서 천국을 간다든지 사후에 제2의 인생이나 삶이 있다는 얘기는 죽음을 두려워하는 사람들을 위해서 지어낸 동화에 나오는 얘기라고 말했다.

그는 우주의 기원을 인간이 추적해서 찾아낼 수 있다는 이론을 옹호하며 무신론을 주장하는 한편 사람이 죽고 나서 사후 세계가 있다는 얘기를 강경하게 부인했다. 현재 많은 사람들, 특히 과학자나 그것을 신뢰하는 사람들이 따르는 유력한 과학적 인생 철학이다.

• 과학적 주장이란?

아무도 물리학계에서 그가 이룬 업적을 정확하게 분석하거나 비판할 지식을 가진 과학자는 아직 없는 것 같다. 또 인간의 신본주의에 대한 그의 과학적 부정을 아직 누구도 증명할 사람은 없다. 그러나 그가 단호하게 무신론을 주장하며 사람의 생명을 하나의 기계적 결합으로 규정한 것은 그의 인격 구조에 대한 많은 의구심을 품게 했다. 생명을 인간의 두뇌로 비유한 것과 인간의 두뇌를 컴퓨터가 대변하는 인공지능에 비교한 것이라든지, 인간의 정신 세계를 인간의 뇌조직의 활동으로 집약한 것도 마땅치 않거니와 인간을 다른 어떤 생물과 구별하는 영(Spirit)의 존재 그리고 그 세계를 인정하지 않는 태도는 보편적인 관점이 아닌 것이 분명하다.

대표적인 무신론, 공산주의

인류는 과연 무신론으로 돌아갈 것인가? 사람 속에 있는 영혼의 존재를 부인하고 그 정신활동을 육신의 연장이나 두뇌나 심리적 역동성으로 치부하며 인간을 물질의 합성으로 보았던 무신론적 유물론이 세계를 지배하는 날이 올 것인지 머리를 갸웃거리게 하는 여러 현상들이 나타나고 있다. 대표적인 것이 공산주의의 부활이다.

공산주의의 시작과 실패

19세기 중반 일단의 현실주의 철학자들이 지상 천국(Utopia)을 목표로 그 실천 방안을 선언하며 세상의 이목을 끌었다. 그들이 주장했던 정치 경제 이론이 공산주의이다. 유토피아(이상향)라는 말은 모든 생산의 공평한 분배를 기초로 다 잘사는 나라를 만들자는 사상이다. 그러나 유토피아(Utopia)라는 말은 원래 '이 땅에 존재하지 않는 나라'라는 그리스 말 어원이 나타내고 있는 것과 같이 지상의 어디에도 존재할 수가 없었다. 단지 '이상적인 철학 사상'으로 그쳤을 뿐이다. 왜냐하면 아무리 이상적인 사상이나 제도도 그것을 실행하는 경제나 정치 현실의 주체가 부패할 수밖에 없는 사람들이었기 때문이다. 사람이 아닌 완전한 자가 그 사상이나 제도를 실천하고 집행했다면 성공할 수 있었지만 그 사상이나 제도를 추진하고 실천하려고 했던 것은 이기적이고 탐욕과 권력 지향적인 인간들이었고 그것이 문제였다. 그 결과 인류 역사상 유례가 없는 독재자들과 그들이 빚은 엄청난 가난을 인민에게 강요했을 뿐 공산주의 실험은 실패했다.

공산주의의 변질과 환상

정치는 공산당 독재가 전부이고 경제는 분배보다는 상당한 자유와 시장 경제를 미끼로 해서 필요한 경제 분야를 활성화시키고 있는 독특한 정치 체제가 아시아의 여러 나라에서 진행되고 있다. 그보다 더해 세상에는 공산 이론을 정치와 경제에 함께 적용하며 가난하게 사는 나라가 있다. 이들은 종교의 자유를 그들의 헌법에 보장하고 있지만 그것은 어디까지 국가가 관리하는 종교일 뿐, 기독교의 기본적인 요소인 인권과 자유를 삭제한 관치 종교이다. 국가가 필요한 경우에는 언제든지 개입하고 주요 신학적 주장들을 억제하고 관련자들을 제거해온 것이 사실이다.

공산주의는 유물론의 대표적 정치 사상이다. 이들은 인간의 정신이나 이성도 기본적으로는 변화나 소멸이나 재생이 가능한 육신적 세포와 화학물질의 작용으로 간주한다. 인간의 마음도 외부적인 자극에 반응하는 화학물질의 작용이고 오직 생체적인 느낌이라는 것이다. 따라서 감정이나 마음도 얼마든지 물리적으로 바꿀 수 있고 어떤 지속적인 가치도 없다는 주장이다. 그들은 신앙은 정신적 유희에 불과한 것이라 주장한다. 그들은 자연스럽게 종교의 자유를 겉으로는 인정하지만 그 중심 내용은 완전히 부인하고 있고, 실제로는 탄압을 가하고 있다. 사회주의를 가장한 이런 공산 사상은 인간의 영적 세계를 전적으로 부정하며 인간의 정신적 가치 세계를 크게 위협하고 있다. 또한 지금까지 인류문화를 유지해온 기본 정신과 사회 조직을 기초부터 위협하고 있는 것이다.

〈계시록〉 19~21장 5절까지의 주제

어린양의 혼인잔치와
마지막 지상의 대전쟁

이때에 하늘에서 우렁찬 나팔 소리와 함께 천군천사들의 맑은 합창 소리가 들리면서 지구 마지막 날은 시작했다. 예수 그리스도가 백마를 타고 하늘에서 강림했고 그 뒤를 따라 수많은 천군천사가 내려왔다. 그리고 하늘에서 불과 뇌성이 사탄의 진에 쏟아졌다. 사탄의 진영은 산산이 파괴되었고, 사탄은 결국 천군에게 체포되었다. 또 그를 따르던 무리는 심판을 받고 죽임을 당했고 살아남은 자들은 영원히 꺼지지 않는 유황불 못으로 던져졌다.

19장
예수 그리스도의 승리

하나님께 찬양(19:1~5), 어린양의 혼인 잔치(19:6~10)

요한은 하늘에서 허다한 무리가 큰 음성으로 '할렐루야' 하나님을 찬양하는 소리를 들었다. '할렐루야(Hallelujah)'는 '주님을 찬양하라(Praise the Lord)'라는 히브리어 두 단어를 합성해서 만든 말로 그 자체가 찬양 노래이다. 여러 차례에 크고 장엄한 할렐루야 노래 소리가 들리고 나서 한 음성이 선포했다.

- 할렐루야, 주 우리 하나님 곧 전능하신 이가 통치하도다! 우리가 즐거워하고 크게 기뻐하며 그에게 영광을 돌리세. 어린양*의 혼인 기약이 이르렀고 그의 신부*가 자신을 준비하였으므로, 그에게 빛나고 깨끗한 세마포* 옷을 입도록 허락하셨으니 이 세마포 옷은 성도들의 옳은 행실이로다! 기록하라! 어린양의 혼인 잔치에 청함을 받은 자들은 복이 있도다. 이것은 하나님의 참되신 말씀이로다.

요한이 순종과 전적인 동의의 표시로 그 발 앞에 엎드려 경배하려 할 때 그가 요한에게 말했다. "오직 하나님께 경배하라! 예수의 증언은 예언의 영**(essence)이니라"

백마를 탄 자, 예수 그리스도의 승리(19:11~16)

요한의 눈에 하늘이 열리고 드디어 예수 그리스도의 영상을 보았다. 그곳에 백마를 탄 자가 나타났는데 그 이름은 '충신과 진실'이었고, 그가 공의로 심판하며 싸우려고 나서는 모습이었다. 그 눈은 불꽃 같고 그 머리에는

---

* 어린양은 예수 그리스도, 신부는 교회를, 그리고 신부가 입은 세마포 옷은 몸을 가린 옷보다 성도들의 옳은 행실을 상징한다고 특별한 의미를 추가했다

** '예언의 영'은 모든 예언의 핵심이라는 뜻으로 해석할 수 있다

많은 관들이 있고 또 이름 쓴 것 하나가 있으나 그 밖에는 아는 자가 없고, 또 그가 피 뿌린 옷을 입었는데 그 이름은 하나님의 말씀이라 칭했다. 하늘에 있는 천군들이 희고 깨끗한 세마포 옷을 입고 백마를 타고 그를 따랐다. 그의 입에서 예리한 검이 나오고 그것으로 만국을 치고 친히 그들을 철 장으로 다스리며 또 하나님 곧 전능하신 이의 맹렬한 진노의 포도주 틀을 밟을 것이고, 그 옷과 다리에 만 왕의 왕이요 만 주의 주라는 이름을 썼다. 바로 심판장으로 강림하는 예수 그리스도의 영광스런 모습이었다.

'짐승과 거짓 선지자의 패배 그리고 꺼지지 않는 유황 불 못'(19:17-21)

다른 영상이 요한 앞에 나타났다. 그 짐승과 땅의 임금들과 그들의 군대들이 모여 그 말 탄 자와 그의 군대와 더불어 전쟁을 일으키다가 짐승이 잡히고 그 앞에서 표적을 행하던 거짓 선지자도 함께 잡혔다. 이 둘이 산 채로 유황불 못에 던져졌고 그 나머지는 말 탄 자의 입에서 나오는 말씀의 검에 죽었고 새들이 와서 그들의 살로 배를 채웠다.

드디어 마지막 종말의 때를 당해서 사탄의 무리가 송두리째 멸망당하고 그 괴수인 사탄은 영원히 꺼지지 않는 불 못에 던져졌다. 요한은 이미 큰 음녀와 그에 부종했던 불신자와 거짓 선지자들의 심판과 징계와 사망 현장을 보았고 지금은 그 괴수인 사탄과 거짓 선지자의 마지막 패배와 그들의 비참한 최후의 영상을 보고 생생한 르포로 세상에 전했다.

20장

천년 왕국과 흰 보좌 심판

요한은 예수 그리스도가 약속했던 수많은 순교자들과 핍박을 당했던 성도들에 대한 하나님의 특별 배려를 〈계시록〉 6장 다섯째 인봉을 뗄 때 보였던 순교자들의 호소와 하나님의 응답에 이어서 이곳 20장에서 '천년 왕국'이라는 제목으로 한 부분을 추가해서 순교자들이 누릴 완벽한 상급을 공포했던 것이다. 세상 세력에 대항해서 죽기까지 승리한 모든 성도에게 준 하나님의 진정한 위로였다. 성도들의 죽음은 지상에서는 종말로 보이지만 천국에서는 더 할 수 없는 영광의 시작이었다.

천년 왕국(20:1~6)

장면이 바뀌고 요한은 '천년 왕국(Millennium Kingdom)'이라고 이름을 붙인 예수 그리스도와 함께 순교자들이 심판하고 다스리는 왕국(Kingdom)이 마지막 완전한 하나님 나라가 오기 전에 있을 것을 보고 그에 관한 예언을 기록했다.

한 천사가 무저갱의 열쇠와 큰 쇠사슬을 그의 손에 가지고 하늘에서 내려왔다. 그가 큰 용을 잡아서 쇠사슬로 결박해서 무저갱이라는 지하 감옥에 집어넣고 그 문을 단단히 닫았고, 그 위에 인봉하여 함부로 밖으로 나올 수 없게 만들었다. 용은 옛 뱀이요 마귀요 사탄이라는 자였고, 천 년이 차도록 다시는 만국을 미혹하지 못하게 했다. 그러나 천 년이 지나면 그가 잠깐 세상 밖으로 놓일 것이라고 했다. 요한은 또 하늘나라의 변화를 보았다. 하늘에 보좌들이 있고 거기에 많은 사람들이 심판하는 권세를 받고 앉아 있는 모습이었다. 그들은 다른 사람이 아니고 예수를 증언함과 하나님의 말씀 때문에 생명을 잃었던 순교자들의 영혼과 또 짐승과 그의 우상에게 경배하지 아니하고 그들의 이마와 손에 그의 표를 받지 아니한 자들이 살아서 그리스도와 함께 천 년 동안 왕 노릇 하는 놀라운 장면이었다.

이들 이외에 다른 죽은 자들은 천 년이 차기까지 다시 살지 못하지만, 순교자나 우상에게 경배하지 않은 자들은 부활해서 보좌에 앉아 심판하는 권세를 받았다. 요한은 이것을 첫 부활이라고 했다. 그는 이 첫째 부활에 참여하는 자들은 복이 있고 거룩하고, 둘째 사망이 그들을 다스리는 권세가 없고 도리어 그들이 하나님과 그리스도의 제사장이 되어 천 년 동안 그리스도와 더불어 왕 노릇 할 것이라고 기록했다. 둘째 사망은 예수 재림 때에 모든 사람들이 심판을 받아 생명책에 기록되지 않은 자들이 유황불이 타는 불 못에 던져지는 두 번째 '사망'을 의미하는 말이었다.

천년 왕국이란?

지금까지 아무도 왜 천년 왕국이 있는지, 그리고 그 기간은 언제부터 시작해서 언제 끝나는지 분명히 밝힌 사람은 없다. 또 성경에는 이것에 관한 다른 선지자들의 기록이 전혀 없다. 단지 요한이 보았고 들었던, 그것을 〈계시록〉에 기록한 것이 전부일 뿐이기 때문에 지금까지 '천년 왕국'의 정확한 시간과 시기에 대한 추측과 여러 주장들이 있을 뿐이다. 분명한 것은 순교자들과 지상에서 핍박과 고통을 당했던 진실한 성도들에 대한 하나님의 특별한 배려가 '천년 왕국'으로 실현되었다는 것이다.

〈계시록〉은 현재 우리가 해석하기 어려운 예언들이 여러 곳에 있다고 이미 밝혔다. 그 가운데 천년 왕국은 해석하기가 가장 어려운 부분 가운데 하나이다. 〈계시록〉의 내용으로 보아서 일천 년은 장구한 시간을 말한다. 마귀 사탄이 그 동안 지옥 불 속에 감금되어 있는 상태에서 예수 그리스도의 신앙과 말씀을 지키다가 순교를 당했던 의인들과 끝까지 인내했던 성도들이 살아나서 예수와 함께 보좌에 앉아 왕 노릇 하는 시간이라고 설명했다.

천년 왕국에 대한 몇 가지 해석

학자들이 천년 왕국이 언제부터 시작해서 천 년이란 세월이 지나서 예수의 지상 재림으로 '마지막 그날'이 올 것인지를 두고 몇 가지 의견을 제시했다. 그 가운데 천년 왕국이 따로 없다는 주장(무천년설)과 우리가 살고 있는 현재가 지나고 천년 왕국이 먼저 오고 난 후에 예수가 재림해서 '마지막 그 날의 심판'이 올 것이라는 주장(전 천년 설)과 천년 왕국은 지금 우리가 살고 있는 시간의 일부로 이후에 재림과 '마지막 그 날의 심판'이 올 것이라는 주장(후천년설)이 있다. 그리고 어떤 사람들은 '천년 왕국'의 '일천 년'은 우리가 사용하는 천 년의 시간이 아니고 하나님 나라의 특정 시간을 상징한다고 해석하고 있다. 그리고 예수가 재림해서 이루어지는 '새 하늘과 새 땅'은 현재의 지구가 불에 타서 없어지고 전혀 새로운 천지가 생긴다는 주장과 현재의 지구(우주)가 완전하게 새롭게 변화한다는 두 해석이 있다.

사탄의 패망(20:7~10)

천 년의 긴 세월이 요한이 보고 있던 이상 속에서 흘러갔다. 사탄(큰 용)이 그 지하 감옥에서 놓여 세상에 나타났다. 그가 땅의 사방 백성 곧 '곡과 마곡'*을 미혹하고 모아서 싸움을 준비했다. 그 수가 바다의 모래같이 많았다. 그들이 지면에 널리 퍼져 나가서 성도들의 진(교회)과 거룩한 성을 에워쌌

---

* 곡과 마곡은 〈에스겔서〉 38, 39장에 나오는 옛 지명 혹은 노아의 후손 가운데 한 사람의 이름이다. 이곳에는 온 세상을 상징하는 의미로 쓰임.

다. 예수를 믿는 자들에게는 위기의 순간이었다. 그때 하늘에서 불이 내려와 그들을 태워버리고, 그들을 미혹하는 악당의 두목인 사탄 마귀가 붙잡혀 마침내 유황불 못에 던져졌다. 그곳에는 그 짐승과 거짓 선지자도 있어 세세토록 밤낮 괴로움을 받고 있었다. 이어서 '마지막 그 날의 심판'이 이루어지는 장면이 요한이 보고 있는 영상 속에 나타났다.

흰 보좌 심판(20:11~15)

요한은 하늘에 크고 흰 보좌와 그 위에 앉으신 이를 보았다. 그의 영광 앞에서 땅과 하늘이 피하여 간 데 없이 사라졌다. 요한은 보좌 앞에 수많은 죽은 자들이, 큰 자나 작은 자나 다 서 있었고 그들 앞에 책들이 펴져 있는 것을 보았다. 책들은 사람들이 세상에서 행했던 일들을 기록한 책들로 심판에 사용될 증거들을 보관했다. 또 한 곳에 다른 책이 펴져 있었다. 그 책은 바로 예수 그리스도를 영접해서 영원한 생명이 약속된 이들의 이름을 기록한 생명책(The book of life)이었다.

죽은 자들이 모두 나와서 자기 행위를 따라 책들에 기록된 대로 심판을 받았다. 바다가 그 가운데서 죽은 자들을 내주었고 또 사망과 음부도 그 가운데서 죽은 자들을 내주었다. 누구든지 그의 이름이 생명책에 기록되지 못한 자는 유황불 못에 던져졌다. 바로 둘째 사망이었다.

새 하늘, 새 땅 그리고 새 예루살렘

요한은 이미 하늘에서 벌어지는 우렁찬 할렐루야 합창 소리를 들었다. 수많은 성도들을 대표하는 이십사 장로와 모든 생물을 상징하는 네 생물들의 장엄한 합창이었다. 큰 물소리같이 크고 강하고 때로는 청량한 물소리같이 맑고 깨끗한 선율이 교차하며 어우러지는 합창이었다. 하나님께 경배와 찬송이 끝나고 드디어 하나님이 흰 보좌에서 사탄과 그를 따르던 무리들에 대한 심판을 내렸다.

장면이 갑자기 새 하늘과 새 땅으로 이동했다. 처음에 있던 하늘과 땅이 없어졌고 바다도 다시 보이지 않았다. 모든 것이 새 모습으로 변했던 것이다. 놀라운 변화는 계속되었다. 요한은 거룩한 성 새 예루살렘이 신부가 남편을 위하여 단장한 것 같이 곱게 치장을 하고 하늘에서 내려오는 황홀한 광경을 보았다.

보좌에서 큰 음성이 났다.

- 보라 하나님의 장막이 사람들과 함께 있으므로 하나님이 그들과 함께 계시리니 그들은 하나님의 백성이 되고 하나님은 친히 그들과 함께 계실 것이라. 그가 모든 눈물을 그 눈에서 닦아주리니 다시는 사망이 없고 애통하는 것이나 곡하는 것이나 아픈 것이 다시 있지 아니하리라. 처음 것들이 다 지나갔음이러라.

보좌에 앉으신 이가 온 우주에 선포했다.

- 보라 내가 만물을 새롭게 하노라. 이 말은 신실하고 참되니 기록하라!

  (계 21:5)

그가 또 요한에게 말씀했다.

- 이루었도다! 나는 알파와 오메가요, 처음과 마지막이라, 내가 생명수 샘
  물을 목마른 자에게 값없이 주리니, 이기는 자는 이것들을 상속으로 받
  으리라. 나는 그의 하나님이 되고 그는 내 아들이 되리라. 그러나 두려
  워하는 자들과 믿지 아니하는 자들과 흉악한 자들과 살인자들과 음행
  하는 자들과 점쟁이들과 우상 숭배자들과 거짓말하는 모든 자들은 불
  과 유황으로 타는 못에 던져지리니 이것이 둘째 사망이니라.

장면이 바뀌었다. 마지막 일곱 재앙을 담은 일곱 대접을 가진 일곱 천사
가운데 하나가 등장했다. 그가 요한에게 말했다.

- 이리 오라! 내가 신부 곧 어린양의 아내를 네게 보이리라.

그가 성령으로 요한을 데리고 크고 높은 산으로 올라가 하나님께로부터
하늘에서 내려오는 거룩한 성 예루살렘을 보여주었다. 하나님의 영광이 가
득해서 그 성의 빛이 지극히 귀한 보석 같고 벽옥과 수정같이 맑았다. 요한
은 보좌에 앉으신 하나님의 모습을 '지극히 귀한 보석과 벽옥'이란 표현으
로 이미 기록했었다.

새 예루살렘성

하늘에서 내려온 성은 크고 높은 성곽(Great Wall)이 있고 사방으로 열두 문이 있었고, 그 문에 열두 천사가 있고 문들 위에는 이스라엘 열두 지파의 이름이 써 있었다. 성곽 동쪽에 세 문, 북쪽에 세 문, 남쪽에 세 문 그리고 서쪽에 세 문씩 모두 열두 문이었다. 또 성곽에는 열두 기초석이 있었고 그 위에는 어린양 예수 그리스도의 열두 사도의 이름이 있었다.

열두 문은 하나님의 백성으로 구약 시대를 살아온 이스라엘 민족을 대표하는 열두 지파의 이름이었고, 그리고 성곽의 기초 석은 역시 열두 층으로 각 층에는 신약 시대를 대표하는 모든 성도들을 상징하는 예수의 열두 사도의 이름이 적혀 있었다. 성곽의 문들과 성곽을 바치고 있는 기초석은 구약 시대와 신약 시대의 모든 성도들을 분명하게 상징하고 있었다.

성은 모두가 정금으로 유리같이 맑았다. 성곽의 기초석은 차례로 벽옥, 남보석, 옥수, 녹보석, 홍마노, 홍보석, 황옥, 녹옥, 담황옥, 비취, 청옥이고 마지막은 자수정이었다. 그리고 성곽 문은 열두 개의 진주로 문마다 한 개의 큰 진주로 되어 있었고 성의 길은 맑은 유리 같은 정금이었다. 우리가 알고 있는 가장 좋은 보석과 금으로 치장한 아름답고 화려한 성이었다.

요한은 성 안에서 하나님이 계시는 성전을 찾을 수가 없었다. 이는 하나님 곧 전능하신 이와 어린양이 바로 그 성전이 되었기 때문이었다. 그 성은 해나 달의 비침이 쓸 데가 없었다. 이는 하나님의 영광이 비춰고 어린양이 그 등불이 된 까닭이었다.

그곳 성문들은 닫히지 아니했고 거기에는 밤이 없었다. 사람들이 만국의 영광과 존귀를 가지고 그리고 들어가고, 무엇이든지 속된 것이나 가증한 일 또는 거짓말하는 자는 결코 그리로 들어가지 못하고, 오직 어린양의 생명책에 기록된 자들만 들어갈 것이라고 했다.

하나님의 영광과 권능

요한이 새로운 성과 그것의 영광을 전하면서 강조했던 것은 하나님의 영광과 권능이었다. 새로운 성 그 안에 하나님이 빛나는 보석같이 앉아 계신 것을 크고 높은 산으로 올라가서 보고 기록했던 것이다. 요한은 대우주의 새로운 변화를 보고 그 가운데 분명하게 나타난 하나님의 권능과 영광을 후세에 전하려고 했던 것이다. 온 세상뿐만 아니라 인간의 영육 간에 눈부신 변화가 일어났다. 하나님과 예수가 함께 거하는 장막이 모든 성도들이 살게 될 새로운 성 예루살렘에 자리를 잡았다. 그 안에서 하나님이 〈창세기〉에 약속했던 창조의 마지막 변화가 나타났다. 무한한 우주의 변화였다. 우주의 질서와 우주를 구성하고 있는 모든 것의 변화였다. 하나님과 성도들이 함께 사는 거룩한 세상, 아버지와 아들이 같이 사는 대가족 형태의 공동 생활 속에서 인간은 그 속성과 죄성의 근원적인 변화를 받아 새롭게 태어났다. 모든 것을 새롭게 하는 일대 변혁이었다.

마지막은 인간의 변화였다. 창조주로 알파와 오메가, 처음과 마지막인 하나님의 최종적인 창조의 완결이었다. 영과 육이 하나가 되는 세상, 인간의 속성과 죄성은 사라지고 그리스도 안에서 모든 것이 하나로 통일되는 완성이 이루어졌다. 인류는 하나님이 처음부터 약속한 영생의 삶을 누리게 되었다. 천사가 요한에게 수정같이 맑은 생명수 강을 보여주었다. 그 생명수 강은 하나님과 어린양의 보좌로부터 나와서 길 가운데로 흘렀다. 그리고 강 좌우에 생명 나무가 있어 열두 가지 열매를 맺고 그 나무 잎사귀들은 만국을 치료하기 위한 약이 되었다. 새 예루살렘성은 예수 그리스도가 새로운 인간 세상을 위해서 설계한 아름다운 낙원이었다(참조. 요 14장).

인간의 속성 그리고 하나님의 대책(계 21:5, 요 14장)

1) 창조주를 찾는 본성

인간은 살면서 자신의 능력과 다른 사람의 능력을 비교하는 지혜가 있어서 초월적인 존재를 인정할 수밖에 없고, 대부분의 사람들은 어느 시기가 되면 그가 왜 세상에 사는지에 대한 깊은 고민과 생각에 직면하게 된다. 사람이 이런 생각을 하지 않는다면 그는 정신적으로 병이 있든지, 사람이지만 순전히 동물같이 살고 있다는 부끄러운 진단을 받을 수밖에 없다.

2) 생각하는 갈대

중세 기독교의 신본주의가 오랫동안 사람들의 자유로운 생각과 삶을 일방적으로 압박하던 기간이 길게 존재했었다. 일단의 르네상스 운동이 사람들의 잠자던 영혼을 깨우기 시작했다. 후에 인본주의로 이름을 붙인 인간 중심의 사상이 여러 방면에서 꽃을 피웠다. '계몽주의' 철학을 주장했던 파스칼(Pascal)은 '사람은 무엇인가'라는 유명한 질문을 세상에 던지며 인간의 정의 혹은 인간의 가치에 대한 철학적 진단을 내렸다. 그는 《팡세(Pensee)》라는 책에서 '사람은 생각하는 갈대'라고 선언하며 인간 본연의 가치에 대한 기초적인 정답을 내렸다. 만일 사람이 '생각을 하지 않는다'면 그것은 생각 없는 종교적 숭배자이거나 동물이나 식물과 다를 것이 없는 인간이라는 주장이다.

3) 인간의 고독

덴마크의 실존주의 철학자인 키르케고르(Kierkegaard)가 《죽음에 이르는 병》이라는 책에서 근대 사회의 부조리를 파헤치며 현대인의 무서운 병 가운데 하나로 '고독'을 지적해서 갑자기 유명해졌다. 인간은 무리를 지어 사는 사회적 동물이지만, 사람은 군중 가운데서도 '고독'을 즐기는 독특한 존재라는 말이다. 인간의 '고독'은 세상과 자신을 구별하며 그가 전능하신 하나님을 찾는 첫 단계였다.

4) 인간의 저항 의식

〈창세기〉에 인간의 조상들 얘기가 등장한다. 첫 인간인 아담과 하와가 '에덴' 동산이라는 천국에서 쫓겨났던 사건이 기록되었다. 그들은 사탄인 옛 뱀의 꼬임수에 빠져서 하나님이 먹지 말라고 금한 사과를 따먹고 그 죄로 에덴 동산에서 쫓겨났다. 사탄의 기막힌 속임수에 넘어갔던 것이 가장 큰 이유였지만, 그 속 내용을 살펴보면 하와라는 여자의 마음속에는 권위에 대한 저항 의식이 있었고, 하나님의 명령이라도 거역해보고 싶은 권위에 대한 도전 의식이 깔려 있었던 것이다. 하와는 아담이라는 첫 인간의 분신이었다.

5) 세상의 부조리

프랑스의 작가 알베르 카뮈(Albert Camus)는 1942년 〈시시포스의 신화〉라는 짧은 소설책을 발표했다. 그 책의 주인공인 희랍의 용사 '시시포스'가 절대 권력을 휘두르던 '제우스' 신의 명령을 어기고 사람들에게 불씨를 전했다. '제우스' 신은 자신의 명령을 거역한 '시시포스'에게 중한 벌을 내렸다. '시시포스'가 높은 산 정상에 큰 돌을 올려놓아야 하는 일이었다. 정상에 메어 올린 돌은 신의 명령으로 도로 지상으로 굴러 내려갔고 '시시포스'는 산 아래에서 그 돌을 다시 산 정상에 올려놓아야 했다. 아무 목적도 없이 똑같은 일을 힘겹게 반복하는 '시시포스'가 당했던 형벌은 두 차례 세계대전을 겪으며 '삶의 부조리'를 깨닫고 방황하던 현대인의 문제점을 상징했다. 인간성에 깊이 뿌리 박힌 고독과 저항 의식은 인류의 문화를 오늘 날까지 발전시킨 한 원동력이 되었지만, 또한 부정적인 부산물도 만만치 않았다. 창조주 하나님이 〈창세기〉에서 마련했던 지상 낙원의 회복을 지연시킬 수밖에 없었던 이유였다. 그 위에 인간 세상은 '탐욕과 정욕'이라는 더러운 죄성으로 말미암아 세상은 물론 땅과 바다와 모든 자연까지 오염되고 말았다. 창조주 하나님은 결국 '새 땅과 새 하늘'이라는 천지개벽과 썩을 육신을 대신할 '신령한 몸'이라는 육신과 인간성의 개혁이라는 새롭고 큰 사건을 요한 사도를 통해서 〈계시록〉 말미에 예언하게 만들었다.

대단원의 결론

주 예수여, 오시옵소서

생명수 강을 보이고 설명했던 천사가 다시 요한에게 말했다.

- 이 말은 신실하고 참된지라, 주 곧 선지자들에게 예언의 영을 주신 하나님이 그의 종들에게 반드시 속히 될 일들을 보이려고 그의 천사를 보냈도다.

하나님의 음성이 보좌에서 들렸다.

- 보라! 내가 속히 오리니 이 두루마리에 기록된 예언의 말씀을 지키는 자는 복이 있으리라.

여기까지 보고 들었던 요한이 마음에 감동이 크게 일어났다. 요한이 이 일을 보이던 천사의 발 앞에 경배하려고 엎드렸다. 천사가 요한을 제지하며 말했다. 이런 일이 이미 요한에게 몇 번이나 있었다. 그만큼 중요한 의미도 있다. 예수 그리스도를 섬기는 목회자나 지도자에게 영광은 늘 하나님께 있고 사람은 큰 자이든 작은 자이든 오직 종으로 섬길 뿐이라는 충고였다.

- 나는 너와 네 형제 선지자들과 또 이 두루마리의 말씀을 지키는 자들과

함께 종이 된 자니, 그리하지 말고 하나님께 경배하라. 이 두루마리의 예언의 말씀을 인봉하지(숨겨두지) 말라, 때가 가까우니라. 불의를 행하는 자는 그대로 불의를 행하고 더러운 자는 그대로 더럽고 의로운 자는 그대로 의를 행하고 거룩한 자는 그대로 거룩하게 하라(모든 것은 이미 정해진 대로 진행할 것이라는 뜻).

다시 보좌에서 나는 음성이 들렸다.

- 보라! 내가 속히 오리니 내가 줄 상이 내게 있어 각 사람에게 그가 행한 대로 갚아주리라. 나는 알파와 오메가요 처음과 마지막이요 시작과 마침이라, 자기 두루마기를 빠는 자들은 복이 있으니 이는 그들이 생명나무에 나아가며 문들을 통하여 성에 들어갈 권세를 받을 것이로다. 개들과 점쟁이들과 음행하는 자들과 살인자들과 우상 숭배자들과 거짓말을 좋아하며 지어내는 자는 다 성 밖에 있으리라.

- 나 예수는 교회들을 위하여 내 사자를 보내어 이것들을 너희에게 증언하게 하였노라. 나는 다윗의 뿌리요 자손이니 곧 광명한 새벽별이니라.

지금까지 요한에게 이것들을 증언하신 이가 마지막으로 선언했다.

- 그렇다, 내가 진실로 속히 오리라.

큰 아멘 소리가 합창으로 우렁차게 들리면서 요한의 증언이 마쳤다.

우리는 큰 변화의 물결이 어느 때보다 도도하게 흐르는 시대를 살고 있다. 지금까지 인류 문화를 주도하고 아름다운 꽃을 피웠던 기독교는 물론 여러 신본주의 사상과 철학은 21세기 우주 물리학의 놀라운 발견과 생명 공학의 혁신적 발전이 선도하는 새로운 과학주의 물결에 휩쓸려 점점 설 땅을 잃고 있다. 이런 우주 물리학과 생물학이 주도하는 과학주의가 우리가 살 미래의 세상을 선도할 것이라는 전망은 누가 보아도 분명하다. 시대의 큰 흐름이다. 기독교는 이런 시대의 흐름에서 얼마나 오래 견디고 영향력을 이어갈지 장담을 못하고 있다. 우리는 하룻밤도 안 되어 무너진 베드로 사도의 장담을 기억하고 기독교의 본질로 돌아가는 회개가 시급하다.

하나님의 교회에서 일어나고 있는 변화도 심상치 않다. 2천 년 전에 성행하던 영지주의의 현대판이 오늘날 다시 하나님의 교회에서 살아나고 있다. 교회들이 성도들로 하여금 육신의 쾌적과 즐거움을 마음껏 즐기는 것을 미덕으로 허용하는 한편 정신적 삶은 교회 안에서 정기적으로 갖는 종교 행사를 지키는 것으로 만족하게 만들고 있다. 오늘날 타락한 신앙 세계를 특징짓는 세계적 추세인 것이다. 기독교가 지금까지 인간의 정신적 영역을 지키는 만리장성과 같은 보호벽 역할을 해왔으나 날이 갈수록 그 영향력을 잃고 있다는 사실이다. 이런 사실은 심각하기는 앞에 나타난 무신론적 과학주의를 포함해서 유물주의들의 해악보다 덜 하지 않다.

이 틈을 타서 창조 때부터 인류를 유혹하고 속였던 사탄 마귀가 이 세상에 번듯하게 자리를 잡고 있다. 사탄은 영적 존재로 사람을 통해서 그리고 사람들이 성취한 문화 속에서 하나님이라는 이름의 창조주를 거역하고 자신의 거짓 왕국을 이 땅에 건설하려고 한다. 사탄은 속이는 자이다. 그는 세계 여러 나라에 이상한 종교나 유물 사상의 형태로 가장해서 기독교 신앙을 적대시하고 있다.

이 책의 목표는 현 세상을 휩쓸고 있는 '무신론'과 '불신 세력' 그리고 사탄의 움직임을 2천 년 전에 하나님이 요한을 통해 계시로 보여준 '지구의 마지막 날'의 여러 특징과 비교하며 찾아보고 유의하려는 데 있다.

〈요한계시록〉의 재해석

〈요한계시록〉은 우리가 살고 있는 지구의 마지막 날이 어떤 모습으로 올지를 기록한 책이다. 시간으로 따지면 지금부터 약 2천 년 전에 기록한 고서적 가운데 고서이다. 유행으로 보면 낡고 후진 글이고, 예언으로는 너무 오래 기다린 미완성의 예언이기 때문에 이미 효력을 상실한 옛 얘기 정도로 넘길 수 있다. 그러나 눈을 크게 뜨고 보면, 2천 년 전에 기록했던 〈계시록〉에 나타난 여러 현상과 사건들이 오늘 우리가 사는 곳에서 똑같이 일어나고 있는 것을 깨닫는다. 많은 시차와 난해한 옛 표현에도 불구하고 〈계시록〉의 가치와 유효성에 우리가 새로운 관심을 가지고 주목해야 하는 이유이다.

성경에서 〈요한계시록〉의 위치

　〈요한계시록〉은 마지막 성경이라고 부른다. 성경의 기록 시기로 보아서 1세기 말 성경 가운데 제일 마지막에 기록되었기 때문에 마지막 성경이 되었던 것이다. 그러나 다른 의미가 있다. 모든 성경은 인류의 역사를 기록했던 책이다. 신구약을 통틀어 인류의 시작을 기록했던 〈창세기〉 성경에서 시작해서 인류가 살고 있는 지구라는 행성의 마지막을 전하는 책이라는 의미로 마지막 성경이라는 이름을 썼던 것이다. 〈계시록〉은 마지막 때가 오면 우리가 살고 있는 지구가 사라지고 '새 하늘과 새 땅'이 나타나 그곳에서 남은 인류와 이전에 죽었던 사람들이 부활해서 함께 살게 된다고 전했다. 또 살아 남은 인류는 새 땅에서 생명과 세상의 한계인 시간과 공간을 초월해서 영원히 사는 자유로운 존재로 변해서 산다고 전했다.

　〈계시록〉은 이렇게 중요한 성경이지만 그 동안 많은 사람들이 읽기를 피했던 성경이다. 이유는 사람들이 인류의 종말과 지구의 소멸을 원하지 않기 때문이었다. 그날은 종말은 말할 것도 없이 사망이고 모든 희망의 소멸이기 때문이었다.

　그러나 이런 우리의 피상적 인식은 〈계시록〉을 정독하면서 곧 사라진다. 요한 사도는 〈계시록〉을 어느 성경보다 긍정적으로 기록했기 때문이다. 모든 악의 근원인 사탄이 드디어 망하고 예수 그리스도를 믿는 모든 사람은 예수 그리스도가 새롭게 만든 천국에서 그와 더불어 영원히 산다는 약속이 바로 〈계시록〉의 주제이다. 이 주제를 벗어난 해석은 하나님의 뜻이 아니라는 사실을 요한은 그가 기록했던 성경에서 확인하고 있기 때문이다.

BOX 안에 담은 '보충 설명과 참조' 목록

참고 문헌Bibliography

성경

《개정개역판 성경전서》(성서공회 2001), 《NIV study Bible》(Zondervan 1985), 《Holy Bible》(Authorized King James Version), 《La Bible》(Alliance Biblique Universelle 1994), 《영한대조, 신약 성서 공동 번역》(성서 공회 1978)

참고 서적

- *The Gospel & Epistles of John* by F.F. Bruce
- *John the great Gospel* by Jakob Lorber, translated
- *John, The son of Zebedee, The life of a Legend* by R. Alan Culpepper
- *John the Beloved* by Dr. Darryl Delhousaye
- *The Gospel of John, Bible Commentary* by Jack W. Stalling,
- *The Apostle John* by W.H. Griffith Thomas
- *The Sons of Zebedee* by Mathew Murray
- *John Ben Zebedee, Apostle to Turkey* by M.E. Rosson
- *The Disciple whom Jesus loved* by J. Phillips
- *The Apostle John, a blessed life* by James Byers
- *The Beloved Disciple* by Beth Moore
- *John* by Niall Williams
- 《요한 문헌 개론》 안판 더 바트, 황원하 번역

소설류

- *The Scrolls of Talos* by Michael R. Ziegler
- *John Son of Thunder* by Ellen Gunderson
- *The Jesus Chronicles, John's Story* by Tim LaHaye, Jerry B. Jenkins,

설교 모음

- 《요한과 더불어》, 이재철
- 《요한계시록 40일 묵상》, 이필찬

기타

- *The Acts of John, edited* by Richard L. Pervo
- *The Holy Virgin's House* by Eugene Poulin
- *All the women of the Bible* by Herbert Lockyer
- *All the Apostles of the Bible* by Herbert Lockyer
- *Guide to the Holy Monastery of Saint John, the theologian Patmos* by Holy island of Patmos 2016
- *Homo Deus* by Yuval Noah Harari
- 《인공지능의 시대, 인간을 다시 묻다.》, 김재인 지음
- 《신약의 열두 제자와 그 밖의 열두 사람》, 이상훈 지음
- 《유대인의 역사》, 김한성 번역
- *The Republic* by Plato, translated
- *Nicomachean Ethics* by Aristotle, translated 등